초등 국영수 문해력

1일 1페이지로 완성하는

초등 국영수 문해력

교집합 스튜디오 멘토 | 권태형·주단 지음

개정판을 내며:
문해력 때문에 교과목 성적에 발목이 잡히는 아이가 더는 없기를

우리 아이들의 미래를 이야기할 때 '문해력'이라는 단어가 이토록 중요했던 적이 있었을까요?

다시 한번 이 책을 통해 많은 학부모님과 고민을 함께 나눌 수 있게 되어 매우 기쁘게 생각합니다. 그동안 이 책은 많은 사랑을 받아 주요 온라인 서점의 자녀 교육 전 부문에서 베스트셀러 1위를 오랜 기간 차지할 수 있었습니다. 이는 문해력이라는 주제에 대한 학부모님들의 뜨거운 관심과 절박한 필요를 반영한 결과라고 생각합니다.

오늘날 문해력의 중요성은 그 어느 때보다 커지고 있습니다. 그러나 막상 문해력이 정확히 무엇인지 알지 못하고, 안다 해도 그것을 어떻게 키울 수 있는지를 알지 못해서 고민하는 분이 많습니다. 그래서 문해력을 키우는 방법으로 널리 알려진 '독서' 행위 자체에만 집중한 나머지 아이가 어떻게든 책을 읽기만 한다면 언젠가는 문해력이 키워지지 않을까 하는 막연한 기대를 품었다가 중요한 시기를 놓치는 경우가 적지 않죠. 단순히 책만 많이 읽으면 문해력도 함께 성장하는 것이 절대 아닌데도 말입니다.

또한 문해력은 국어 과목에만 국한해서 필요한 것이 아닙니다. 수학과 영어를 포함한 모든 교과목의 성취도와 직결되어 있어요. 성적이 부진한 이유는 단순히 각 과목에 대한 우리 아이의 역량이 부족하거나 난도가 높아서가 아니라 학습의 바탕이 되는 문해력이 부족하기 때문일 가능성이 매우 큽니다. 수업 시간에 선생님의 설명을 알아듣지 못하거나 주어진 문제를 정확히 이해하지 못한다면 아무리 노력해도 각 과목의 시험 성적을 올리기는 사실 어렵습니다. 보충 학습을 위해 받는 학원 수업이나 고가의 족집게 과외 수업도 문해력이 받쳐주지 않으면 소화하기가 어렵고요. 결국 문해력은 학업 성취도에 직접적인 영향을 미칩니다. 하지만 문해력은 발등에 불이 떨어졌을 때나 필요할 때에 당장 키울 수 있는 역량이 절대 아닙니다.

《초등 국영수 문해력》은 바로 이러한 현실에 맞서 학부모님께 가장 실천적이고 효과적인 해결책을 제시해 드리는 책입니다. 단순히 중요성만 강조하는 이론서가 아니라 가정에서 바로 적용할 수 있는 구체적인 방법을 담았죠. 전국의 많은 학부모님께서 이 책을 활용해 자녀의 문해력을 키우는 스터디를 진행하고 있다는 소식을 전해 주실 때마다 저희는 저자로서 더 없는 보람을 느낍니다. 이렇게 실천력이 뛰어난 학부모님의 슬하에서 자라는 아이가 학교와 사회에서 두각을 나타내는 것은 결코 우연이 아니거든요.

2024년부터 초중고에 단계적으로 적용되고 있는 2022 개정 교육과정에서는 '문해력 관련 교육'을 크게 강조하고 있습니다. 우선 초등 저학년은 국어 수업 시간을 34시간 더 늘림으로써 한글 해득 및 기초 문해력 교육을 강화하고 있고요. 오늘날 중요성이 더해지고 있는 '매체' 관련 교육도 초중고 각 시기에 알맞게 단계적으로 구성되어 있습니다. 게다가 고등학교 과정에는 비판적 사고 역량과 서술·논술 능력을 갖출 수 있도록 '주제 탐구 독서'와 '독서 토론과 글쓰기' 등 독서·작문 연계 활동을 강화하는 과목도 신설되었죠. 이처럼 문해력은 교육과정에서도 그 중요성이 더욱 부각되고 있으며, 입시 제도와 평가 방식의 변화에 발맞추어 모든 아이에게 필요한 핵심 역량으로 자리 잡고 있습니다. 이에 본 개정판에는 2022 개정 교육과정의 방향성을 반영하였습니다.

이 책은 이러한 변화에 대비하고자 하는 학부모님께 든든한 길잡이가 되기를 희망합니다. 문해력은 단기간에 키울 수 있는 것이 아니라 작은 실천을 꾸준히 해나갈 때 비로소 놀랍게 개발될 수 있는 것입니다. 이 책을 통해 여러분 자녀의 가능성을 발견하고 그 가능성이 열매로 맺히기를 진심으로 응원하겠습니다.

권태형 소장 · 주단쌤 드림

문해력 자녀 교육서를 읽고 나면 정작 아이는 변화가 없는데 엄마만 문해력이 늘어나는 웃픈 현실에 대한 실천적인 해결책

왜 이 책을 쓰게 되었냐면요

문해력은 모든 과목의 공부를 쉬워지게 만드는 가장 중요한 학습 역량입니다. 문해력이 높은 만큼 학습 이해도도 높아지니까요. 문해력 없이는 어떤 과목도 그 내용을 잘 이해할 수 없습니다. 지금 학부모님의 자녀가 공부에 어려움을 겪고 있다면 문해력 결핍을 의심해 보세요. 기초가 부실하면 성장이 더딜 수밖에 없습니다. 국어뿐만 아니라 영어, 수학, 사회, 과학 등 모든 과목을 두루두루 잘하는 아이로 성장하길 원한다면 모든 교과목의 기초인 문해력을 가장 우선적으로 키워 주셔야 합니다.

문해력의 중요성에 대한 인식은 예전에 비해 많이 높아졌습니다.

각종 방송과 책을 통해서 문해력이란 단어가 이제는 대중에 친숙해졌고 그 중요성도 많이 공감하게 되었죠. 그런데 문해력을 높이는 현실적인 실천 방법에 대해서는 아직 실마리를 찾지 못한 학생과 학부모님이 너무나도 많습니다. 그저 '책 읽기가 중요하구나' 하는 원론적인 차원의 인식에 머물러 있는 경우가 많죠. 이런 환경에서는 우리 아이들의 문해력을 개발할 수 없습니다.

원론적 인식이 아닌 지금 당장, 바로 오늘! 실천할 수 있는 구체적인 실천 방법을 알아야만 아이의 문해력이 매일매일 키워질 수 있습니다. 그런 필요와 요구에 맞춰 이전에 없던 '문해력 실천서'로서 이 책을 집필하게 되었습니다.

그런데 왜 '국영수 문해력'일까요?

국어뿐만 아니라 가장 중요한 교과목인 영어와 수학에 필요한 문해력, 즉 영어 문해력과 수학 문해력은 따로 길러줘야 합니다. (국어) 문해력이 키워진다고 해서 저절로 영어와 수학 실력의 향상으로 이어지지는 않기 때문이지요. 영어는 영어대로 다른 학습 방식과 어휘(용어) 체계가 있고, 수학은 수학대로 또 다른 학습 방식과 개념(용어) 체계가 있기 때문에 그에 맞는 방식으로 문해력을 길러줘야 합니다.

문해력 향상으로 이어지는 영어 교과서와 수학 교과서 읽는 법,

영어와 수학 질문 문해력 키우는 법, 영어 어휘와 수학 어휘 학습법, 영어 한 문장 쓰기와 수학 한 문장 쓰기 등 영어와 수학 학습에 최적화된 실천 방법을 제시하여 국어뿐만 아니라 영어·수학 문해력이 크게 향상될 수 있는 책으로 구성했습니다.

국영수 문해력을 키워주는 6가지 실천 비법

문해력은 책만 무작정 읽는다고 저절로 개발되지 않습니다. 무엇보다 '올바른 독서 방법'이 전제되어야 하며, 문해력을 위한 다른 '효과적인' 방법도 같이, 꾸준히 실천되어야 합니다. 학부모님들은 문해력을 키울 수 있는 구체적인 방법을 얼마나 알고 계신가요?

2장에서는 국어뿐만 아니라 영수 과목을 중심으로 전 과목에 적용할 수 있는 진짜 문해력을 키우는 6가지 실천방법을 제시합니다.

1. 진짜 문해력을 키워주는 독서법
2. 생활 속에서 문해력을 키워주는 방법
3. 문제 풀이의 시작, 질문 문해력을 키워주는 방법
4. 교과 문해력으로 직결되는 어휘 공부법
5. 국영수 문해력을 극대화하는 글쓰기 실천 비법, 한 문장 쓰기부터
6. 초등학생이 가장 자주 틀리는 맞춤법

앞의 문해력 향상 솔루션 6가지로 우리 아이의 문해력을 실천적으로 매일매일 키워갈 수 있습니다. 그냥 독서가 아닌 문해력으로 이어지는 독서 실천 가이드 12가지, 일상 속 소재로 재밌게 문해력을 높이는 방법, 성적으로 이어지는 질문 문해력 키우기, 문해력 직결 어휘 학습법, 문해력을 극대화하는 한 문장 쓰기, 자주 틀리는 맞춤법 학습 방법까지 매일 쉽게 실천할 수 있는 문해력 향상 솔루션을 지금 바로 확인해 보세요!

1일 1페이지로 완성하는 66일 문해력 실천 스터디

문해력을 키우는 방법을 알아도 그저 '아는 수준'에 머물거나 실천하기 너무 어려워 지속하기 어렵다면 내용이 아무리 좋아도 방법이 잘못된 것입니다. 이 책은 그런 문제의식에서 시작되었습니다. 문해력 학습은 간편하면서도 누구나 따라 할 수 있어야 지속 가능하고 습관화될 수 있으며, 그래야 아이의 학년이 올라가도 상관없이 학습에 도움이 됩니다.

4장에서는 2장에서 소개한 실천 방법 중, 가장 효과적이면서 바로 적용 가능한 것들을 1일 1페이지로 만들어 66일 동안 훈련할 수 있는 직접적인 방법을 소개합니다. 〈1일 1페이지로 완성하는 66일 문해력 실천 스터디〉 일명 '1166'을 통해 읽기, 어휘, 쓰기 중심의 문해력 학습 방법 3가지를 매일 조금씩 실천해 보세요. 이를 통해 우리 아이들은 국영수가 중심이 된 문해력 학습 습관을 만들 수 있는데요.

1166 양식은 1일 1 맞춤법 퀴즈와 활용, 어휘 3개, 세 문장 쓰기 그리고 독서 기록을 적는 아주 간단한 양식으로 구성되어 있습니다. 이 양식은 2장에서 소개한 다양한 실천적인 방법과 3장의 초등 학년별, 교과 수록 도서, 연계 추천 도서 리스트, 초등 주요 과목별 필수 어휘 리스트, 교육부 지정 초등 필수 기본 600 영단어장, 교육부 지정 초등 필수 심화 200 영단어장, 교육부 지정 중고등 필수 영단어 중 초등 고학년 학습용 300 단어장, 초등 필수 수학 개념 어휘 리스트, 초등학생이 가장 많이 틀리는 맞춤법 리스트, 따라 쓰며 생각을 키우는 초등 필사 100문장 및 책 속 QR 코드를 통해 제공하는 자료들(영단어 공부 키트, 초중고 연관 단원 맵 파일, 독서활동 기록지 5종 양식 파일, 누적 반복 복습 체크리스트 양식 파일, 유튜브 교집합 스튜디오 교육 영상 QR, 1일 1페이지 초등 국영수 문해력 실천 스터디 양식지 파일)을 활용하여 아주 쉽게 내용을 채울 수 있도록 설계되었습니다.

또 자녀와 학부모님의 동반 성장을 위해 양식 하단에는 엄마의 독서 기록을 적을 수 있는 공간을 두었는데요. 아이들이 이 실천 스터디에 도전할 수 있는 가장 큰 동기는 함께 뛰는 '러닝메이트'의 존재입니다. 이번 기회에 아이와 함께 좋은 습관을 만들어보세요.

66일이 지나면 아이는 최소한 초등학생이 가장 자주 틀리는 맞춤법은 틀리지 않게 되고, 국영수 교과에서 '어휘'가 가장 자신 있는 영역이 될 것입니다. 또, 공부한 내용과 읽은 글을 정리하고 복습하면서 내가 아는 사실과 내 생각을 쓰는 습관도 만들어 질 것이고요. 66일 문해력 스터디는 아이의 문해력을 껑충 높이고, 좋은 습관을 만들어 주며, 도전에 대한 성취까지 하게 하는 아주 효율적인 방법입니다.

이렇게 온통 긍정적인 효과만 있는데, 지금 바로 시작하지 않을 이유가 있을까요? 이 책으로 인해 학부모님의 아이에게는 문해력의 부재가 학습의 걸림돌이 되는 일이 더는 없을 것이라고 확신합니다. 그러니 바로 다음 장을 넘겨 우리 아이와 '진짜 문해력 학습'을 시작해 보시기 바랍니다.

개정판을 내며:
문해력 때문에 교과목 성적에 발목이 잡히는 아이가 더는 없기를 ▶ 4

들어가는 말
문해력 자녀 교육서를 읽고 나면 정작 아이는 변화가 없는데
엄마만 문해력이 늘어나는 웃픈 현실에 대한 실천적인 해결책 ▶ 8

1장

교과 실력으로 직결되는 상위 1% 진짜 문해력 ▶ 21

한국인의 문해력 수준 ▶ 22
문해력 수준이 낮은 아이들 ▶ 23
문해력이 더욱더 필요한 시대: 문해력의 진짜 의미 ▶ 26
진정한 문해력을 키우는 방법: 왜 국영수 문해력인가 ▶ 28
문해력을 키우는 법 ▶ 31
  ① 읽기 교육
  ② 어휘력
  ③ 쓰기 교육

2장

국영수 문해력을 키워주는 6가지 실천 비법 ▶ 43

진짜 문해력을 키워주는 독서법 ▶ 45
책 읽는 아이로 만드는 방법 ▶ 47
  ① 책을 아이의 눈에 띄게 하라!
  ② 읽을 줄 알아도, 읽어주자!
  ③ 호기심이 절로 생기는 신기한 책!
책과 친하지 않은 아들에게 책 읽히는 방법 ▶ 50
결국엔 읽게 되는 책을 고르는 현명한 방법 ▶ 52
수록 도서, 추천 도서를 읽는 것이 정답일까? ▶ 55

책을 고르는 경험은 도서관에서부터 ▶ 58
똑똑한 책 고르기: I형 독서와 T형 독서 ▶ 62
그래도 첫 책은 이런 기준으로 고르면 쉬워요 ▶ 65
문해력 연습의 바이블, 교과서 읽는 방법 ▶ 67
   국어 교과서
   영어 교과서
   수학 교과서
   사회 교과서
   과학 교과서
문해력을 키우는 독서 활동의 시작: 질문하기 ▶ 79
문해력을 키우는 독서 활동의 심화: 쓰기 ▶ 83

생활 속에서 문해력을 키워주는 방법 ▶ 91
가정통신문 ▶ 92
전단지 ▶ 95
신문 기사 ▶ 97
지도 ▶ 100
예약, 환불 ▶ 102
복약지도서 ▶ 105

문제 풀이의 시작, 질문 문해력을 키워주는 방법 ▶ 109
질문 문해력을 키우는 방법 ① 영어 ▶ 114
   질문이 결정짓는 문해(독해)의 방향성
   지문 하나에 문제가 여러 개인 경우
   영어 질문 문해력을 위한 실천 연습
질문 문해력을 키우는 방법 ② 수학 ▶ 119
   문제 내용 시각화하기
   조건과 전제, 질문 구분하기

교과 문해력으로 직결되는 어휘 공부법 ▶ 126
학교에서의 어휘력 학습 ▶ 128
영어 어휘력 학습이 필요한 이유 ▶ 131
수학 어휘력 학습이 필요한 이유 ▶ 134
책 읽기로 어휘력을 높이는 방법 ▶ 137
① 아이 수준에 맞는 책 고르기
② 다양한 분야의 책 읽기
③ 과목별 교과서 읽기

책 속 어휘의 단계적 학습법 ▶ 143
어휘력을 높이는 사전 활용법 ▶ 145
어휘력 교재 활용하는 법 ▶ 156
재미있는 어휘 게임 ▶ 159
영어 어휘 학습법 ▶ 162
국어 어휘와의 연계 학습
문장과 함께 학습: 단어는 문장 속에서 읽고, 또 써봐야 내 것이 된다!
영단어 학습은 눈뿐만 아니라 귀로도 동시에!
영단어, 기억에 오래 남도록 공부하라!
① 가장 효과적인 학습 시간 관리: 학습 시간 쪼개기
② 효과적이고 재밌는 영단어 학습 방법
③ 체계적인 누적 반복 복습하기(최소 3회독)

수학 어휘 학습법 ▶ 176
수학 어휘력 키우기 실천 가이드
개념 카드 만들기
나만의 교과서 만들기

국영수 문해력을 극대화하는 글쓰기 실천 비법, 한 문장 쓰기부터 ▶ 186
우리 아이들의 심각한 글쓰기 상태 ▶ 189
아이들이 글쓰기를 피하는 숨겨진 진짜 이유 ▶ 191

글쓰기 목표는 일단 '세 문장까지만 쓰는 것' ▶ 193
베껴 쓰는 글이 글 머리를 키운다 ▶ 196
다양한 독서가 다양한 글쓰기를 만든다 ▶ 200
영어 한 문장 쓰기 방법 ▶ 204
수학 한 문장 쓰기 방법 ▶ 207

초등학생이 가장 자주 틀리는 맞춤법 ▶ 218
올바른 맞춤법을 사용해야 하는 이유 ▶ 219
효과적인 맞춤법 학습 방법 ▶ 222

3장

문해력 공부 실천을 위한 TOP Secret 교육 자료 ▶ 229

초등 학년별, 교과 연계도서, 추천 도서 리스트 ▶ 231
초등 주요 과목, 과목별 필수 어휘 리스트 ▶ 262
교육부 지정 초등 필수 기본 600 영단어장 ▶ 269
교육부 지정 초등 필수 심화 200 영단어장
중고등 필수 영단어 중 초등 고학년 학습용 300 영단어장 ▶ 293
초등 필수 수학 개념 어휘 리스트 ▶ 313
초등학생이 가장 많이 틀리는 맞춤법 리스트 ▶ 318
따라 쓰며 생각을 키우는 초등 필사 100문장 ▶ 323

4장

1일 1페이지로 완성하는 66일 문해력 실천 스터디 ▶ 333

1장

교과 실력으로 직결되는 상위 1% 진짜 문해력

교과 실력으로 직결되는
상위 1% 진짜 문해력

교육 분야에서 지금처럼 '문해력'이 주목받았던 시기는 없었습니다. 아니 정확하게 말하면 일반인에게 '문해력'이라는 단어가 익숙해진 것 자체가 최근의 일이지요. 이 현상의 시작점은 많은 분이 아시는 것처럼 EBS에서 방영한 〈당신의 문해력〉, 〈문해력 유치원〉, 〈당신의 문해력+〉라는 프로그램들인데요. 방송 이후에 문해력에 관심 있는 사람들 사이에서 회자되던 이 프로그램의 내용은 각종 기사를 통해 다수의 사람에게 '심각한 문제'로 알려지게 되었습니다. 그리고 이를 반영하듯 그 이후로 지금까지 서점가 교육 부문에는 제목에 '문해력'이 포함된 책이 엄청나게 쏟아져 나왔죠. 그 덕분에 이제는 문해력의 정확한 의미는 잘 몰라도 '문해력이 아이들 공부에 꼭 필요하다'는 사실은 많이 알려졌습니다. 이러한 상황을 누군가는 '미디어의 힘' 때문이라고 보지만, 저는 그동안 보통 사람들이 인지하지 못했던 '문해력의 중요성'을 여러 사례를 보고 공감했기 때문이라고 생각합니다. 우리가 일상 속에서 겪었던 여러 가지 불편함과 답답함의 원인이 '글은 읽었지만, 의미를 이해하지 못해서' 발생한 문제, 곧 '문해력의 부재' 때문임을 알게 된 것입니다.

한국인의 문해력 수준

그런데 참 이상한 것은 한국인의 문맹률은 1966년 1%로 공식 집계된 이후 공식적인 조사가 의미 없는 수준으로 더 낮아져서 사실상 0%에 가깝습니다. 하지만 짐작하셨듯 문맹률 0%에 빛나는 대한민국 국민의 문해력 수준은 그리 높지가 않습니다. 최근 교육부와 국가평생교육진흥원이 조사 발표한 〈제4차 성인문해능력 조사 결과〉(조사 기간: 2023. 9. 1. ~ 2023. 11. 6.)에 따르면 기본적인 읽기, 쓰기, 셈하기에 어려움을 느껴서 초등 1~2학년 정도의 학습이 필요한 성인은 전체 성인 인구의 3.3%인 146만 명가량으로 추산됩니다. 그리고 이보다는 나은 수준이지만 공공, 경제생활에 어려움이 있는 수준(중학 1~3학년 정도의 학습이 필요한 수준)의 인구도 358만 명(8.1%) 정도라고 합니다. 어떤가요? 그 수가 생각보다 많죠? 글은 읽었지만 내용을 이해하지 못해 곤란해하는 사람들도 있지만, 그런 사람에게 자기 생각과 의견, 의도를 전달해야 하는 상황에서 답답함을 느껴본 분이라면 이 조사 결과가 충분히 이해되실 것입니다.

그런데 문제는 이런 상황이 성인에만 국한된 문제가 아니라는 점입니다. 조사 대상 성인 중에는 나이, 지역 등 특수 상황 때문에 문해력을 높일 수 있는 기회를 전혀 얻지 못한 분도 있었습니다. 하지만 학교에서 읽기가 기본인 교과서로 '학습'하고 있는 학생들, 즉 우리 아이들의 문해력도 성인과 비슷한 수준이라면 상황이 생각보다 심각한 것은 아닐까요?

문해력 수준이 낮은 아이들

오랫동안 아이들을 가르쳐왔던 경험을 떠올려 봤을 때, 실제로 문해력 때문에 영어, 수학 공부에 지장이 있는 아이들을 정말 많이 보았습니다.

- 영어 지문의 이해는 물론이고 그 지문의 한글 해석본을 보고도 무슨 내용인지 알기 어려워하던 고3 지영이
- 수학을 싫어하는 것은 아니지만 문장제 수학 문제는 '극혐한다'고 말한 중2 정욱이
- 문제가 조금만 길어져도 무슨 말인지 모르겠다고 울상을 짓던 초등 5학년 지우

이 아이들처럼 글은 읽었지만 이해를 못 하는 것은 물론이고, 글 읽기를 아예 거부하는 아이들이 셀 수 없이 많았습니다. 그런데 이런 상황은 제 개인적인 경험에만 국한된 것이 아니더군요.

최근 교육과정평가원이 발표한 〈2023년 중학교 국가수준 학업성취도 평가〉 결과에 따르면 국어, 영어, 수학 중 특히 국어의 성취도 하락은 심각한 수준입니다. 기존 조사 결과와 비교했을 때 각 과목 우수생 비율이 영어는 7% 증가, 수학이 0.7% 정도 하락한 것에 비해 국어 우수생은 1년 사이에 2.2% 줄었습니다. 이런 국어 성취도 하락에는 여러 가지 이유가 있겠지만 우선은 스마트폰 및 SNS 활용으로 인해 '긴 글'을 읽으려 하지 않는 태도가 더 심화되었기 때문입니다.

학부모님 세대라면, 인터넷이 처음 발달하기 시작하던 1990년대에 등장한 신조어 중 '스압주의'라는 말을 들어보셨을 것입니다. 이 말은 '스크롤 압박 주의'의 준말로, '정보의 양이 지나치게 많아 모니터의 한 화면에 전체가 나타나지 않아서 내용을 보기 위하여 마우스 스크롤 바를 계속 내려야 한다', 즉 '긴 글이다'라는 경고 문구입니다. 기억을 되살려보면 그런 제목의 글 본문에는 어김없이 '3줄 요약'이 함께 제시되어 있었는데요. '긴 글이지만, 읽어야 한다면 여길 보라'는 의미를 담은 글쓴이의 친절한 배려였습니다. 물론 그 이전에도 꼼꼼하게 읽어야만 하는 긴 글도 누군가는 대충 읽거나 전혀 읽으려고 하지 않았지만, 이 '스압'이라는 표현이 등장하기 시작했을 무렵부터는 이제 본격적으로 긴 글은 읽지 않는 분위기가 생겨났습니다. 그래도 그 당시의 스압주의의 대상은 어디까지나 중요도가 '낮은' 긴 글만 해당되었기에 큰 '문제'는 아니었죠.

하지만 그 후 상당히 시간이 흐른 지금은 '스압주의'라는 말이 필요 없을 정도로 '중요한' 긴 글도 제대로 읽지 않아도 되는, 일종의 편리한 '대안'이 많이 생겨났습니다. 바로 긴 글을 대신 읽어주고 해석해 주는 대체 인력과 서비스입니다. 긴 글 중 계약서, 진단서와 같은 전문적인 글은 읽고 대신 처리해 주는 '전문 인력'이 꼭 필요합니다. 하지만 긴 글의 대표 주자이자 때로는 각 문장을 곱씹으며 읽는 맛을 느껴야 하는 책의 내용을 요약해 주고 감상까지도 전해 주는 유튜버의 등장은 '책을 왜 읽는가'라는 다소 철학적인 의문까지 들게 만듭니다. 게다가 각종 책 대여 서비스는 새로운 '읽기' 추세에 맞춰 듣는 책(오디오 북), 단문으로 보는 책(챗북: 카카오톡과 같은 채팅 형식으로 내용을 요약해 주는 서비스) 등을 선보이고 있어 사람들은 점점 '자발적 긴 글 읽기'가 필요하지 않다고 생각하고 있습니다.

이런 모습은 아이들에게서도 볼 수 있는데요. 해마다 5월, 11월이 되면 중고등학교에서는 과목마다 수행평가가 쏟아집니다. 이때 과목을 막론하고 수행평가 형식 중 가장 많은 비중을 차지하는 것은 바로 '쓰기'인데요. 수행평가에서의 '쓰기'란 대부분 책이나 자료, 영화 등의 글이나 영상을 보고 감상문을 써내는 방식입니다. 긴 글을 읽고 이해하고 요약하고, 감상하는 '문해력'을 평가하죠. 그런데 놀랍게도 이 무렵 포털 사이트에서 중고생이 가장 많이 검색하는 검색어는 'OO 책 독후감(감상문)' 입니다. 수행평가의 원래 의도와는 다르게 아이들은 여러 가지 이유로 누군가가 써 놓은 요약문 또는 감상문 그 자체를 검색하고 있는 것입니다. 그리고 이런 현실을 반영하듯 일부 수행평가 도우미 사이트에서는 유료로 특정 책의 독후감, 감상문 예시 내용을 판매하고 있습니다. 일부 학생은 거리낌 없이 그런 자료를 구매하고 약간의 수정을 거쳐 (요즘은 AI 기술을 이용해 더 쉽게 할 수 있어요) 자신의 과제로 제출하죠. 이 사이트의 원래 의도는 정말로 감상문을 쓰는 방법을 모르는 학생에게 예시 내용을 참고하여 작성하라는 소위 '가이드'를 제공하는 것입니다. 물론 그 의도대로 이용하는 학생도 있습니다. 하지만 시간이 없다는 이유로, 읽고 싶지 않다는 이유로 남이 읽고 써 놓은 감상을 자신의 것으로 삼는 손쉬운 방법을 택하는 아이들도 상당수 존재합니다. 이처럼 긴 글은 예전보다 점점 더 성인, 아이 할 것 없이 모두에게서 외면받아 가는 추세입니다.

문해력이 더욱더 필요한 시대: 문해력의 진짜 의미

이런 현실을 누군가는 '편의의 시대'이기 때문이라고 말할지도 모릅니다. 하지만 긴 글을 읽는 연습을 하지 않고, 일상의 짧은 문장만으로 정말 타인의 생각을 이해할 수 있고, 또 내 생각을 자유롭게 표현할 수 있을까요? 아니요. 절대 그렇지 않습니다. 성인은 물론이고 성장하는 우리 아이들도 긴 글이 읽기 어렵고, 읽고 싶지 않아도 꾸준히 읽어야 합니다. 글을 읽고 이해하는 활동은 지식과 정보를 얻기 위한 중요한 과정이고 또 이렇게 얻은 자기화(化)된 지식을 바탕으로 타인과 사회를 온전히 이해할 수 있기 때문이죠. 누군가가 글을 요약해 줄 수는 있지만, 그 글 안에 담긴 숨은 의미를 우리에게 이해시켜 주거나 우리를 성장시킬 수는 없습니다. 글을 읽는 이유가 정보 습득, 자기 계발, 자기 위로 등 그 무엇이든 간에 자신의 삶에 어떤 방식으로든 그 내용을 활용하려는 목적이 있을 테니까요. 그리고 이러한 긴 글을 읽는 경험은 '독서'를 통해서 익숙해지고 이해의 폭과 깊이를 더해갑니다.

독서는 분명 문해력을 얻기 위한 직접적인 방법입니다. 하지만 그저 단순히 (깊이 있는) 독서를 하기만 하면 진짜 문해력이 키워질까요? 최근 출간된 다수의 '문해력' 관련 책은 문해력 향상의 해법으로 '읽기 교육'에 상당한 비중을 두고 있습니다. 하지만 저는 그 효과에 대해 조금 의문이 있습니다. 문해력은 단지 책을 많이 읽는 것, 즉 읽기 교육만으로 향상되지 않는다고 생각하기 때문입니다. 그러니 이 시점에서 우리는 문해력의 진짜 의미를 다시 한번 생각해 보아야 합니다.

문해력(文解力)을 문자 그대로를 풀어보면 '글을 해석하는 능력'이고, 《표준국어대사전》에는 "글을 읽고 이해하는 능력"으로 정의되어 있습니다. 영어로는 리터러시(Literacy: 글을 읽고 쓸 줄 아는 능력)'라고 하죠. 최근에는 한자 낱말의 의미, 국어사전의 사전적 의미처럼 표면적인 의미보다 영어 표현인 리터러시의 개념으로 그 의미가 확장되어 '다른 사람의 생각을 정확히 이해하고 그것에 대한 자기 생각을 표현함으로써 상호 간에 효과적으로 의사소통할 수 있는 능력'으로 이해되고 있습니다. 문해력을 한마디로 정리하면, '읽기 능력, 이해 능력, 의사소통 능력'을 모두 포괄하는 어휘입니다. 어떤 글을 읽고 단순히 '아! 이런 뜻이구나!'라고 이해하는 수준을 넘어서 다양한 장르의 텍스트, 즉 책, 신문, 광고지, 계약서, 미디어 등을 해석하고 그 안의 어휘의 뜻과 문맥을 깊이 이해함으로써 자신만의 의미 있는 사고로 확장할 수 있는 능력이죠. 또 이러한 과정에서 형성된 본인만의 생각을 말이나 글로 표현하는 능력까지를 문해력으로 보아야 합니다.

진정한 문해력을 키우는 방법: 왜 국영수 문해력인가

학교에서 읽기, (최근에 더욱) 쓰기가 강조되는 이유는 '읽기 능력, 이해 능력, 의사소통 능력'을 의미하는 문해력이 '모든 학습의 기초'이기 때문입니다. 특히 학교에서 읽는 가장 대표적인 책인 '교과서'를 제대로 읽지 못하는 아이는 교과 수업 내용을 이해할 수도 없고 동시에 이해력과 표현력을 좌우하는 어휘력도 제때 키울 수가 없습니다. 읽지도, 이해하지도 못하는 아이에게 자기 생각을 글로 쓰는 것을 기대하기는 더욱더 어렵겠죠. 이렇게 이해하지도 못하는 반복된 수업 시간에 그저 앉아있을 수밖에 없는 아이는 무기력해져서 학습 자존감도 크게 손상됩니다. 우리는 우리 아이들이 학교에서 '잘 배우고 있는지, 제대로 된 실력을 쌓고 있는지'를 결과만 보고 평가하기 전에 각 과목의 문해력 상태를 점검해 보아야 합니다.

　읽은 글에 대한 정확한 이해를 위해서는 그저 '잘 읽는 것' 외에도 다양한 훈련이 필요합니다. '실질적으로' 문해력을 향상할 수 있는 '읽기 이외의 방법'을 통해서요. 하지만 설령 그 방법을 잘 알고 실천한다고 해도 문해력 향상을 단기간에 이뤄내겠다는 생각은 위험합니다. 절대 가능하지 않기 때문이지요. 문해력 개발은 초등 전 학년에 걸쳐 긴 시간 동안 구체적인 방법으로 꾸준히 지속하여야 합니다. 그래야만 우리 아이가 중등 이상의 나이가 되었을 때, 문해력 결핍 때문에 학습이 망가지지 않습니다. 하지만 안타깝게도 많은 사람이 그 사실을 제대로 알지 못합니다. 그저 어떤 책이든 잘 읽는 것만으로 문해력이 충분히 향상될 수 있다고 생각하지요. 그런데 만약 책을 읽는 것만으로 문해력이 키워진다면 다음과 같은 상황은 어떻게 설명할 수 있을까요?

- 많은 책을 잘 읽어왔다고 생각했는데 학교 성적은 기대보다 좋지 못하다.
- 책을 많이 읽었는데 자기 생각을 말이나 글로 잘 쓰지 못한다.
- 책을 많이 읽은 아이인데 국어나 영어 문제에서 '-인 것, -아닌 것'을 찾는 문제를 항상 틀린다.
- 책을 많이 읽었는데 수학에서 문장제 문제를 너무 어려워한다.

　"독서를 꾸준히 하다 보면 문해력이 생기고, 자연스럽게 배경지식도 쌓이며, 글도 잘 쓸 수 있게 되고, 문제도 잘 풀게 되고….".라며, 독서가 마치 만병통치약인 것처럼 말합니다. 하지만 사실 이 말은 틀렸습니다. 아이가 어릴 때 책 읽기에만 온 힘을 쏟았던 엄마의 희망사항일 뿐이죠. 그러면서 엄마는 성적이 안 나오는 '진짜 이유'를 찾을 생각도 못 하고 그저 '아직 완성형이 아니라서'라고 막연하게 생각합니다. 이에 성적, 글쓰기, 문제해결력이 부족한 우리 아이는 오늘도 책읽기가 해법이라는 엄마의 신념 아래 책을 더 읽어야만 합니다. '더 많이 읽으면 좋아지겠지.'라고 기대하면서 말이지요. 하지만 문해력 교육은 절대로 그렇게 진행되어서는 안됩니다.

일반적인 독서 외에도 어휘 학습, 질문 문해력, 일상 속 문해력, 문해력 쓰기 등 다양하고 매우 효과적인 문해력 향상 방법이 있습니다. 이 방법들은 독서 활동과 병행될 때, 좀 더 체계적이고 직접적으로 문해력을 키워줍니다. 이제는 문해력 향상의 유일한 방법처럼 여겨졌던 단순 독서를 넘어 오늘 당장 실천할 수 있고 매일 조금씩 성장할 수 있는 여러 실천 방법에 관심을 가져야 할 때입니다.

문해력 향상 방법은, 세부 교과목의 특성에 따라 모두 다르게 설계되어야 합니다. 예를 들어 국어, 사회, 과학 교과서는 대부분 한글로 쓰여 있기 때문에 '어휘력'이나 '배경지식' 등이 교과서 내용을 이해하는 데 영향을 줍니다. 하지만 영어와 수학 교과서는 한글 외에도 다른 언어 및 기호가 존재하기 때문에 완전히 다른 접근이 필요하지요. 영어 과목은 '영어'라는 언어의 특성에 맞춘 문해력 향상의 방법이 있고, 수학도 '기호'라는 약속을 통한 추상적인 과목이므로 그 특성에 맞는 방법이 있습니다. 이런 '교과목의 특성을 반영한 방법'은 아는 것을 넘어 실천해야만 문해력이 향상되는 직접적인 효과를 기대할 수 있습니다. 영수 외에도 아이들이 배우는 과목은 많지만, 국영수가 모든 과목 특성의 기본 뼈대(영어: 제2외국어, 수학: 과학의 언어)를 구성하고 있기 때문에 국영수 문해력은 모든 과목의 문해력을 키우는 시작점이 됩니다.

문해력을 키우는 법 ① 읽기 교육

문해력의 첫 번째 축은 읽기 능력입니다. 읽기 능력을 제고하기 위해서는 가정에서부터 기초적인 '읽기 교육'을 시작해야 합니다.

아이가 말과 글자를 조금씩 접하는 유아기부터 책을 비롯한 다양한 매체를 보고 듣는 모든 과정이 조금씩 읽기와 연결되어야 하죠. 구체적으로 아이가 '소리와 문자 사이의 관계'를 자연스럽게 습득하기 시작할 때부터는 아이와 부모가 생활 속에서 주고받는 '다양한 주제의 대화' 속에서 읽기에 대한 동기가 생겨야 합니다. 이때 주의할 것은 읽을거리를 '책'으로만 한정하지 않는 것인데요. 실생활 속의 읽기, 즉 지도, 안내문, 광고 전단지, 신문 기사, 복약지도서 등이 아이들에게는 책을 읽는 것보다 상대적으로 더 직접적이고 친숙하게 느껴지기 때문입니다. 그리고 이러한 실생활 속 '읽기 교육'은 성인이 되어서도 끊임없이 지속되어야 합니다. 너무나 직접적인 '읽기 동기'인 '실생활 속 글 읽기 훈련'은 2장에서 좀 더 자세히 다루겠습니다.

아이와의 일상 속 대화의 넓이와 깊이가 더해질수록 '책 읽기'의 필요성은 점점 더 커집니다. 물론 요즘은 손쉽게 스마트폰 검색만으로도 정보를 얻을 수 있는 세상이지만 (교육의 목적으로 충분히 의도를 담고) 학부모님에게는 아이를 책으로 이끄는 유도술이 약간 필요합니다. 아이의 관점에서 새로 알게 될 신기한 지식과 재미있고 흥미로운 수많은 이야기가 책 속에 숨어 있다는 사실을 아이에게 알게 해 준다면 그것 이상으로 책을 가까이 하게 할 방법은 없으니까요. 과정은 힘겨워도 결과는 분명 아이와 부모님 모두에게 만족스러울 것입니다.

예를 들어 이런 거죠. 만약 아이와 함께 창밖의 새소리를 듣게 되었을 때,

"와, 지금 들려오는 소리는 무슨 소리일까?"
"저 새들은 지금 좋아서 웃는 걸까? 슬퍼서 우는 걸까?"
"어떻게 생긴 새들이 저렇게 아름답게 울까? 저 새의 이름이 무엇일까? 궁금하다." 등으로
다양한 자극을 주는 대화를 하고,
"같이 알아볼까? 엄마 생각엔 새와 관련된 책을 보면 알 수 있을 것 같아."

와 같이 책 읽기의 유용성을 아이 스스로 느낄 수 있는 기회를 만들어 주는 것이죠.

이 시기에 부모님의 '책 읽어 주기'로 애착 관계가 형성된 아이는 그 이후로도 책을 좋아하는 사람으로 성장할 가능성이 큽니다. 그러므로 아이가 한글을 알아서 스스로 책을 읽을 수 있다고 하더라도 부모님이 직접 읽어 주는 것이 좋습니다.

우리나라 국민 중 책을 가장 많이 읽는 연령대를 알고 계시나요? 그렇죠. 짐작하셨겠지만 유아기와 초등 시기입니다. 〈2023년 국민 독서 실태 조사〉에 따르면 초등, 중등, 고등을 거치며 조금씩 읽는 권수가 줄어들다가 1년에 1권의 책도 읽지 않는 사람이 성인 인구의 절반이 넘는다고 합니다. 성인이 되어도 책을 꾸준히 읽는 일부 독서가도 있지만 말입니다. 게다가 독서하는 사람의 비율은 2021년 대비 2023년 조사 결과에서 더 낮아졌다고 하는데요. 이런 암담한 상황에서도 꾸준히 책을 읽는 성인 독서가 중에는 어릴 때부터 책 읽는 것이 습관이 된 사람이 많습니다. 그래서 많은 전문가가 어릴 때부터의 책 읽기 습관을 강조하는 것이죠.

하지만 우리가 생각해 보아야 할 것은 '유아, 초등 저학년 시기 즉, 어릴 때는 책을 잘 읽다가 점점 책을 읽지 않는 아이들'이 늘어난다는 부분입니다. 구체적으로 그 시기는 교과 수업이 본격화되는 초등 중학년부터입니다. 이에 대해 같은 조사에서 '책을 읽지 않는 이유'에 대한 아이들의 답변을 보면 '책 이외의 매체를 이용해서', '책 읽기가 재미없어서', '공부 때문에 시간이 없어서' 순이었습니다.

어떤 생각이 드시나요? 우리는 표면적인 이유보다 이 대답에 숨겨진 의미인 '왜 아이들은 책 읽기를 공부와 상관없는 것으로 여길까'

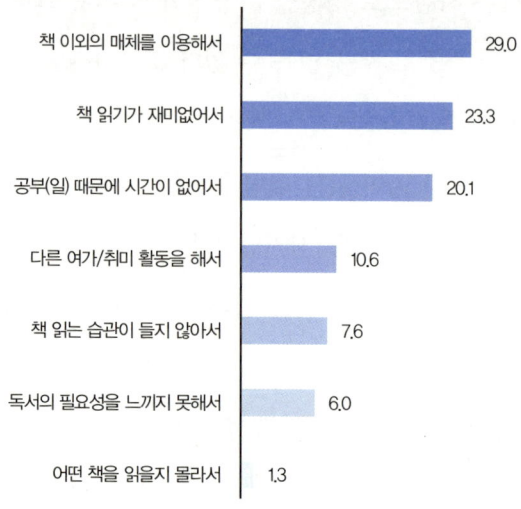

〈2023년 국민 독서실태 조사, 문화체육관광부, 2024.4〉

를 심각하게 받아들여야 합니다. 문해력 향상을 위해서는 아이들 스스로 '공부하다가 시간이 나면 책을 읽는다'가 아닌 '공부를 잘하기 위해서 책을 읽는다'라는 생각을 할 수 있어야 하기 때문입니다. 앞에서도 언급했듯이 책을 읽는다고 해서 문해력이 무조건 키워진다고 할 수는 없지만, 문해력을 갖추기 위해서 '읽기' 활동은 필수입니다. 그리고 제대로 된 읽기 방법을 적용했다면 가장 빠르게 문해력 상승효과를 이뤄내는 것이 '책'이죠. 하지만 아이들 입장에서는 공부하고 노느라, 휴대전화, 인터넷, 게임 하느라 못 봤던 책을 굳이 읽어야만 하는 이유가 필요합니다. 그 이유로 '각 과목 공부에 직접적인 도움이 된다'는 것이면 충분하지 않을까요?

그래서 이 책,《초등 국영수 문해력》에서는 초등 과정 내내 꾸준히 지속해서 이뤄져야 할 '읽기 교육'으로 일반 책 읽기와 '실생활 속 글 읽기'를 기본으로 합니다. 또한 무엇보다 현실적인 이유로 과목별 특성을 고려한 '교과서 읽기', 아무도 중요하게 생각하지 않지만, 성적 향상을 위해 반드시 필요한 '질문 읽기'도 중요하게 다루고 있습니다.

바르게 읽기는 습관입니다. 이 습관이 앞으로 아이들의 초중고등학교 때의 성적, 사회인으로서의 직무수행, 생활인으로서의 편리를 책임질 것입니다. 제대로 읽을 수 있도록 2장의 내용을 꼭 정독하시고, 실천 가능한 것들부터 바로 시작해 보세요.

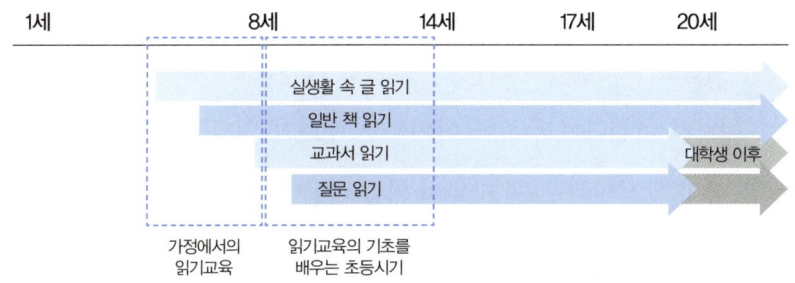

읽기 연령 비교표

문해력을 키우는 법 ② 어휘력

문해력의 두 번째 축은 이해 능력입니다. 이해 능력을 뒷받침하는 가장 직접적인 수단인 어휘력은 '읽기 교육'과 '쓰기 교육'을 잇는 중요한 다리 역할을 합니다. 어휘를 이해하지 못한다면 읽는 의미가 없습니다. 또한 적절한 어휘를 사용할 줄 모른다면 자기 생각이나 감정을 담아 글로 표현할 수도 없지요. 이처럼 중요한 어휘력이 우리 아이에게서 길러지려면 어떻게 해야 할까요?

그 전에 먼저 유아의 말을 한번 떠올려 보겠습니다.

어른은 유아와 대화할 때 아이를 배려하여 최대한 쉬운 어휘를 사용합니다. 조금이라도 어려운 낱말을 쓰면 본래 의도와는 다르게 아이가 제대로 알아듣지 못하고 그에 따라 원하는 반응을 얻을 수도 없기 때문입니다. 유아들끼리의 대화는 또 어떤가요? 대화다운 대화가 이루어지나요? 물론 아이들 간에도 어휘력 차이는 납니다. 어떤 아이는 나름대로 자기 생각과 감정을 잘 표현하지만 소통보다는 그저 아는 낱말을 뱉어내는 수준인 경우도 있습니다. 진짜 대화라고 보기는 어렵죠.

이처럼 어휘력이 부족한 아이들의 대화와 읽기는 어휘력 수준이 낮은 유아의 상황과 크게 다르지 않습니다. 책을 읽더라도 딱 자신이 아는 어휘 수준만큼만 이해할 수 있고, 어휘력 부족으로 인해 책을 계속 읽을 수도 없죠. 눈은 책을 보고 있고, 내용은 모두 한글로 쓰여 있지만, 책의 내용이 머릿속에 잘 들어오지 않는 것도 바로 그 이유 때문입니다.

어휘력이란 자신이 살면서 체험한 낱말들의 총합이기 때문에 딱 그 정도로만 세상을 이해할 수 있습니다. 또 사람들은 자신이 구사할 수 있는 어휘 수준을 기반으로 자기 생각을 표현하여 타인과 소통합니다. 어휘력이 풍부하다면 내 생각과 감정을 효과적으로 표현할 수 있고 동시에 내 말을 이해하지 못하는 사람들과도 다양한 방법으로 깊이 있게 소통할 수 있죠. 이처럼 풍부한 어휘력은 타인과의 소통의 폭을 넓히는 기폭제 역할을 하므로 다른 사람과 더불어 살아가야 할 우리 아이들이 필수로 갖추어야 할 역량입니다.

자, 그럼 우리 아이들의 교실 속으로도 들어가 볼까요? 교실 속의 아이 중에도 또래보다 어휘력 수준이 낮은 아이들이 있습니다. 이 학생들은 수업에 집중하고 싶어도 어휘력이 부족해서 선생님의 수업 내용을 알아들을 수가 없는데요. 이런 경우, 수업을 진행하는 선생님도, 참여하는 학생도 엄청나게 힘이 드는 것은 물론이고, 이런 아이들의 비중이 높아지면 수업을 계속 진행하는 것이 무의미해지는 경우도 있습니다. 그나마 수업을 이끄는 선생님과 참여하는 아이들이 함께 어휘력을 높이기 위해 노력한다면 다행이지만요. 예를 들어 수업 전에 어휘력 수업을 진행하거나 (영어, 수학 선생님이 국어 선생님의 역할까지 해야 하는 거죠.) 학생이 예습으로 학습 어휘를 미리 공부하는 것입니다. 만약 한쪽이라도 노력하지 않는다면 수업은 이해할 수 있는 아이들 일부만 참여하는 수업이 되고 맙니다. 말로 전달되는 수업, 글로 진행하는 수업 둘 다 마찬가지로요.

어휘력은 글을 읽는 과정에서, 필요에 따라서는 개별적인 방법을 통해서라도 지속적으로 쌓아가야 합니다. 우선, 아이들이 많은 어휘를 접할 수 있는 방법은 다양한 분야의 책을 읽는 것입니다. 따라서 책 선택은 어휘력의 확장성을 결정하는 중요한 과정이 됩니다. 이때 주의할 점은 낯선 어휘가 너무 많은 책은 내용을 이해하지 못할 뿐만 아니라 어휘의 뜻을 찾느라 많은 시간을 소모하게 된다는 것인데요. 그러니 반드시 아이의 수준에 맞는 책을 찾아서 읽혀야 함을 일단 기억해 두세요.

그리고 책을 읽을 때마다 접하는, 처음 본 어휘에 대해서는 반드시 '학습'이 병행되어야 합니다. 읽기 교육에서도 언급했듯이 이 '어휘 학습'도 각 과목에 따라서 접근하는 방법이 다른데요. 2장에서 소개하는 〈교과 문해력으로 직결되는 어휘 공부법〉에는 책 속 어휘의 단계적 학습법, 사전 활용법, 어휘력 교재 활용법을 비롯하여 영어, 수학 어휘 학습법 등을 아주 자세히 담았습니다. 어휘는 익숙해지기까지 꾸준히 반복해서 익히는 훈련이 필요하지만, 이 과정을 이겨내고 나면 중고등학교 아니 그 이후에도 우리 아이의 이해 능력을 책임져 줄 수 있는 무기가 될 것입니다. 초등학교 때 어휘력을 반드시 일정 수준으로 키울 수 있게 지도해 주세요.

문해력을 키우는 법 ③ 쓰기 교육

문해력의 세 번째 축은 의사소통 능력입니다. 하지만 의사소통 능력을 기르기 위한 가장 효과적인 방법인 '글쓰기'는 그 중요성에 비해 그동안 체계적인 교육이 거의 이루어지지 않았습니다. 여기서 잠깐만요! 설마, 아직도 글쓰기가 전문 작가나 쓰는 '거창한 글'이라고 생각하시는 분이 계신 것은 아니겠지요? 우리 대부분은 지금까지의 삶, 초중고등학교 12년을 지나 대학과 사회생활을 거쳐오면서 글쓰기라는 영역으로부터 자유로웠던 적이 한 번도 없습니다. 잘 기억이 안 나신다고요? 그렇다면 제가 상기시켜 드리겠습니다.

학창 시절 방학 숙제에는 일기와 독후감이 빠지지 않았습니다. 대학에 진학한 후로는 길이를 막론하고 논술 형식의 시험 답안지를 써내야만 했고요. 사회생활을 하면서 작성했던 수많은 이메일과 보고서도 모두 '쓰기'가 바탕이 된 소통방식이었습니다. 지금은 어떤가요? 하루에도 수십 번 지인들과 SNS라는 채널을 통해 쓰기로 대화하고 있지 않으세요? 이처럼 우리 삶에서 '쓰는 행위'가 소외된 적은 한 번도 없습니다. 그런데 안타깝게도 체계적으로 배웠던 적도 없었죠.

그런데 점차 아이들의 학습 영역에 이 '글쓰기'가 깊게 침투하고 있습니다. 잘하면 칭찬받고 못해도 어쩔 수 없는 영역이 아니라 '성적'과 '합격/불합격'에 직접 연관되어 있죠. 일차적으로, 학교 내신에서 글쓰기의 비중이 확 늘어났습니다. 구체적으로 따져보면 내신의 일부인 수행평가에서 글쓰기의 비중도 점차 증가하고 있고요. 내신 시험도 객관식, 단답형 문제에서 벗어나 서술·논술형 평가 문항이 지속적으로 늘어나고 있습니다. 2025년도부터 도입되는 고교학점제가 반영되는 2028학년도 입시에서는 서술·논술형 수능을 볼 가능성도 논의되고 있을 정도입니다. 배우고 스스로 익힌 내용을 정리하고, 내 생각과 의견을 표현하는 글쓰기 능력이 초중고등학교에서부터 학업 성적 및 진학의 합격/불합격에 큰 영향을 미치는 시대가 왔습니다.

게다가 앞으로의 사회는 이전보다 개인의 '글쓰기' 능력을 더욱 필요로 할 것입니다. 앞서서 글쓰기가 의사소통의 한 방식이라고 언급했지만 사실 글쓰기는 그보다 더 본질적인, 인간의 역량을 만드는 역할을 합니다. 책 읽기가 간접 경험을 통해 지식과 경험을 쌓아가는 과정이라면 글쓰기는 쌓인 경험과 지식을 논리적 사고로 구축하고 정리하여 표현하는 과정이거든요. 저도 이 책을 쓰면서 제가 알고 있는 문해력과 관련된 지식을 정리하고 제 나름의 논리를 쌓아서 아이들과 학부모님들께 도움이 되는 책은 어떤 책일까를 매 순간 고민하고 있습니다. 정보를 수집하고 읽는 과정보다 쓰는 과정에서 기존에 알고 있던 지식의 벽이 더 두껍게 쌓이고 있다는 느낌을 받고 있어요. 글 한 줄 한 줄을 적으면서 제 생각의 수준이 그만큼 성장하고 있기 때문입니다. 아이들의 글쓰기 또한 마찬가지입니다. 글쓰기를 통해 훨씬 더 깊은 사고를 할 수 있는 아이로 성장할 수 있습니다.

글쓰기는 거꾸로 책 읽기의 밑바탕이 되기도 합니다. 글을 쓰면서 자신이 이해한 정도를 스스로 점검하고 평가하는 과정에서 자기 주도적인 학습이 이루어지거든요. 글의 내용을 100% 이해했다고 하더라도 글을 써 보면서 생기는 또 다른 궁금증이 책 읽기의 필요를 만들어 주기도 합니다. 이해하지 못한 부분이 있다면 더더욱 참고용 책 읽기가 필요하죠. 쓰기 과정은 한마디로 깊이 있는 학습을 가능하게 합니다.

결국 문해력을 이루는 3가지 요소는 읽기와 어휘력 그리고 글쓰기 과정을 지나 다시 읽기로 선순환되는 상호 보완적인 관계에 있습니다. 그래서 이 책에서는 이러한 관계를 활용한 '글쓰기 습관 만들기'를 지도하는 쉬운 방법을 제시합니다. 이 글쓰기는 읽은 내용을 확인하기도 하고, 이해를 위한 학습이 되기도 합니다. 또 우리 아이의 생각을 하루 세 문장씩 적어보는 연습을 반복하면서 생각의 깊이와 폭을 늘려가는 기회를 주기도 하죠. 게다가 누구나 바로 시작할 수 있을 만큼 쉽습니다.

그럼 지금부터 저와 함께 문해력의 세계로 한 걸음씩 발걸음을 옮겨보겠습니다. 그 여정에는 수풀도 있고 순탄치 못한 길도 있겠지만 어렵지 않게 한 단계씩 우리 아이와 걸어갈 수 있는 쉬운 방법을 알려드리겠습니다. 그런데 그 전에 준비물이 딱 하나 필요합니다. 지금 바로 실천하겠다는 마음입니다. 심호흡하시고… 준비되셨나요? 준비되셨다면 페이지를 넘겨 본격적으로 시작해 보겠습니다.

2장

국영수 문해력을 키워주는 6가지 실천 비법

진짜 문해력을
키워주는 독서법

　포노 사피엔스(Phono Sapiens), 스마트폰 없이 생활하는 것이 힘든 세대인 우리 아이들에게 부모 세대식 책 읽기를 지도하는 것은 생각보다 힘든 일입니다. 우리 시절에도 책 읽기를 방해하는 것들로 만화책, TV, PC통신 등이 있었지만 오늘날의 매체는 더 다양해졌고, 보다 개인적이며, 더 자극적이지요. 그래서 아이들보다 조금은 더 유혹을 견딜 수 있는 어른들까지도 스마트폰을 보느라 책 읽을 시간이 점점 줄어드는 것이 현실입니다. 그러니 책 읽으라고 잔소리하느라 너무 많은 에너지를 쓰거나 (결과적으로 도움이 안 되는) 감정 소모는 하지 마세요. 아이들 스스로 책을 읽고자 하는 마음 없이는 절대 독서 습관을 만들 수 없습니다. 특히 아이들이 관심 없는 분야이거나 아이의 독해력 수준보다 높은 책을 읽으라고 강요하는 것은 책에 반감만 더

불러일으킬 뿐입니다. 유일한 해법은 우리 아이에 맞춘 단계적인 접근뿐이라는 것을 기억하세요.

아이와 엄마의 독서 궁합은 다음과 같이 네 부류로 나뉩니다.

① 책 읽기에 열심인 엄마와 책 읽기를 즐기는 아이
② 책 읽기에 열심인 엄마와 책 읽기를 싫어하는 아이
③ 책 읽기에 별 관심이 없는 엄마와 책 읽기를 즐기는 아이
④ 책 읽기에 별 관심이 없는 엄마와 책 읽기를 싫어하는 아이

이 중에서 ①번 엄마라면 지금까지처럼 쭉 하시면 되고요. ③, ④번 엄마는 아마 이 책을 집어 들지도 않으셨을 것입니다. 독자 중에는 아마 ②번 유형의 엄마와 아이가 가장 많을 것 같은데요. 그렇다면 ②번 엄마가 아이의 독서 습관을 만들기 위해 가장 먼저 가져야 할 마음가짐은, 아이의 독서에 대한 기대치를 한참 낮추는 것입니다. 그리고 우리 아이가 책을 읽어야 하는 이유에 대해 생각해 본 후, 지금 당장 실현 가능한 정도를 가늠해 보세요. 그런 다음 아이의 상황을 보아가며 단계적인 목표를 세워야 합니다.

책 읽는 아이로 만드는 방법 ① 책을 아이의 눈에 띄게 하라!

[아이 책을 왜 이렇게 읽히세요?] 답답한 잘못된 책 읽기, 이렇게 바꿔보세요!
QR코드를 스캔하거나 유튜브에서 위 제목을 검색하세요.

만약 우리 아이가 책을 아예 거들떠보지도 않는 아이라면 우선 책을 거들떠보게 만드는 것을 목표로 삼으세요. 이 아이에게 '하루 2-3페이지의 책을 읽히겠다'는 목표는 지금 단계에서는 적합하지 않습니다. 우선 거들떠보기라도 하면 그다음은 아이가 보고 싶을 때는 언제든지 책을 볼 수 있는 환경을 만들어 주세요. '하루에 그림책을 몇 권 읽히겠다. 언제까지 책을 어떻게 읽게 하고 무슨 활동을 시키겠다'는 것은 처음으로 책과 친해져야 하는 아이에게는 너무 어려운 목표입니다.

그러면 아이가 책을 읽지는 않아도 책을 거들떠보게 하는, 책을 친밀하게 느낄 수 있게 하는 방법에는 뭐가 있을까요?

아이들의 나이에 따라서 다를 수 있지만 우선 눈으로 볼 수 있는 위치에 책이 있어야 합니다. 학부모님들 중에는 깔끔한 집 안 정리를 성격적으로 선호하는 분이 계실 것입니다. 제가 그런 편인데요. 내 기준에 맞지 않은 정리정돈이 한없이 눈에 거슬리는 성격이죠. 이런 분도 이 시기에는 아이의 책 읽기 습관을 위해 정리를 좋아하는 마음을 그냥 내려 놓으셔야 합니다. 책이 바닥에, 탁자에, 소파에, 의자에, 어디에 있든 아이의 눈이 닿는 곳이라면 비록 내 눈에는 거슬려도 신경 쓰지 마세요. 펼쳐져 있는 것도 뒤집혀 있는 것도 신경 쓰지 않아야 합니다. '이게 왜 여기서 나와?'라는 생각이 들어도 아이의 눈이 닿는 곳에 책이 있으면 됩니다. 그리고 그 책이 어떤 순간에 아이의 관심을 끌 수 있다면 그것만으로도 일단 성공입니다. 그리고 이때 '책이 읽히지 않고 다른 용도로 쓰이면 어떤가?'라는 생각도 하세요. 라면 냄비 받침이 되든 도미노 칩이 되든, 집 짓기 재료가 되든 책이 아이가 가지고 노는 장난감의 하나가 된다면 지금은 일단 그것만으로도 됐다고 생각하셔야 합니다.

책 읽는 아이로 만드는 방법 ② 읽을 줄 알아도 읽어주자!

주의할 점이 또 하나 있습니다. 초등 저학년 때까지는 한글을 아는 아이라도 학부모님이 아이에게 책을 직접 읽어줘 보세요. 요즘 오디오 북이 대세인 것은 알고 계시지요? 오디오 북은 원래 책 읽을 시간이 없거나 책 읽을 상황이 안 되는 독자, 예컨대 운전 중이거나 집 안일 중인 독자를 대상으로 만들어진 서비스입니다. 하지만 저는 '듣는 독서'가 사람의 마음을 편안하게 하고 책 읽기에 대한 부담감을 낮추며 또 지속할 수 있게 만든다고 생각합니다. 아이들도 부모님이 읽어주는 책을 듣는, '오디오 북'의 독자라고 생각한다면 그만큼의 효과는 기대할 수 있겠죠.

그리고 책을 읽어주다 보면 간혹 '이 많은 분량을 언제 다 읽어주지?'라는 걱정이 생기는 분도 있고, '글밥이 많지만 힘내서 끝까지 다 읽어줘야지!' 하며 열의를 보이는 분도 있겠으나 정답인 '책 전부를 읽어줄 필요는 없다'는 것을 꼭 알아두세요. 흥미를 끌 만한 책의 도입부를 읽어주고, 매일 짧게라도 책 읽는 시간을 정해서 그 시간을 기다리도록 만드시기 바랍니다. 아이가 마음이 급해 뒷이야기가 궁금하다면 혼자서라도 그 책을 읽을 것이고요. 그렇지 않더라도 엄마 아빠가 책 읽어주는 시간을 기다린다는 것 자체가 책 읽기에 상당한 진전이 일어난 것입니다. 여기까지 왔다면 이제부터는 조금 쉽습니다.

책 읽는 아이로 만드는 방법 ③ 호기심이 절로 생기는 신기한 책!

[추천도서 4권] 초등맘이라면 아이와 함께 이 책을 꼭 읽어봐야 합니다!
QR코드를 스캔하거나 유튜브에서 위 제목을 검색하세요.

요즘은 독립출판과 독립서점이 많이 늘어나서 예전보다는 내용이든 형태든 신기한 책을 많이 볼 수 있습니다. 저는 습관적으로 어느 지역에 가면 그 지역에 독립서점이 있는지를 먼저 찾아봅니다. 보통 독립서점에서는 일반 서점에서 볼 수 있는 베스트셀러나 스테디셀러 책도 판매하지만, 서점 주인의 독서 취향이 반영되었거나 특정한 고객, 예컨대 어린이, 여성, 영화 마니아, 여행객 등을 대상으로 하는 실험적인 책도 판매합니다. 그 책 중에는 종종 어른이 읽어도 좋고, 아이가 읽어도 좋은 그림책이나 동화책도 있고요. 소장하고 싶은 놀라운 형태의 팝업북도 있습니다. 또 그림이 너무 예쁜 그림책, 만지고 그려보는 책도 있어요. 그리고 아이들이 주로 보는 학습 만화나 캐릭터가 나오는 만화가 아닌, 무명 작가의 4컷 만화를 엮은 책 등 흔히 볼 수 없는 신기한 책을 발견할 수 있죠. 이런 책들은 아이들에게 책에 대한 딱딱한 편견을 없애고, 읽고 싶은 마음과 호기심을 불러일으킬 수 있습니다.

그런 의미에서 혹시 아이와 함께하는 여행지에서 독립서점을 발견한다면 아이 손을 잡고 한번 방문해 보세요. 예상치 못하게 그곳에서 아이의 인생 책을 발견할 수도 있습니다. '좋아하는 책'이 있는 아이는 앞으로도 책을 좋아하게 될 가능성이 10배는 더 높아집니다.

책과 친하지 않은 아들에게 책 읽히는 방법

'우리 아이는 남자애인데, 앞서 소개한 단계적 방법이 과연 효과가 있을까? 아니 시도나 할 수 있을까' 하고 걱정하시는 분이 분명 있으실 것입니다. 아무래도 여자아이보다는 남자아이가 책을 좋아하는 경우가 많지 않죠. 그런데 그거 아시나요? 이 문제는 비단 '우리 아들'만의 것이 아니라 전 세계 남자아이의 공통 문제라는 사실이요. '우리 아이만 그런 것은 아니구나!'라고 생각하면 조금 위안이 되시죠? 그런데 여기서 멈추면 절대 안 됩니다. '도대체 왜 남자아이는 책 읽기를 좋아하지 않는지 그 이유를 알면 좋아하게 만들 수도 있지 않을까?'라고 생각해 보아야죠.

여러 연구 결과에 따르면 많은 수의 남자아이가 '읽기'라는 행위 자체를 여성스러운 행동이라고 인식한다고 합니다. '정말요?' 하고 놀라는 분이 계실 거예요. 그렇다면 아이들이 어릴 때를 한번 떠올려보죠. 그때 아이들에게 책을 읽어주거나 책 읽는 모습을 보여주는 롤모델은 주로 누구였나요? 아빠보다는 엄마인 경우가 훨씬 더 많지 않았나요? 또 아이들이 책을 읽을 때 '가만히 앉아서 조용히 집중해서 읽으라'고 하거나 산만하게 책 읽는 아이를 질책하셨던 분도 많을 것입니다. 그런데 한참 혈기왕성한 아들은 그 순간이 너무 힘들었을 거예요. 심리적으로 느끼는 힘듦이 책 읽기의 힘듦과 연계되어 같은 감정으로 이어졌을 가능성이 있죠. 그리고 마지막으로 (요즘은 많이 달라졌지만) 전통적으로 유아와 초등 저학년 아이에게 권장되는 책은 여자아이가 더 좋아하는 그림책, 동화책 등 문학적인 요소가 많이 가미된 장르입니다. 그래서 때로는 책 읽는 것을 싫어하지는 않지만 문학에 큰 흥미가 없는 남자아이는 만화책이나 공룡, 자동차 등 자신이 관심 있는 분야의 책만 너덜너덜할 때까지 읽기도 하지요. "맞아. 맞아." 하며 이 부분을 읽고 계신 아들 맘 여러분, 걱정하지 마세요. 다시 한 번 말하지만 이건 우리 아들만의 문제가 아닙니다.

남자아이가 그동안 책을 별로 좋아하지 않았던 이유를 아셨으니 이제는 그 해결책도 말씀드리겠습니다. 우리 아들이 책을 읽는 아이가 되기 위해서는 우선 책을 읽어주고, 또 읽는 모습을 보여주는 역할에 '아빠'를 반드시 참여시키세요. 아빠가 우리 아들의 책 읽기 롤모델이 되는 것이지요. 그리고 책을 읽는 그 순간만큼은 집중해야 하지만 책을 읽기 전과 읽은 후 '직접 체험해 보기'처럼 우리 아들이 좋아할 만한 연계 활동을 고민해 보세요. 마지막으로 우리 아들이 '공룡 책', '자동차 책'만 읽으면 어떻습니까. 나중에 다시 말씀드리겠지만 우리 아들은 그런 장르를 좋아하는 아이인 걸요. 일단 그 책이라도 즐겁게 읽고 그 책을 통해 책을 사랑하는 그 순간이 좋은 기억으로 남도록 내버려 두세요. 우리는 지금 우리 아이가 책을 '스스로 읽기 시작하는 단계'가 되기까지를 목표로 하고 있습니다. 지금은 그 정도면 충분히 잘하고 있으니 안심하셔도 됩니다.

결국엔 읽게 되는 책을 고르는 현명한 방법

아이가 책에 대한 거부감을 낮추고 예전보다 책을 가깝게 느끼기 시작했다면, 이제는 앞으로 읽을 책을 한 권씩 고를 차례입니다. 그런데 이때 우리 엄마들이 가장 흔하게 하는 실수가 있어요. 바로 책 읽기 시작 단계부터 '전집'을 사서 아이 방 책장을 가득 채우는 것입니다. 우리가 어릴 때를 떠올려보면 집마다 위인전기 전집과 어린이 세계 명작 전집 등이 있었습니다. (그렇죠?) 저는 어릴 때 우리 집에 있는 위인전기 전집 표지의 인물화가 너무 무서워서 책장이 있는 방에 들어가기를 거부했던 기억이 납니다. 당연히 엄마의 기대와는 다르게 저는 그 위인 전집을 거의 읽지 않았어요. 아마도 책을 읽기 싫었던 마음이 다른 방식으로 표출된 것이었겠죠. 지금은 그때보다도 훨씬 다양하고 완성도 높은 좋은 전집이 많이 나와 있지만 아이가 그 책들의 양에 압도되어 책을 '읽어야만 하는 숙제'처럼 느낀다면 저처럼 어떤 핑계를 대서라도 그 책들을 읽고 싶지 않을 것입니다. 우리 아이가 이제야 겨우 책을 가깝게 느끼게 되었는데 다시 멀어지게 되는 것이죠. 그러니 아무리 좋은 전집이라고 해도, 옆집 윗집 아이들이 다 본다고 해도, '우리 아이에게는 아직'이라고 생각하세요. 머지않아 우리 아이가 책에 푹 빠져 집에 있는 모든 책을 다 꼭꼭 씹어 먹는 날이 올 때까지, 미련이 있더라도 전집 들이기는 신중히 결정하셔야 합니다.

아이의 영어 학습에 조금이라도 관심이 있는 학부모님은 영어 독서 레벨을 판단하는 수단인 렉사일(Lexile) 지수나 AR 지수를 잘 알고 계실 것입니다. 이러한 지수에 대해 전문가들은 너무 맹신하지 말고, 여러 가지 복합적인 판단 기준에 따라 아이의 영어 독서 레벨을 따져 봐야 한다고 조언합니다. 하지만 어떤 책, 특히 영어 원서가 우리 아이가 읽기에 적절한 수준인지 판단하기 막막한 엄마에게는 사실 이 지수가 가뭄의 단비와도 같습니다. 그래서 한글 책도 마찬가지로 누가 우리 아이의 독서 수준을 알려주고 또 그 수준에 맞는 책을 추천해 줬으면 하는 생각이 들죠. 하지만 영어 책과는 달리 한글 책은 널리 쓰이는 확실한 기준이 없기 때문에 판단이 쉽지 않습니다. 독해력 문제집을 풀면서 미루어 짐작해 보거나 아이의 독서에 관해서는 독서 논술학원에 전적으로 믿고 맡기는 방법을 고민하기도 하죠.

하지만 아이가 특정 책을 읽을 수 '있는지, 없는지' 정도는 어휘 수준과 핵심 내용의 파악 가능 여부 등으로 대략 짐작해 볼 수 있습니다. 그림책의 경우, 한 페이지에 모르는 어휘가 5개 이상 있으면 전체적인 내용 파악이 쉽지 않습니다. 전체적인 글밥이 적어서 어휘의 뜻을 미루어 짐작할 수 있는 단서가 너무 적을 뿐만 아니라 모르는 어휘 모두를 사전에서 찾아보면 그림책 읽기 흐름이 깨져서 아이가 더는 그 책에 흥미를 느끼기 어렵습니다. 따라서 우선 한 페이지 안에 우리 아이가 모르는 어휘가 몇 개인지를 파악해 보세요. 그 개수가 5개 이상이면 너무 어려운 책이고 2~3개라면 적절한 수준이라고 판단하셔도 됩니다. 글밥이 조금 많은 동화책의 경우에는 그림책과는 판단 기준을 달리해야 합니다. 이때는 어휘와 문장을 동시에 따져보아야 하는데요. 일차적으로 한 페이지 안에 아이가 모르는 어휘의 개수가 10개 정도이면 적절한 수준이고, 각 문장 안에서 그 문장의 핵심 내용을 파악하기 어려워한다면 너무 어려운 책입니다.

수록 도서, 추천 도서를 읽는 것이 정답일까?

아이가 읽을 책을 고를 때 가장 많은 분이 참고하는 것은 아무래도 학년별 교과서 수록, 연계 도서와 교과별 추천 도서입니다. 그런데 아시다시피 추천 도서는 정말 다양한 기관에서 우후죽순으로 제공하고 있어요. 너무 많기도 하고 출처도 알 수 없는 것들이라서 반신반의하며 참고하기는 하지만 한번 따져 보죠. 이 추천 도서 목록이 우리 아이의 독서 습관을 길러주고 흥미와 능력을 모두 키워주는 데 얼마큼의 도움이 될까요? 결론적으로 추천 도서 목록은 어떻게 활용하느냐에 따라서 효과가 천차만별입니다. 또 그 목록의 책들을 반드시 모두 읽어야 할 필요는 당연히 없고요.

교과서 수록, 연계 도서는 보통 (국어) 교과서에 실린 작품들입니다. 아이들은 그 책들을 예습, 복습 등 다양한 목적으로 시기에 따라 읽지요. 만약 수록 도서들을 꼭 아이에게 읽힐 생각이라면 교과서를 배우기 바로 직전, 예습 단계에서 활용할 것을 추천합니다. (물론 저는 반드시 다 읽힐 필요는 없다고 생각합니다.) 교과서에 수록된 부분을 포함하여 책 전체를 먼저 읽으면 아이만의 이해와 해석을 할 수 있게 되어, 학교에서 관련된 수업을 받을 때 '더 잘 듣고, 더 잘 이해'하면서 미리 공부한 '효과'를 거둘 수 있습니다. 게다가 보통 아이들은 '교과서 글'이라면 무조건 재미없고 딱딱한 것으로 인식하는 경우가 많은데, 미리 재미있게 읽은 내용이라면 그런 편견을 버릴 수 있고 학습에도 그 감정을 이어갈 수 있어 권장할 만하죠.

여기까지의 제 말을 듣고 '아, 그럼 우리 아이도 이제부터 교과서 수록 도서 정도는 꼭 읽혀야겠다.'라고 생각하는 학부모님들 많으시죠? 네, 이상적으로는 그렇습니다. 그래서 의욕에 넘치는 초등 저학년 학부모님 중에는 학기 전, 교과서 수록 도서 목록을 미리 알아보고 그 책을 모두 사들이는 분도 있습니다. 그런데 학년당 수록 도서가 몇 권인지 아시나요? 국어, 국어 활동 교과서에 실린 작품 중 그림, 사진, 듣기 자료만 수록된 도서를 제외하면 초등 1학년 25권, 초등 2학년 43권 등 학년이 올라가면 그 권수도 점점 늘어납니다. 그냥 훑어보는 것이 아니라 꼼꼼히 읽는다고 한다면 아이들이 읽기에는 결코 적은 양이 아니죠. 더구나 아이들은 학기 중에 이 책들만 읽을 것은 아니잖아요.

이렇게 양이 많은데도 아이가 엄마의 뜻에 따라 이 책들을 배울 순서대로 읽고, 또 흥미까지 갖게 된다면 얼마나 좋을까요? 하지만 사실 그렇지 못한 아이가 훨씬 더 많습니다. 읽는 것도 싫고 흥미도 없을 뿐만 아니라 어찌어찌 읽은 일부 아이조차도 이미 보았던 책 내용을 수업 시간에 배우면 더 잘 이해할 것이라는 엄마의 바람과는 달리 오히려 이미 배웠던 것이라며 수업에 더 집중하지 않기도 합니다. 그래서 고학년으로 갈수록 이 교과서 수록 도서 읽기의 효과를 의심하는 엄마들이 점점 늘어나는 것이 현실이지요.

왜 이런 현상이 나타날까요? 그건 바로, 교과서 수록 도서가 앞서 언급한 '전집'이 되었기 때문입니다. 아직 책에 푹 빠져 있는 상태의 아이가 아니라면, 또 설령 빠져 있는 아이라고 하더라도, 교과서 수록 도서 읽기는 내가 읽고 싶어서 읽는 것이 아니라 어느 순간, 해야만 하는 '공부'가 되었습니다. 해당 학년 교과서의 단원 순서에 맞춰 순서대로 읽어야 하고 빠진 것은 없는지를 체크 해야 하며, 또 언제까지 어떤 책을 읽어야 한다는 꼼꼼한 계획을 세워서 읽고 있다면 더욱더 그렇습니다. 게다가 교과서 수록 도서와는 다르게 추천 도서는 그 출처가 명확히 밝혀지지 않은 상태에서 공유되는 '이름 모를 자료'도 많아서 이 책이 정말 좋은 책인지 확인할 방법도 없습니다. 오히려 '이 많은 책을 어떻게 다 읽히지'라며 아이에게 갈 것도 없이 엄마부터 지치게 만들죠.

그러므로 교과서 수록 도서와 학년별 추천 도서는 어디까지나 아이가 좋은 책을 선택하기 위한 가이드 역할만 해야 합니다. 결국, 책을 읽을 사람은 아이이고, 그 책을 끝까지 어떤 마음으로 읽을 것인가도 아이 스스로 선택해야 하는 것이기 때문입니다.

다시 말해 3장에 수록된 〈초등 학년별, 교과 수록 도서, 연계 추천 도서 리스트〉 중에서 아이가 책을 스스로 선택하게 하셔야 합니다. 이런 기회를 통해 아이는 때로는 본인 수준보다 쉬운 책을 골라 읽으며 '시시하다'고 느끼는 경험도 해봐야 하고요. 반대로 수준 높은 책을 읽으면서 '아직 이 책은 너무 어렵다. 더 쉬운 책을 보고 싶다.'라는 생각도 해봐야 합니다. 그래야 어른이 되어서도 어떤 책이 좋은 책인지를 알아보는 '책을 보는 눈'이 키워지고, 자신이 읽고 싶은 책을 스스로 선택할 수도 있게 됩니다.

책을 고르는 경험은 도서관에서부터

어른이 되어 책을 읽는 사람들은 크게 세 부류입니다. 우선 학업이나 일의 측면에서 도움을 받고자 책을 읽는 사람, 다시 말해 필요 때문에 책을 보는 사람이 있습니다. 다음으로 자신의 최근 관심거리나 재미를 뒷받침해 줄 책, 즉 자신을 위한 책을 찾아 읽는 사람이 있고요. 마지막으로 베스트셀러나 남들이 추천하는 '책만' 읽는 사람이 있습니다. 베스트셀러만 읽는 사람이 잘못된 것은 아니지만, 스스로 책을 선택하지 않고 남들이 추천한 책만 읽는다면 책 읽기의 진정한 재미를 느끼기는 어렵습니다. 아마도 이 사람들에게는 책을 고르는 본인만의 기준이 없을 가능성이 큽니다. 자신이 어떤 장르를 좋아하는지, 어떤 작가를 좋아하는지, 어떤 구성과 문체에서 편안함을 느끼는지 등 자신의 독서 취향을 잘 모르는 사람이죠. 그래서 좋다는 책을 읽기 시작해도 막상 읽다 보면 그 책을 끝까지 읽지 못할 뿐만 아니라 어떤 재미도 감동도 얻지 못하는 경우가 많습니다.

책 읽기를 꾸준히 이어 나가기 위한 유일한 방법은 내가 직접 고른 책을 읽는 것입니다. 그러려면 무엇보다 '나'에 대해서 잘 알아야 합니다. 앞서서 아이들이 책을 보는 눈을 키우기 위해서는 여러 가지 시행착오를 겪어봐야 한다고 했는데요. 독서 초보 단계에서는 정해진 목록 안에서 마음에 드는 책을 직접 골라 보도록 지도해 주세요. 그 이후에는 도서관, 서점의 수많은 책 중에서 자신의 독서 취향에 맞는 '바로 그 책'을 골라내야 합니다. 그리고 당연히 잘 고르기 위해서는 많이 골라 봐야겠죠.

　책을 고르는 경험은 도서관에서부터 서점으로 단계적으로 이루어져야 합니다. 저는 해외에 나갈 일이 있을 때, 항상 그 나라의 도서관에 가보는데요. 책을 대출하는 것이 아니라면 공공도서관 대부분은 모두에게 열려 있습니다. 그중 핀란드의 교육을 연구하기 위해 방문했던 헬싱키의 중앙도서관 오디(Oodi)는 정말 기억에 남습니다. 이 도서관은 핀란드 독립 100주년 기념으로 국민의 염원을 담아 설립되었다는데요. (100주년 기념사업 설문조사에서 1위를 했다고 합니다.) 미래지향적인 외관과 더불어 다양한 공공시설과 카페, 극장, 서점 등의 다목적 공간이 인상적이었습니다. 도서관인데 3D프린터와 전동공구, 재봉틀 같은 장비도 구비되어 있었고요. 음악실, VR가 장착된 컴퓨터실, 누구에게나 열린 다목적 회의실도 있었죠. 물론 핀란드 내 모든 도서관이 이와 같은 시설을 갖추고 있는 것은 아니지만, 저는 이 도서관이 핀란드 독서문화의 상징과 같다고 생각했습니다. 핀란드는 세계 1위 독서율을 자랑하는 소위 독서 천국으로 불립니다. 어릴 때부터 아이들은 집 근처의 도서관에서 거의 살다시피 한다고 하더군요. 친구를 만나는 곳도 도서관, 친구와 놀이를 하는 곳도 도서관, 혼자 심심할 때 찾는 곳도 도서관이라고 해요. 핀란드처럼은 아니지만, 우리 아이들에게도 도서관은 우선 '가고 싶은 곳'이 되어야 합니다. 그래야 그다음 단계인 '책을 자연스럽게 접하게 하기'가 가능해지기 때문입니다.

　도서관을 자주 이용해 보신 분은 아실 것입니다. 요즘 도서관의 시설은 외관부터 내부까지 웬만한 북카페 저리 가라 할 정도로 좋아지고 있습니다. 키즈 카페 못지않은 어린이 도서관도 많이 생기고 있고요. 신청 도서도 바로바로 들어오고, 상호대차 서비스도 잘되어 있어서 우리 동네 도서관에 없는 책은 조금만 기다리면 쉽게 빌려볼 수 있습니다. 게다가 저자와의 만남부터 시작해서 아이들 놀이나 학습과 관련된 많은 행사도 열려서 잘만 이용하면 유익한 정보를 가까이서 얻을 수 있죠. 저희도 도서관 초청 강연을 자주 합니다.

그리고 가만히 기억을 떠올려보면 학부모님의 중고등학교 시절에 시험 기간이면 친구와 동네 도서관의 열람실을 이용하면서 지하 매점에서 컵라면을 사 먹던 경험이 있으실 것 같아요. 이런 것처럼 우리 아이에게도 도서관이 책을 빌리러 가는 곳 그 이상의 의미로서 문화 활동을 누리고 학습 활동을 하는 곳이자 친구 또는 부모님과의 추억도 깃든 공간이 되었으면 합니다. 그러면 도서관이 점점 더 가고 싶은 곳이 되지 않을까요?

그런 의미에서 처음부터 도서관에 가는 것을 썩 내켜 하지 않는 아이에게는 다음 방법을 써보기를 추천합니다. "도서관 지하 식당에서 네가 좋아하는 거 모두 먹게 해 줄게. 그 대신 엄마가 책을 빌리러 가야 하니까 같이 가는 거야." 아이는 엄마가 평소에 못 먹게 했던 것을 먹게 해줘서 기분이 좋아집니다. 이런 아이와 함께 종합자료실에 들러 잠시 기다리게 하거나 엄마가 책을 빌려오는 동안 어린이 자료실에서 잠깐 책을 보고 있으라고 하는 거죠. 단, 이때 아이에게 절대 휴대전화를 쥐여 주지는 마세요. 같이 온 엄마는 없고, 휴대전화도 없이 책에 둘러싸여 있는 아이는 그 시간에 뭘 하게 될까요?

우리가 기대하는 아이의 행동은 '무슨 책이든 집어 들고 보다가, 나도 이 책을 빌려 가겠다고 하는 것'이지만 처음부터 그렇게 행동할 것이라고 기대하지는 마세요. 그냥 '도서관에 오면 엄마랑 맛있는 것을 먹을 수 있구나', '도서관에는 내 또래 친구도 많이 오는구나!', '도서관에는 재밌어 보이는 (학습만화) 책들도 있구나' 중 하나만 느껴도 성공입니다. 그리고 책을 반납하러 갈 때도 아이와 함께 가세요. 조급하게 생각하지만 않는다면 조만간 아이는 "도서관 안 가?"라는 말을 하기 시작할 것입니다. 그때부터는 적극적으로 아이의 독서 교육에 도서관을 활용할 수 있습니다.

아이가 처음으로 도서관에서 책을 빌리겠다고 말한다면, 원칙을 정하세요. ① 빌린 책은 반드시 다 읽어야 한다는 약속과 함께 ② 대출 일자가 있으니 책을 정해진 기간 안에 읽으려면 어떻게 하는 것이 좋을지를 아이와 의논해 보셔도 좋습니다. 이 계획과 실천 과정이 아이에게는 자신의 행동에 대한 책임감을 느끼는 첫 번째 경험이 될 수도 있습니다. 또 이런 경험을 충분히 쌓은 후, 빌려 읽었던 책 중에 꼭 사고 싶은 책이 있다고 하면 서점에 가서 사 주셔도 좋습니다.

그리고 '도서관 가는 좋은 습관 만들기' 방법을 응용하여 아이를 '서점'에 데려다 놓으실 수도 있습니다. 단, 아이가 책을 고를 때, "이 책은 안 돼.", "엄마가 보니까 이 책이 더 좋아. 이걸 사자."라는 말은 절대 하시면 안 됩니다. 어떤 책이든 아이가 원하는 책을 사주세요. 그리고 한 가지 더 주의하실 점은, 아이가 산 책은 엄마도 꼭 같이 보시기 바랍니다. 도서관에서 빌려 온 책도 마찬가지입니다. 우리 아이가 어떤 책을 읽는지 독서 취향을 알 수 있고, 책 내용을 질문해 보며 대화를 이끌어서 독후 활동까지 자연스럽게 연결할 수 있어서 아주 좋습니다.

똑똑한 책 고르기: I형 독서와 T형 독서

책은 I형 독서에서 시작하여 T형 독서로 확장하세요.

간혹, 아이가 한 분야의 책만 고집하는 것이 고민이라는 분이 있습니다. 결론부터 말씀드리면, 막 책에 재미를 붙이기 시작한 초기에는 이를 오히려 권장합니다. 흥미를 잡아끄는 책을 막 읽기 시작한 '독서 초보' 단계의 아이가 이 흥미를 계속 이어 가기 위해 필요한 것은 또 다른 비슷한 이야기거든요. 저는 이 단계의 독서를 'I형 독서'라고 표현합니다. 그다음은 지금보다 좀 더 어려운 수준의 책으로 넘어가는 i+1(나보다 한 단계 높은 수준의 책) 독서이고요. 그리고 확장된 독서 방식인 T형 독서 단계로 가야 합니다. i+1 독서는 같은 분야의 다른 관점의 책도 좋고, 글밥이 좀 더 많은 책, 혹은 조금 더 심화된 내용의 책이어도 됩니다. 또는 같은 작가의 책, 좋아하는 작가와 비슷한 풍의 책이 될 수도 있겠죠. 한 마디로 지금 가지고 있는 흥미의 깊이를 더해 가는 것입니다. 우리 아이의 흥미를 잡아끄는 그 무언가에서 가능한 한 많은, 지식 확장의 가능성을 뿜어낼 때까지요. 그래서 한 분야의 책만 고집하는 아이는 크게 걱정하지 않으셔도 된다고 하는 것입니다.

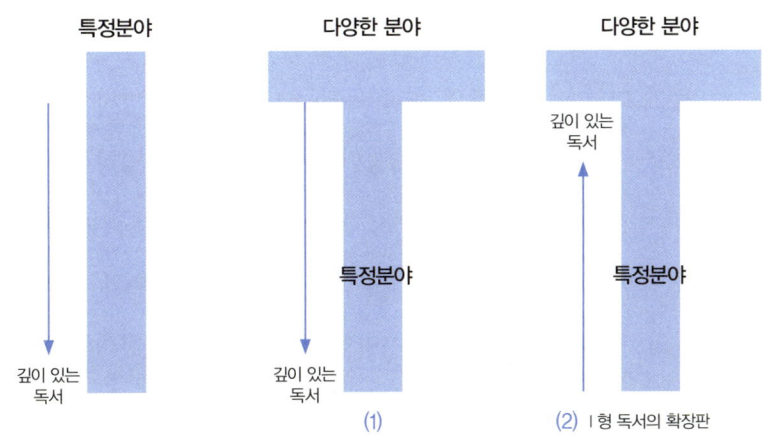

T형 독서는 2가지 의미가 있습니다. (1) T자의 위에서 아래로 바라보는 관점에서의 독서와, 반대로 (2) 아래에서 위를 바라보는 관점의 독서입니다. 위에서 아래를 바라보는 관점 (1)은 우리 아이의 독서 취향을 찾는 데 도움이 되는 방식입니다. 이런저런 다양한 책 중에서 유독 관심을 보이는 분야를 찾는 거죠. 이 독서 방식은 책을 처음 접하게 하는 단계에 적합합니다. 그리고 그렇게 찾은 독서 취향으로 I형 독서부터 시작하면 됩니다.

그리고 I형 독서 후의 T형 독서 (2)는 아래에서 위로 T를 바라본 관점의 독서입니다. (1)의 T형 독서와는 반대로 좋아하는 분야에서 다른 분야, 연관된 분야로의 확장된 독서를 의미합니다. 예를 들어 볼게요. 공룡의 이름을 줄줄 외워 댈 정도로 공룡 책만 좋아하는 아이가 공룡 박사 수준의 깊이 있는 책을 읽고 나면, 그다음 단계로는 공룡이 등장하는 지구의 역사가 담긴 책, 공룡이 주인공으로서 수학이나 과학을 설명하는 학습 동화, 공룡 이름을 이용한 단어 책 등을 소개해 보는 것입니다.

이렇게 다양한 분야로의 융합 독서는 다채로운 배경지식을 쌓는 데도 좋고, 실제 다양한 과목의 성취에까지 긍정적인 영향을 미칩니다. 우리 아이가 학교에서 배우는 '배움'의 과정은 다양한 주제의 글을 통해 이루어지는데, 이미 책에서 읽은 내용을 학교 수업 시간에 만난 아이의 자신감은 실로 어마어마합니다. 이러한 긍정적인 경험이 다음 책을 읽게 만드는 동기가 되기도 하죠. 또 '칭찬'과 '성적'이라는 열매를 얻기도 합니다. 과목에 따라서는 자연스러운 선행학습의 도구가 되기도 하는데요. 그러니 이런 나비효과를 위해서라도 T형 독서는 지속해서 그리고 전략적으로 확장되어야 합니다.

그리고 이렇게 아이가 흥미로워하고 재미있다고 느끼는 책이 한 권씩 늘어날 때마다 책을 소중히 여기는 습관을 위해 'OO(이)의 보물 책장'이라는 이름을 붙여 그 책들을 멋지게 진열해 주세요. 유아기와 초등 때에 책에 대한 애착과 소유욕을 느끼는 것은 어른이 되어서도 애서가(愛書家)가 될 가능성을 높이는 가장 좋은 방법이기 때문입니다.

그래도 첫 책은 이런 기준으로 고르면 쉬워요

아이들이 흥미 있어 하는 분야의 책은 보통 어떤 장르일까요? 물론 아이마다 워낙 차이가 나는 부분이라 명쾌하게 말씀드리긴 어렵습니다. 하지만 우리 주변의 사람이나 사물 또는 전래동화와 같은 이야기의 책이 가장 무난합니다. 천일야화를 굳이 끌어들이지 않아도 우리가 어린 시절 "옛날 옛적에"로 시작하곤 했던 할머니의 이야기를 지금도 아련하게 기억하고 있고, 아이들도 지금보다 어릴 때 재미있는 이야기책을 들으며 잠들곤 했던 것을 생각해 보면 이야기가 지닌 힘이 크다는 것을 알 수 있죠. 그러니 아이들의 첫 책은 문학 장르부터 시작해 보세요.

단, 우리의 남자아이는 여기서 또 호불호가 강력하게 나뉠 수 있습니다. 남자아이도 대개는 '이야기'를 좋아하지만 여자아이에 비해 '정보 도서'에 좀 더 흥미를 느끼기도 하거든요. 자동차, 공룡, 비행기, 로봇 등 특정한 사물에 대한 새로운 정보를 책을 통해 알게 되는 것을 이야기보다 더 관심 있어 하고 흥미를 느끼기도 합니다. 게다가 이러한 정보 도서는 멀티미디어 환경을 만나면 더 강력해집니다. 책에서 읽은 정보를 애니메이션, 영화, 다큐멘터리 등을 통해서 실감 나게 접하면 독서 효과가 극대화되거든요. 제 경험으로 볼 때 이렇게 되는 비율은 여자아이보다는 남자아이가 훨씬 더 높았습니다. 물론 성인이 정보를 얻기 위해 보는 수준의 '비문학 정보서'는 일반 문학 장르보다 더 전문적인 용어를 많이 사용하기 때문에 읽기 수준이 조금

높습니다만, 아이들이 보는 정보 도서는 아이들 수준에 적합한 정도이므로 '너무 어렵지 않을까' 하고 걱정하지 마시고 정보 도서로 책 읽기를 시작하셔도 좋습니다.

하지만 이때 한 가지 주의할 점은, 가능하면 아이들이 처음 읽을 책은 한 호흡으로 읽을 수 있을 만큼 글밥이 적은 책을 선택하세요. 이는 독서하는 시간과 관련이 있습니다. 독서 습관을 들이기 시작하는 초기에는 아무래도 '읽고 싶은 만큼 충분히' 책을 읽게 하는 것보다는 분량이나 시간을 정해 주는 것이 좋습니다. 많이 읽을수록 좋은 것이 아니냐고 하는 분들도 있겠지만 항상 그렇지 않은 것이 문제입니다. 정해진 규칙이 없다는 것은 읽고 싶지 않으면 읽지 않아도 된다는 것을 의미하기 때문에 규칙적인 습관을 만들기는 어렵습니다. 게다가 유치원생-초등학생 때에는 책 읽는 것 외에도 다양한 활동을 해야 하므로 독서를 '오늘은 여기까지'로 끊을 수 있는 장치가 필요합니다. 그래서 초반 책은 호흡이 짧은 그림책이나 짧은 동화, 짧은 동양 고전, 실린 주제는 다양하되 한 주제 당 내용은 적은 정보 도서 등을 추천합니다.

문해력 연습의 바이블, 교과서 읽는 방법

초등학생이 되면 아이들이 읽어야 하는 책의 장르에 '교과서'도 반드시 포함해야 합니다. 앞서 교과 수록 도서가 수업 주제에 대한 흥미를 유발하고, 미리 읽은 배경지식이 수업의 이해를 돕는다고 말씀드렸지요. 수록 도서 대부분은 '국어' 과목에 한정되어 있어서 읽는다면 '국어 교과서 읽기'만큼이나 효과가 있습니다.

하지만 정작 아이들이 교과서를 이해하지 못하는 과목은 영어, 수학, 사회, 과학과 같은 자칫 '읽기'와 크게 상관없어 보이는 과목이에요. 특히 수학은 문제만 잘 풀면 되는 것이라는 생각 때문에 교과서 읽기는 전혀 하지 않고 문제집만으로 공부하는 아이가 대부분입니다. 하지만 국어를 포함한 모든 과목의 교과서 읽기를 해야 하는 대표적인 이유는 새로 배울 교과서에 나오는 '어휘와 용어'를 미리 공부함으로써 '수업에 대한 이해도를 높이기 위해서' 입니다. 한마디로 교과 문해력을 높이기 위해서이죠.

그런데 교과서는 일반적인 책과는 구성부터 여러 가지가 달라서 처음으로 교과서를 읽는 아이와 지도해야 하는 학부모님은 방법을 몰라 실천하기가 쉽지 않습니다. 애초에 교과서를 읽어야 한다고 알려주는 사람도 별로 없고, 그 방법 또한 전혀 배운 적이 없기 때문이죠.

교과서를 읽는 공통적인 방법은 이렇습니다.

1. 교과서에는 과목 공통으로 단원마다 이 단원에서 꼭 배워야 할 내용이 표현된 제목이나 학습 목표, 단원 도입 물음 등이 제시되어 있습니다. 이 부분을 주목하세요.

① 예습 시, 본문을 읽기 전 무엇을 중점적으로 공부해야 할지 생각해 본다.
예시) 국어: 글을 읽고 중심 생각을 말해 봅시다. → 글을 읽고 중심 생각을 찾는 방법은 무엇일까?

② 본문 내용을 읽으면서 ①의 물음의 답을 찾아본다.

③ 복습 시, 단원의 제목, 학습 목표, 단원 도입 물음에 대한 답을 (보지 않고) 말해 보거나 적어 보고 관련된 문제를 풀어본다.

2. 교과서 본문에 "1, 2, 3" 식으로 표현된 번호 부여는 교과서의 흐름에 따라 어떤 순서로 공부해야 내용을 쉽게 내용을 이해할 수 있는지를 알려줍니다. 교과서는 기본적으로 수업 교재로 만들어진 것이기 때문에 혼자 공부하기에 적합한, 친절한 책은 아니지만 흐름에 따라 읽다 보면 자연스럽게 나름의 답을 찾을 수 있습니다.

3. 기본적으로 교과서 읽기는 교과서 내용을 꼼꼼하게 파고들어 공부한다는 측면보다는 예습 차원에서 미리 읽어 내용을 파악하고, 생소한 어휘를 뽑아내어 사전 학습하는 것에 주목해야 합니다. 수업 시간에 낯선 어휘만 없어도 수업 이해도가 현격히 상승하기 때문이지요. 어휘 학습 방법은 〈교과 문해력으로 직결되는 어휘 공부법〉에서 좀 더 자세히 다룹니다.

4. 저학년일수록 학교 수업 시간의 원활한 '읽기' 발표를 대비해서라도 교과서를 소리 내어 읽는 연습을 하도록 지도해 주세요. 잘 읽는 아이는 수업 시간에 그만큼 자신감도 갖추게 됩니다.

이 방법들 외에도 과목별로 교과서 읽기 방법과 주의해야 할 부분은 조금씩 차이가 있습니다. 그러면 지금부터 과목별 교과서 읽기 방법을 알려드리겠습니다.

국어 교과서

국어 교과서에는 초등 3학년부터 6학년까지 학기마다 '독서 단원'이 수록되어 있습니다. 개정 교육과정의 '한 학기 한 권 읽기' 학습 활동의 일환으로 국어 수업 시간 내에 책 읽기 교육이 제도적으로 이루어지는 것인데요. 모둠 친구들과 어떤 책을 읽을지를 의논하여 책을 선정하는 단계부터 함께 책을 읽고 또 책을 모두 읽고 난 후 서로의 생각을 나누고 글을 쓰는 단계인 독후 활동까지를 여러 차시(학년별로 최소 8~10시간 이상)에 걸쳐 진행하는 수업이죠. 만약 초등 3학년 이전에 우리 아이가 자신만의 '책 고르기 원칙'이 있었다면 이 모둠 수업에 더욱 주도적으로 참여할 수 있을 것입니다. 만약 그렇지 않다고 해도 수업 시간에 배운 책 읽기, 독후 활동 등 학교에서 배운 것을 가정에서의 독서 활동에 적극적으로 활용해 볼 수 있고요.

국어 교과서는 잘만 활용하면 전체적으로 문해력을 키우기 위한 다양한 방법들이 수록된 바이블이라고 할 수 있는데요. 일단 학년이 올라감에 따라 문학에서부터 다양한 실용문을 교과서 본문으로 접할 수 있습니다. 또 각 글의 특성에 맞는 독후 활동이 무엇인지도 구체적으로 배울 수 있어요. 아이들에게는 학교 수업을 위해 국어 교과서 읽기가 중요하지만, 학부모님도 아이와 함께하는 평상시 독서 활동의 지침서로서 '국어 교과서'를 가까이하시면 좋습니다. 국어 교과서에는 교과서가 아닌 일반 책에도 충분히 활용할 수 있는 장르별 질문이 가득 담겨 있기 때문입니다.

또, 국어 교과서에는 본문마다 아이들이 생소하게 여길 만한 어휘의 뜻이 페이지 하단에 적혀있습니다. 이 어휘의 뜻 부분은, 처음에는 보지 말고 '문장 내에서 유추해 보기', '사전 찾기' 등의 방법으로 미리 공부하게 하세요. 교과서에 실린 어휘 외에도 우리 아이가 모르는 어휘가 있다면 추가로 찾아서 반드시 예습해야 합니다.

국어 교과서만으로 국어 문해력을 높이는 데에는 분명 부족함이 있습니다. 하지만 평소 모르는 어휘를 찾아 익히고, 책 읽기에 이은 독후 활동으로 다져진 우리 아이의 문해력을 수업 시간에 발휘한다면 누구보다 수업을 제대로 즐기고 또 많은 것을 얻게 될 거예요. 국어 교과서와 평소 독서라는 양방향 시너지의 힘을 믿고 꼭 실천하시기 바랍니다.

영어 교과서

서울대 영어교육과 출신 영어강사가 조언하는 시기를 놓쳐서 실패하는 최악의 영어 공부는 이것!

영어공부, 교과서를 믿으면 안됩니다.
QR코드를 스캔하거나 유튜브에서 위 제목을 검색하세요.

영어 교과서 공부의 핵심은 각 단원의 학습 목표(Learning Objective)를 파악하는 것입니다. 영어 교과서는 단원마다 학습 목표인 배울 내용(Learning Point)이 명확하게 정해져 있고, 그 배울 내용이 챕터별로 듣기(Listening), 말하기(Speaking), 읽기(Reading), 쓰기(Writing)라는 4대 영역의 활동과 연계돼 있어요. 하지만 단원마다 챕터도 여러 개이고 연계 활동도 많다 보니, 아이들은 자신이 지금 무엇을 배우고 있는지 잘 모르는 경우가 많습니다. 그렇다 보니 당장은 부분적으로 이해한 내용이라도 시간이 조금이라도 흐르면 기억 속에서 금방 사라져 버리죠. 반대로 단원의 학습 목표인 배울 내용을 명확히 인지하고 매 수업에 임하는 아이들은 설사 취약한 영역의 학습이라도 금방 익숙해질 수 있습니다. 왜냐하면 결국 4대 영역의 활동은 그 단원에서 꼭 배워야 하는 내용의 반복일 뿐이니까요.

그렇기 때문에 영어 교과서 공부를 제대로 했는지 파악하는 방법도 아주 간단합니다. 바로 단원의 학습 목표가 무엇인지를 물어보는 것이죠. 아이가 만약 대답을 잘 못한다면 제대로 공부가 되지 않았다고 판단하시면 틀림없습니다. 영어 교과서 학습의 출발점과 종착점은 바로 단원의 배울 내용을 파악하는 것이기 때문입니다. 아이가 늘 교과서 각 단원의 배울 내용을 인지하면서 교과서를 학습할 수 있도록 지도해 주세요. 습관이 되도록 지속해서 여러 번 물어보시면 됩니다. 아이 스스로 '이 단원에서 배운 내용은 이거였어!'라고 떠올릴 수 있을 때까지 말입니다.

아는 만큼 들리고 또 아는 만큼 읽힙니다. 바로 영단어 이야기입니다. 아무리 귀가 열려 있어도 모르는 단어가 들리는 경우는 없습니다. 아무리 리딩 스킬이 뛰어난 아이라도 모르는 단어를 읽을 수는 없죠. 영어 교과서를 읽을 때도 마찬가지입니다. 그런 의미에서 영어 교과서를 수월하게 공부할 수 있게 하는 가장 쉬운 방법은 바로 교과서에 나오는 단어와 표현을 미리 공부해 두는 것입니다. 초등학교 영어 교과서에는 듣기도, 읽기도 그리 복잡하고 긴 내용은 없습니다. 단어와 표현만 알고 있다면 어렵지 않게 이해할 수 있는 내용으로 구성되어 있죠.

교과서 영단어 학습을 할 때 주의할 점이 2가지 있습니다. 첫째는 '들으면서 공부하기'이고 둘째는 '스펠링 써보기'입니다. 아이 중에는 초등 3학년이 다 되어서도 단어를 눈으로만 공부하는 아이가 꽤 많습니다. 그렇게 공부한 영단어 학습은 한계가 있을 수밖에 없어요. 영단어는 단어의 소리를 들으면서 공부해야 리스닝으로 연결할 수 있을 뿐만 아니라 기억에도 오래 남게 됩니다. 스펠링을 쓸 수 있어야 리딩도 가능하고 외운 단어를 장기 기억으로 연결할 수 있는 것처럼 말이죠.

이처럼 영어 교과서 속 영단어와 표현을 예습한 효과는 학습 자신감과 수업 집중도를 끌어올리는 것으로 나타납니다. 특히 초등 3학년이 되는 아이, 영어에 자신감이 부족한 아이는 교과서 영단어부터 지도해 주세요. 영단어 학습이 노력 대비 성과가 가장 좋은 영어 교과서 공략법임을 체감하실 것입니다.

수학 교과서

교과서로 수학공부하기[초등학생편]

이번 학기는 초등 수학 실력 제대로 쌓아야하지 않겠습니까?
QR코드를 스캔하거나 유튜브에서 위 제목을 검색하세요.

수학 교과서는 다른 과목에 비해 '교과서 속 개념의 흐름'을 이해하는 것이 더 중요합니다. 단순한 개념이라도 아이들이 쉽고 제대로 이해하기 위해서는 교과서 속 '설명의 순서'에 따라 학습하게 하세요. 수학 교과서 본문에 쓰여 있는 순서대로 학습하면 학부모님의 지도로, 또는 아이 혼자서도 어렵지 않게 흐름에 따라 개념 학습을 할 수 있습니다.

또한, 수학은 연계성이 강한 과목이기 때문에 이전에 학습한 '관련 단원'의 내용을 기억해 내는 것이 중요합니다. 익힘책 각 단원의 맨 앞 페이지에는 현재 단원과 연계된 이전 단원 내용을 복습할 수 있는 부분이 있는데요(국정 교과서 기준). 단원마다 이 부분을 본격적인 교과서 읽기에 앞서 꼼꼼하게 풀어 보면서 잊어버린 부분은 없는지 확인해 봐야 합니다. 그리고 만약 잘 안 풀리는 부분, 모르는 부분이 있다면 직전 학기(학년)의 관련 단원을 찾아 복습하도록 지도해 주셔야 하고요.

예를 들어 초등 4학년 1학기의 〈곱셈과 나눗셈〉 단원에서는 (세 자릿수×두 자릿수), (세 자릿수÷두 자릿수)를 배웁니다. 이 단원의 익힘책 제일 앞 페이지에는 직전 학기 연계 단원의 내용인 (한 자릿수×두 자릿수), (두 자릿수×두 자릿수), (세 자릿수×한 자릿수), (두 자릿수÷한 자릿수), (세 자릿수÷한 자릿수)의 연산, 활용 문제가 있는데요. 비록 직전 학기 단원의 가장 기초적인 문제들이지만 우리 아이가 잘 풀 수 있는지 반드시 점검해 봐야 합니다. 그래야 모르는 부분 없이 다음 단원의 심화된 내용을 배울 수 있고, 또 직전 내용을 기반으로 새로운 내용을 어렵지 않게 이해할 수 있기 때문이죠.

수학 교과서에는 생각보다 읽을거리가 많습니다. 이 읽을거리로 아이의 수학적 사고력을 높이고 흥미를 이끌어낼 수 있어요. 중등 이상에서는 학교 내신 서술·논술형 문제가 교과서 속 〈흥미 있는 이야기〉등 에서 출발하는 경우가 많기 때문에 초등부터 학교에서 따로 배우지 않더라도 평소 수학 교과서 읽기를 통해 이런 부분도 꼼꼼하게 읽는 습관을 들이는 것을 추천합니다.

마지막으로 단순히 교과서에 실린 문제를 푸는 것만이 수학 교과서 공부라고 생각하지 마시고, 새로운 수학 용어(어휘)부터, 글을 수학적 약속으로 표현해 놓은 그림, 기호까지 미리 학습하도록 지도해 주세요. 이런 부분들은 우리 아이들이 가장 어려워하는 것 중의 하나인 문장제 문제를 기호와 식으로 쉽게 바꿀 수 있도록 도와줍니다. 또한 교과서에 실린 문제는 일반 문제집의 문제에 비해 난이도가 낮은 편이지만 기초를 점검한다는 측면에서 꼼꼼하게 풀고 익힘책 답안지의 풀이 과정도 읽어보면서 서술형 문제 풀이 작성에 응용할 수 있도록 지도하시면 좋습니다.

사회 교과서

3학년 때부터 배우기 시작하는 사회 과목은 교과서 본문에 등장하는 용어(어휘)를 미리 학습하는 것이 가장 중요합니다. 예를 들어, 3학년 사회 교과서의 〈우리 고장의 모습〉 단원을 보면, 맨 앞 2페이지에 수록된 문장을 구성하는 주요 어휘가 30여 개나 됩니다. 이 중 교과서에 그 뜻을 설명해 놓은 어휘는 단 2개인데요. 평소 독서를 많이 하지 못했거나 말할 때 사용하는 어휘의 수준이 자기 학년의 수준보다 낮은 아이는 교과서에 쓰여 있는 1개의 문장을 해석하기 위해서 모르는 단어를 10여 개씩이나 찾아야 하는 상황이 올 수도 있습니다.

모르는 어휘의 개수가 너무 많아서 읽어도 무슨 뜻인지 이해하지 못하는 아이는 당연히 선생님의 설명도 제대로 알아듣지 못하겠죠. 이런 상황을 방지하기 위해서는 미리 사회 교과서를 읽으면서 모르는 어휘를 학습하도록 해야 합니다. 그리고 어휘를 찾을 때는 한자(漢字)도 함께 찾아 뜻과 독음을 읽는 연습을 병행하는 것이 좋은데요. 한자를 반드시 쓸 수 있어야 하는 것은 아니지만 어휘를 오래도록 기억하기 위해서는 한자어의 뜻과 독음을 많이 아는 것이 큰 도움이 되기 때문입니다.

사회 교과서에는 사회 현상을 설명하는 방식으로 도표를 많이 활용합니다. 그런데 이 도표 중 가장 많이 쓰이는 막대그래프를 4학년 1학기 수학 시간에야 제대로 배우기 시작합니다. 사정이 이렇다 보니 3학년 2학기까지의 사회 교과서에 실린 그래프는 그 해석 방법을 (수학 교과서가 아니라) 사회 교과서 안에서 따로 배워야만 읽고 해석

할 수 있는 이상한 상황이 발생합니다. 물론 수업 시간에 그래프에 대한 선생님의 충분한 설명이 있겠지만 도표가 많이 포함된 부분을 배울 때만큼은 예습으로 '사회 교과서 읽기'가 매우 중요합니다. 한마디로 국어 교과서가 문해력 향상을 위한 가이드북이라면 사회 교과서는 어휘와 그래프 해석 등 문해력을 위한 준비가 가장 많이 필요한 과목이라고 생각하시면 됩니다.

그리고 하나 더 기억해둘 것은, 사회 교과서의 주제 자체가 우리 주변의 현상이나 사건 등을 대상으로 하기 때문에 평소에 다양한 멀티미디어 매체나 책, 신문 등을 통해서 꾸준한 관심을 두도록 지도하시기를 추천합니다.

과학 교과서

과학 교과서도 사회 교과서와 마찬가지로 기본이 되는 과학 용어(어휘), 표와 그래프의 해석이 매우 중요한 과목입니다. 그래서 미리 학습하지 않으면 수업의 내용을 깊이 있게 이해하기 어렵습니다. 수업 전에 교과서를 읽으면서 모르는 어휘를 미리 찾아서 익혀 두고, 표와 그래프를 해석해 보도록 지도하세요. 과학은 배경지식의 깊이가 곧바로 학습 역량으로 드러나는 과목이기 때문에 교과서에 실린 배경지식을 기본으로, 보다 심화된 내용까지 미리 학습하면 좋습니다.

과학 교과서에는 과학 현상을 설명하는 그림이나 사진도 많이 실려 있기 때문에 본문의 내용과 그림, 사진 등을 연결 지어 이해하는 능력을 기르는 것도 중요합니다. 요즘은 워낙 유튜브 등을 비롯해서 좋은 영상 자료를 찾기가 쉽기 때문에 단원 학습 목표에 적혀 있는 '주제어'만 검색해도 쉽게 관련 정보를 찾아볼 수 있습니다. 무엇이든 자주 검색해 보는 습관은 아이들이 흥미 있는 과학 학습을 할 수 있는 계기를 만들 수 있기 때문에 적극 추천합니다.

과학 교과서는 과학의 4대 세부 과목을 중심으로 각 단원이 주제가 되어 새로운 내용을 배우고 직접 탐구하는 과정으로 구성되어 있어서, 마치 "과학"이라는 제목의 옴니버스식 영화 같은데요. (옴니버스식이란 하나의 주제를 중심으로 몇 개의 독립된 짧은 이야기를 늘어놓아 한 편의 작품을 이루는 영화나 연극의 한 형식입니다.) 예를 들어 〈생물과 환경〉 단원에서는 다음의 성취 기준을 중심으로 '생태계 구성 요소들 사이의 관계'를 배우고, '환경 요인이 생물에 미치는 영향을 조사'한 후, '생태계 보전을 위한 실천 방안을 토의'하는 수업이 진행되는 것이지요. 이처럼 단원 하나가 특정 주제에 대한 한 편의 완결된 글이라고 생각한다면 과학 교과서 읽기가 아이들에게 생각보다 흥미로울 수 있습니다.

[6과05-01] 생태계가 생물 요소와 비생물 요소로 이루어져 있음을 알고 생태계 구성 요소들이 서로 영향을 주고받음을 설명할 수 있다.

[6과05-02] 비생물 환경 요인이 생물에 미치는 영향을 이해하여 환경과 생물 사이의 관계를 설명할 수 있다.

[6과05-03] 생태계 보전의 필요성을 인식하고 생태계 보전을 위해 우리가 할 수 있는 일에 대해 토의할 수 있다.

초등 3학년부터 6학년까지 과학 교과서는 화학, 생물, 물리, 지구과학의 총 34가지 주제의 단원으로 구성되어 있습니다. 과학 수업의 예습 목적 외에도 아이들이 과학 교과서의 34개 단원을 비문학 지문이라고 생각하고 읽는다면 과학을 주제로 한, 국어 문해력 공부를 하는 셈이지요.

또한 과학 교과서의 보충 교재인 실험 관찰 교과서는 구성 자체가 '실험 관찰 보고서'를 작성하는 형태로 되어 있는데요. 그래서 국어 교과서 못지않게 '쓰기'를 많이 해야 합니다. 그런 이유로 과학이 국어처럼 작문 실력을 평가하는 교과목이 아님에도, 각 단원 및 실험에서 학습한 주요 내용을 간결하면서도 일목요연하게 정리하여 쓰는 연습은 분명히 필요합니다. 이처럼 과학 교과서의 활용 가능성을 본래의 목적 외에도 '비문학 지문 읽기', '쓰기 연습 도구'처럼 다방면으로 열어두고 활용할 수 있습니다.

교과서는 전 교과를 통틀어 문해력을 높일 수 있는 다양한 방법과 힌트를 줍니다. 국어는 문학, 비문학, 실용문 등의 다양한 종류의 글을 이해하는 방법을 발췌된 지문들을 통해 단계적으로 배울 수 있고요. 국어 교과서 속 다소 부실한(?) 비문학 파트가, 각 교과가 되어 사회, 과학, 수학 교과서가 되었다고 생각하면 좋습니다. 국어 교과서에서 배운, '글을 해석하는 방법', '글을 읽고 생각하고 말하고 쓰는 방법'등을 사회, 과학, 수학 교과서를 공부할 때 활용해 보면 되니까요.

문해력은 다양한 주제의 글을 읽으면서 각 글의 주제에 맞는 해석 방법을 터득하는 과정 중에 눈에 띄게 성장합니다. 교과서를 읽으면 손해는 제로(0)이고, 얻는 것은 무궁무진합니다. 그래도 교과서를 읽지 않을 이유가 있을까요? 오늘부터 바로 우리 아이에게, 내일 있을 수업의 교과서를 읽도록 지도해 보세요. 이 활동이 누적되면 우리 아이는 문해력이 향상되는 것은 물론이고 수업이 즐겁다고 느끼는 아이가 될 것입니다.

문해력을 키우는 독서 활동의 시작: 질문하기

책을 나름 많이 읽는데도 문해력이 좋아지지 않는 아이가 많습니다. 문해력은 단순히 읽는 활동 즉, '수용'할 때가 아니라 능동적인 '질문'을 할 때 만들어지기 때문인데요. 그동안 책만 읽어온 아이에게는 안타깝게도 이 '질문'이 없었을 가능성이 큽니다. 질문은 글을 읽는 방향성을 결정지을 뿐만 아니라, 생각하는 힘도 길러줍니다. 생각하는 힘은 글을 깊게 이해할 수 있도록 하고 아이 스스로 의견도 정립할 수 있게 해주고요.

지금 우리 아이는 독서 과정에서 이 '질문'을 통해 문해력이 잘 키워지고 있는지 여쭤보고 싶습니다. 아니라면 지금부터 알려드리는 간단한 '질문 방법'을 활용하여 우리 아이의 문해력을 가정에서 조금씩 키워 보시기 바랍니다.

우선 첫째로 엄마가 아이에게 하는 3단계 질문 전략입니다.

아이가 어떤 형식, 무슨 주제의 글을 읽든 그 노력이 문해력으로 이어지기 위해서는 글을 단어 단위, 문장 단위가 아닌 하나의 '글 단위'로 정리하고 이해할 수 있어야 합니다. 평소, 글의 주제나 큰 틀의 이야기와 관련 없는 세부적인 내용에만 집착하는 아이들, 참 많죠? 잘 아시다시피 이런 경우, 아이는 읽어 놓고도 자신이 무엇을 읽었는지 잘 모릅니다. 파편적인 내용만 두서없이 기억하는 수준에 머물기 때문이죠.

그래서 우선 1단계 질문, '무엇'을 물어봐 주세요. '무엇에 관한 이야기니?', '무엇에 대한 설명이니?', '글쓴이의 생각은 무엇이니?', '주인공의 주장은 무엇이니?' 등 글의 중심 소재와 주제, 목적, 요지 등을 묻는 것입니다. 이 질문은 가장 기본적이면서도 가장 중요한 질문입니다. 책과 글을 읽을 때면 글의 내용에 알맞게 꼭 '무엇'을 질문해 주세요. 아이 머릿속에 '아, 또 그 질문하겠지?'라는 생각이 자동으로 들 때까지 지속적으로요. 그래야 글 읽기가 지엽적이 되지 않고, 글의 중심에 머물 수 있습니다. 독후 활동 기록지, 중고등 내신 문제, 인증시험, 심지어 수능까지도 글의 중심 생각이 '무엇'인지를 묻는 문제 유형으로 가득합니다. 그러니 이런 질문 습관이 나중엔 결국 내신 성적, 수능 성적도 높인다는 사실을 꼭 기억하세요. 글의 중심 생각을 파악하는 것은 그만큼 중요한 문해력의 핵심 요소입니다.

이렇게 '무엇'에 대한 질문에 적응이 된 아이라면, 2단계인 질문인 '왜'도 물어봐 주세요. '왜' 질문은 좀 더 심화된 질문으로서 생각을 유도합니다. '주인공은 왜 그렇게 했을까?', '글쓴이는 왜 이런 주장을 하는 걸까?', '마이크는 왜 여행을 떠난 걸까?' 등 글의 내용을 추론하는 능력을 길러주는 질문이죠. 아이가 '왜'라는 질문에 대답하기 위해서는 마땅한 근거를 찾아야 하므로, 그 근거를 찾는 과정에서 표면적인, 또는 숨겨진 맥락을 추론하며 글을 읽게 됩니다. 1단계 '무엇'이 사실 차원의 질문이었다면 2단계 '왜'는 추론적인 질문이죠. 아이가 이 질문을 진지하게 받아들이게 되면 글 읽기의 수준이 달라집니다. 좀 더 여러 모로 입체적인 읽기를 시도하게 되죠. 이 단계에서 문해력의 성장은 더욱더 빨라집니다.

마지막 3단계는 바로 '어떻게' 질문입니다. '주인공의 선택을 어떻게 생각해?', '너라면 어떻게 했을 거 같아?', '이후에 주인공 둘은 어떻게 살았을까?' 등의 질문이죠. '어떻게' 질문은 아이가 자기 생각을 덧붙이게 합니다. 글 내용의 이해와 추론을 넘어 자신의 감상과 생각이 만들어지는 것이죠. 지금까지의 질문 중 가장 의미 있는 단계입니다. 결국, 글 읽기를 통해 내 생각의 성장과 변화가 만들어지는 과정이 독서 교육의 목적이기도 하니까요. 실제로 면접과 논술 등의 평가에서 중요한 항목은 바로 응시자의 생각과 의견입니다. 이런 '어떻게'와 같은 질문을 통해 긴 안목으로 논술과 면접을 대비하는 글 읽기를 만들어 가야 합니다.

'무엇, 왜, 어떻게' 딱 이 3단어만 기억해 주세요. 아무리 학부모님이 바쁘셔도, 아무리 아이가 할 것이 많아도, 이 세 키워드의 질문을 주고받는 것은 현실적으로 그리 어려운 일이 아닙니다.

이 과정이 익숙해졌다면 그 다음 과정으로 질문의 역할을 바꿔서 진행해 보세요. 아이가 엄마의 입장이 되어 본인이 받았던 것과 똑같은 질문을 던져보는 것입니다. 엄마가 답변자, 아이가 출제자가 되어 보는 거죠. '무엇, 왜, 어떻게' 이 세 질문 키워드를 활용해서 아이가 질문을 만들어야 합니다. 질문을 만들기 위해서는 책 내용을 좀 더 심층적이고 입체적으로 파악해야 하기 때문에 그 과정에서 정독 습관과 함께 엄청난 적극성이 생기는 것은 추가적인 이점입니다. 사실 대답하는 쪽보다 물어보는 쪽이 더 재밌습니다. 이 역할 바꾸기는 아이가 독서를 더 즐기게 만들 수 있는 아주 좋은, 일종의 역할극인 셈입니다.

문해력을 위한 질문 방법을 실천하기에 앞서 몇 가지 말씀드릴 중요 포인트가 있습니다. 위 질문 방법은 아직 본격적인 독후 활동을 시작하지 않은 아이, 독후 활동에 거부감을 느끼는 아이에게 적용하면 더 좋은 방법입니다. 그래서 아이에게 질문하실 때 진짜 궁금해서 묻는 듯한 '연기'가 필요합니다. 좀 과장하셔도 좋아요. 중요한 것은 아이가 이 질문을 테스트처럼 느끼게 하면 안 된다는 것입니다. 꼭 기억해 주세요. 우리의 포지션은 '정말 궁금해서 묻는 사람'이라는 것을요. 그리고 그 과정이 재미있게, 서로 대화하는 분위기가 되는 것이 우선입니다.

이후 이 질문 활동을 그대로 종이에 쓰게 되면 그것은 바로 훌륭한 독후 활동 기록지로 변신합니다. 처음에는 엄마가 간단히 기록해서 아이의 독서 포트폴리오로 보관하시면 좋고요. 나중에 아이가 직접 적어 자신의 독서 기록을 하나씩 남기면, 비로소 아이의 독서 포트

폴리오가 완성됩니다.

문해력을 키우는 독서 활동의 심화: 쓰기

문해력을 키우는 방법은 여러 가지가 있습니다. 그리고 이 방법 중, 책 읽기의 효과를 극대화하기 위한 가장 좋은 방법은 '쓰기'입니다. 쓰는 활동은 독서 내용의 이해 정도를 점검해 볼 수 있는 도구인 동시에 책을 그저 읽기만 해서는 얻을 수 없는 '판단력'과 '구성력' 그리고 '장기 기억력'을 키워주기 때문입니다. 이제 겨우 읽기 시작한 아이에게 처음부터 많은 양의 글쓰기를 시킬 걱정은 하지 않으셔도 됩니다. 지금 해야 하는 단계도 아니고, 할 수도 없으니까요. 그 대신 무엇이라도 간단하게, 꾸준히 쓰는 연습을 하는 것은 중요합니다.

처음에는 어떤 내용을 어떻게 써야 할지도 막막했던 아이들이 조금씩 책 내용을 반영하여 정리된 글을 쓰는 과정에는 '이 내용'과 '저 내용' 중 어떤 내용이 책 전체 내용을 반영한 부분일까를 '판단'하는 단계가 들어가기 마련입니다. 이 과정에서 아이는 판단력을 꾸준히 연마할 수 있지요. 쓰기 단계가 점차 높아져 다양한 주제의 쓰기를 할 수 있을 때는 각 항목에 맞춰 일목요연하게 글을 쓰기 위한 '구성력'도 키워집니다. 그리고 이런 일련의 단계를 거치며 내가 읽은 책 한 권의 의미를 좀 더 곱씹고 또 장기 기억할 수 있게 됩니다.

그러니 지금부터 소개하는 여러 독서 활동 항목을 참고하여 우리 아이의 단계에서 어떤 '쓰기 활동'이 가능할지 점검하고 실천해 보시기 바랍니다.

공통 항목은 총 4개로 구성되어 있습니다. 일단 이 4항목부터 시작해 보세요. 차차 책의 장르에 따라 1~2개씩 추가해 가며 우리 아이만의 독서 활동 기록지를 만들어 가시면 됩니다. 그리고 가장 초기 단계에서 쓰기가 익숙하지 않은 아이라면 질문과 답변, 대화를 통해 시도해 보시고, 차차 한 줄이라도, 무엇이라도 쓰게 하는 단계로 나아가시기 바랍니다.

단 여기서 주의하실 점은 절대 아이의 대답이나 쓰기 내용을 비판하려고 하면 안 된다는 것입니다. "엄마 생각에는…"이라며 듣기 좋게 에두른 표현도 안 됩니다. 그저 단어 하나든, 문장 하나든 여러 번 써 보고 조금씩 글밥이 늘어남을 칭찬해 주세요. 일단 아이들은 기본적으로 쓰기에 자신이 없으므로, 이때 필요한 건 조건 없는 칭찬뿐입니다. 독서 활동과 관련된 질문지는 5종은 다음 QR코드를 통해 파일로 받아보실 수 있습니다.

공통 질문

• **이 책을 고르게 된 이유는 무엇인가요?**

책을 읽기 전, 이 책을 고르게 된 이유와 기대하는 부분을 적어두면 좋습니다. 가장 초기 단계에서는 '공룡을 좋아해서', '표지 그림이 좋아서' 등 단순한 이유를 적을 수밖에 없겠지만 아이 나름의 기준을 충분히 존중해 주세요. 학년이 올라가면서 'OO 부분이 부족해서', 'OO에 대해서 더 알고 싶어서' 같은 구체적인 동기를 생각해 낼 수 있게 됩니다. 어떤 책이든 왜 읽고 싶은지를 고민해 본다는 것은 책을 고르는 방법을 스스로 인식하고 책 읽기의 주체자가 된다는 의미로서 꼭 거쳐야 할 단계입니다.

• **이 책의 주제(화제)는 무엇인가요?**

문해력의 핵심은 글쓴이의 의도를 파악하는 능력일 것입니다. 책의 주제 또는 중심이 되는 사건이나 소재, 즉 대의를 파악하는 능력은 독서 습관으로 만들어집니다. 세부적인 내용에 치우쳐서 글의 중심 생각에서 벗어나는 일이 없도록, 이 글의 주제가 무엇인지, 글쓴이는 무엇을 설명하고자 하는지 등을 자주 물어주세요. 글을 읽을 때마다 이 질문을 맞닥뜨리게 된다는 것을 인지하게 되면, 읽는 과정 내내 글의 주제는 무엇일까를 자연스럽게 생각하게 됩니다.

• 이 책에서 새롭게 배운 어휘나 개념, 지식이 있다면 적어보세요.

책에서 처음 본 어휘나 개념은 글 옆의 그림이나 사진을 관찰하거나, 앞뒤 문장의 문맥을 활용하거나 실제 사전에서 찾아보는 등의 다양한 방법으로 꼭 해결하고 넘어가야 하는 부분입니다. 그런데 책을 읽을 때만 이해하고, 매번 이미 찾았던 어휘들을 다시 찾아보아야만 한다면 헛독서를 하고 있다고 봐야겠죠. 모든 어휘나 개념을 적을 필요는 없지만 새롭게 배운 것 중 인상적인 것만이라도 정리하고 또 이를 활용한 한 문장 쓰기와 같은 활동을 하게 하세요. 이 과정에서 조금씩 알게 되는 것만으로도 문해력은 자라날 것입니다. 동시에 앞서 설명한 판단력도 점점 좋아질 수 있겠죠. 만약 그동안 해보지 않은 활동이라 아이가 익숙해하지 않거나, 책 읽기를 방해한다는 판단이 들 때는 새로 알게 된 어휘에 동그라미 치는 최소한의 행위부터 단계적으로 시도해 보는 것을 추천합니다.

• 이 책을 통해 더 알고 싶은 점이 있나요?

앞서, 책 읽기는 I형 독서에서 T형 독서로 확장되어야 한다는 설명을 했습니다. T형 독서는 실마리가 되는 책들을 통해 자연스럽게 시작될 수 있습니다. 앞으로 더 알고 싶고 배우고 싶은 내용, 탐구하고 싶은 내용, 읽고 싶은 책에 대한 자유로운 이야기를 적어보는 것입니다. 그리고 이 부분을 구체적으로 적어 내기 시작하면 바로 다음 책을 고르러 함께 도서관이나 서점에 가보세요. 다음에 푹 빠져 읽을 책을 고민 없이 찾을 수 있습니다.

선택 질문

• **이 책의 줄거리를 써보세요. / 이 책의 내용을 요약해 보세요. / 이 책의 내용을 마인드맵으로 그려 보세요.**

이 항목은 책의 전체 줄거리를 요약해 보는 연습입니다. 한 문장, 한 문단으로 요약할 수도 있고, 각 문장에 번호(①, ②)를 붙여서 개조식으로 써볼 수도 있습니다. 또 그림 그리기를 좋아하는 아이라면 마인드맵처럼 내용을 한눈에 볼 수 있게 구성할 수도 있지요. 특히 이 항목은 글밥이 적고 간단한 책부터 다소 내용이 복잡한 책을 오픈북처럼 펼쳐놓고 정리해 보는 연습까지 다양한 난이도로 시도해 볼 수 있습니다. 판단력과 구성력, 장기 기억력을 모두 충족할 수 있는 항목입니다.

• **이 책에서 가장 기억에 남는 부분을 적어보세요. / 이 책을 읽고 내 생각과 느낌을 적어보세요. / 이 책을 읽고 생긴 나의 다짐이 있다면 적어보세요.**

이 항목은 책을 읽고 난 후 내용의 사실적인 정리보다는 개인이 느끼는 감상을 적는 연습입니다. 책 본문의 부분 발췌와 함께 자신의 감정을 솔직하게 적도록 지도하는 것도 좋아요. 교훈적인 책이었다면 아이의 각오, 다짐을 적게 해도 좋습니다. 문학 장르에 적용할 때에는 책을 읽은 감상을 '나의 이야기'로 적어본다는 측면에서 주인공에게 내 이야기 하기, 주인공에게 편지 쓰기 등 주인공과 읽는 사람(아이) 간의 대화 형식을 사용해 보는 것도 좋습니다.

• 이 책의 뒷이야기를 써보세요. / 이 책의 결말을 바꿔 써보세요. / 이 책의 제목과 표지를 다시 만들어보세요. / 이 책에서 마음에 들지 않는 부분을 바꿔 써보세요.

이 항목은 작가가 되어 보는 연습입니다. 책에서 마음에 들지 않는 부분을 적고 내가 좋아하는 결말을 다시 써본다든가, '행복하게 살았답니다' 등으로 끝나는 결말을 바꿔 써 볼 수도 있습니다. 또한 결말 뒤에 이어질 법한 내용을 나만의 상상력을 발휘해 새로운 이야기로 창작해 보는 것도 아이에게 색다르고 의미 있는 경험이 됩니다. 또한, 아이가 느낀 감정들로 이 책의 제목이나 표지를 다시 꾸며본다면 원래 책과는 완전히 다른 새로운 책으로 탈바꿈시킬 수도 있지요. 이처럼 책은 그 한 권의 내용을 읽고 그치는 것이 아니라 그 책에서 출발하여 다양한 우리 아이만의 이야기를 만들어낼 수도 있는 훌륭한 도구입니다.

• 이 책을 소개하는 기사를 써보세요. / 이 책을 추천하는 글을 써보세요.

이 항목은 책의 독자를 상상하며 보다 객관적인 글을 써보는 연습입니다. 아이가 느끼기에 어떤 사람이 읽으면 좋은 책일지, 어떤 부분이 좋았고 어떤 내용을 배우게 되었는지 주관적이지만 동시에 객관적인 추천 글을 써보는 것이죠. 막연한 글쓰기가 조금 어렵다면 대상을 구체적으로 정해주는 것도 좋은 방법입니다. 우리 아이보다 어린 동생에게 추천하는 글쓰기, 친구에게 소개하는 글쓰기 등 특정 대상을 정해 주면 대화하듯이 편안하게 느낄 수 있을 거예요. 만일 처음부터 글쓰기가 어렵다면 실제 대상을 앞에 두고 말하기 연습부터 해보는 것도 좋은 방법입니다. 그 전에 엄마와 적절한 질문에 답을 하는 방식으로 예행 연습도 한번 해보세요.

• 이 책에 나오는 사실들을 바탕으로 독서 퀴즈를 내보세요.
이 항목은 정독이 가장 필요한 연습입니다. 퀴즈는 크게 2가지 성격이 있습니다. 우선 본문의 내용이나 상황에 대한 퀴즈를 내고 싶다면 퀴즈를 맞힐 상대도 함께 책을 읽어야 합니다. 이때는 예를 들어, '주인공이 가장 좋아했던 놀이는?'과 같은 문제가 나올 수 있겠지요. 그리고 같이 책을 읽지 않아서 책의 내용을 모르는 상대에게 문제를 낸다면, 본문에 등장하는 어휘로 문제를 낼 수 있습니다. 초등 역사책인 《조선왕조실록》 같은 책에서 새롭게 알게 된 어휘 문제를 뽑아보는 거죠. 예를 들어, '가채는 무엇인가'와 같은 문제입니다. 하지만 만일 엄마가 아이 책을 들고 문제를 낸다면 아이가 책을 제대로 읽었는지 테스트를 하는 것처럼 느낄 수 있습니다. 하지만 아이가 직접 문제를 만들어본다면, 누구보다 꼼꼼하게 책을 읽어서, 퀴즈를 맞혀야 하는 사람이 '절대 못 맞힐 어려운 문제를 만들어보겠다'는 승부욕이 생기도록 자극해 주세요. 어떤 상황보다 적극적으로 책을 읽게 될 것입니다.

책제목	
지은이	
출판사	

이 책을 고르게 된 이유는 무엇인가요?

이 책의 주제(화제)는 무엇인가요?

— 공통질문

이 책에서 새롭게 배운 어휘나 개념, 지식이 있다면 적어보세요.

이 책을 통해 더 알고 싶은 점이 있나요?

— 아이가 읽을 책의 장르에 맞는 선택 질문을 해보세요.

생활 속에서 문해력을 키워주는 방법

　일상을 살아가면서 우리는 타인과의 소통에서부터 지식 및 정보 전달, 위험에 대한 고지, 손해를 보지 않는 방법에 이르기까지 문해력이 필요한 다양한 상황을 만납니다. 그리고 문해력의 유무에 따라 최악의 경우 불이익이나 손해를 입기도 하죠. 하지만 누구도 일상 속에서의 문해력 향상을 위한 방법에 대해서는 구체적으로 생각해 보거나 실행해 보지 않습니다. 하지만 저는 오히려 이 '일상 속 문해력이 필요한 순간'을 우리 아이들의 문해력 학습에 적극적으로 활용해야 한다고 생각하는데요. 아이들도 일상 속의 이런 학습 아닌 학습 상황을 오히려 책을 읽고 공부하는 것보다 더 익숙하게 느껴서 쉽게 받아들이기 때문입니다. 또한 생활 속 문해력이 높아질수록 생활이 점점 더 편리해짐을 몸소 느껴 학습 동기가 저절로 생겨난다는 장점도 있습니다.

그렇다면 일상에서 어떻게 문해력 학습을 쉽고 재미있게 진행할 수 있을까요? 지금부터 소개하는 몇 가지 사례를 참고하여 아이들과 직접 해보시기 바랍니다.

가정통신문

요즘 학교에서 학부모에게 전달되어야 할 가정통신문은 보통 'e알리미'와 같은 앱을 통해 전달됩니다. 하지만 학교에 따라서는 아직도 종이로 된 가정통신문을 배부하는 곳도 있습니다. 게다가 아이들 학년이 올라갈수록 수행평가 지침 및 과목별 인쇄물 등 '아이들이 직접 챙겨야 할' 정보의 양도 점점 늘어나기 때문에 아직도 종이 가정통신문은, 흔히 볼 수 있는 매체입니다. 그런데 이렇게 중요한 가정통신문을 아이들 본인이 알아서 챙기지 못한다면 최소한 부모님께 전달이라도 해야 하는데, 그 사실을 잊거나 그런 전달을 받았는지도 제대로 인지하지 못하는 아이가 많습니다. 그리고 이것 때문에 우리 아이는 학교생활에서 여러 가지 손해를 보기도 하죠. 예전에는 꼼꼼히 전달 사항을 챙기는 것이 학교생활을 '더 잘하는' 요령이었지만 이제는 챙기지 못하면 손해 보는, '필수'인 시대가 되었기 때문입니다. 수행평가, 고교학점제 등 어려운 용어들을 굳이 들먹이지 않아도 당장 초등학생 아이들이 준비물을 챙기고 과제를 해가는 것은 자기주도학습의 시작이자 필수 행동입니다.

그래서 일상 속의 문해력 연습은 이 가정통신문에서부터 시작하는 것이 좋습니다. 학교생활이 아이들이 체감할 수 있는 가장 직접적인 이득과 손해의 지점에 있기 때문입니다.

일단 e 알리미든 종이 가정통신문이든 학교에서 전달받은 것 중, 아이가 주인공인 내용이라면 무엇이든 아이에게 조금씩 전달해 보세요. 초등 1학년 때부터 하셔도 됩니다. 만약 아이가 이해하지 못하는 문구나 어휘가 있다면 같이 보고 설명해 주시거나 스스로 사전을 찾도록 지도해 주시고요. 처음 몇 번은 아이와 함께 과제와 준비물을 챙겨주시다가 그다음부터 학부모님은 코칭만 합니다. 코칭은 가정통신문에서 전달하는 내용을 몇 개의 문장으로 요약하는 것부터 지도하시면 됩니다.

예를 들어 보겠습니다.

- 월, 수, 금 하교 시간: 13시 40분 / 화, 목 하교 시간: 12시 50분
- 등교 시간은 8시 50분을 지켜주시기 바랍니다. 아이가 너무 일찍 학교에 오지 않도록 지도 바랍니다.
- 학부모님께서는 교문 밖에서 자녀를 들여보내시고, 교문에서 교실까지는 학생이 스스로 찾아올 수 있도록 지도해 주시기 바랍니다.
- 학교생활을 위해 준비되어야 할 아래 기본 도구들은 9일(월)까지 준비하여 보내주세요.

- 두루마리 화장지, 물휴지(100매 이상, 캡 있는 것)
- 알림장, 10칸 쓰기 공책, 크레파스 24색
- 필통 : 깎은 연필 2자루, 지우개, 필통에 넣을 수 있는 15cm 정도의 짧은 자
- 가위, 딱풀, 투명 테이프, 칫솔, 치약, 양치컵

• 알림장, 파일, 필통은 항상 가방에 넣어 다니도록 해주세요.
※ 모든 물건에는 꼭 학년, 반, 이름을 써주세요.
※ 준비물이 갖추어지지 않으면 학교생활에 지장이 많습니다. 제날짜에 빠짐없이 챙겨 보내주시기 바랍니다.

이 가정통신문은 자녀가 초등 1학년 이상인 학부모님들이라면 모두 경험하셨던, 한참 정신없던 그 시절, 입학 직후의 가정통신문입니다. 어찌나 챙길 것이 많았던지, 입학 후 2주 동안에 엄청난 양의 가정통신문을 전달받으셨을 거예요. 어른인 엄마도 혹시 빠뜨리는 부분은 없는지, 대충 읽고 실수하는 건 아닌지 (거의 공부하는 마음으로) 꼼꼼하게 보셨다는 분도 많습니다. 이런 가정통신문을 아이와 함께 살펴보는 겁니다.

가정통신문에서는 항상 전달하고자 하는 내용이 담긴 글자는 크기를 키우거나 굵고 진한 볼드체 형태로 쓰인 경우가 많습니다. 또 마감 시일이 적혀 있는 경우도 많죠. 같이 보고 큰 틀에서 함께 내용에 관해 이야기해 본 후, 아이가 스스로 할 수 있는 것은 무엇인지, 가까운 마감일(임박한 정도)에 따라 무엇을 우선순위로 준비해야 하는지 등에 대해 문장을 이해하고 이해한 내용을 행동으로 옮기는 것을

연습하는 것입니다. 이 과정에서 문해력뿐만 아니라 우리 아이의 자기주도능력과 시간 운용 능력 등을 추가로 키울 수 있습니다.

그리고 일정 시간이 흘러 충분히 아이 혼자 내용을 읽고 챙길 수 있겠다는 생각이 드실 때부터는 혹시나 걱정되어서 하셨던 더블 체크 과정을 생략하셔도 됩니다. 아이는 자신이 제대로 챙기지 못하면 그 행동에 대해 불이익을 받는다는 사실을 알아야만 합니다. 때로는 손해를 경험하게 하는 것도 교육의 일환이에요. 문해력을 갖췄을 때와 갖추지 못했을 때의 결과를 이것처럼 직접적으로 체험할 일이 많지 않으니 이 기회를 꼭 활용하시기 바랍니다.

전단지

우리는 전단지의 홍수 시대에 살고 있습니다. 코로나19 확산 이후로는 오프라인 홍보가 온라인으로 많이 옮겨가고 있지만 아직도 전단지는 많은 판매처에서 선호하는 홍보 방법입니다. 그동안 집 현관문에 붙은 수많은 전단지가 쓰레기처럼 느껴졌던 분들이라도 지금부터는 생각을 조금 바꿔 보세요. 이 전단지가 우리 아이들 문해력 학습 도구로 아주 유용하게 쓰일 수 있기 때문입니다.

전단지를 만들어 배포하는 사람은 수많은 전단지 사이에서 자신의 전단지가 눈에 띄도록 여러 가지 방법을 사용합니다. 강렬한 색상, 눈에 띄는 폰트, 강력한 표현의 공격적인 홍보 문구 등이 바로 그 것이죠. 유아와 초등 저학년은 전단지를 보고 일단 글자 읽기부터 훈련하면 됩니다. 글 읽기가 충분히 가능한 아이들은 이 전단지를 활용하여 다음과 같은 다양한 활동을 해볼 수 있습니다.

만약 같은 분야(마트 vs. 마트, 치킨집 vs. 치킨집 등)의 전단지가 2장 이상 보인다면 두 전단지를 보고 아이와 공통점과 차이점을 이야기해 보세요. 그리고 어떤 전단지가 더 설득되는지, 이 전단지를 만든 의도는 무엇인지 등을 아이와 함께 이야기해 보는 것입니다. 그리고 전단지로 다른 사람을 설득하려면 어떤 점을 강조하면 좋을지, 아이템을 정해서 나만의 전단지를 구상해 보는 것도 좋아요.

만일 할인 판매에 관한 내용을 담고 있는 전단지라면 그것을 통해 수학 문해력을 키워보는 것도 좋습니다. 보통 할인 판매 전단지에는 할인율이 가장 크게 표기되어 있어요. 예를 들어 원래 가격이 얼마인지, 할인율을 적용하면 얼마인지를 아이와 함께 따져보는 것이죠. 사실 백분율은 6학년 2학기 〈비와 비율〉 단원에서 처음으로 배우지만 할인 판매의 이익은 즉각적으로 눈에 보이기 때문에 아이들의 흥미를 끌어내는 좋은 소재입니다. "돈 벌었다!" 하면서요. 흥미 있는 내용은 어떤 방법을 써서라도 이해하고 싶은 것이 아이들의 마음입니다. 그 마음을 이용하는 것이죠. 그리고 아이가 할인율에 대해 아주 정확한 계산을 하지 못할지라도 기본적인 개념만 배워 두면 6학년 〈비와 비율〉 단원을 배울 때 좀 더 흥미롭고 자신감 있게 수업에 임할 수 있을 것입니다. 물론 그 과정에 이 계산에 흥미가 생겨 관련

영상을 찾아보거나 수학 동화책을 읽는다면 배경지식과 함께 수학적 어휘력도 높일 수 있겠죠.

그러니 오늘부터 우리 집 앞에 붙은 전단지는 아이들 문해력 학습의 소중한 도구로 잘 보관해 두시기 바랍니다.

신문 기사

요즘 가정에서는 종이신문을 구독해서 보는 일이 매우 드뭅니다. 항상 손에 쥐고 있는 스마트폰에서 원한다면 바로바로 최신 뉴스를 볼 수 있고 포털 사이트에 간단한 관심 정보를 등록해 두면 AI가 기사를 자동으로 추천해 주니까요. 또 관심 있는 분야의 메일링 서비스를 구독하면 주간 핫 이슈가 '정해진 시간'에 메일로 날아오기도 합니다. 그래서 우리 아이들은, 우리가 매일 아침 신문을 받아 읽던 엄마 아빠를 보며 자랐던 것과는 달리 부모가 신문을 읽는 모습을 거의 볼 수가 없습니다. 그런 이유로 요즘 아이들은 따로 신문 교육을 받지 않는 한 신문의 중요성이나 유용성을 제대로 알지 못하죠.

생각해 보면, 우리가 하루에 읽는 글 중 가장 시의성과 정보성을 갖춘 글은 뉴스 기사입니다. 그리고 그 기사 내용을 이해하는 정도가 사회구성원으로서의 행동을 만들기도 하죠. 신문 기사에는 일어난 일(사실)과 이 사실을 바탕으로 한 기자의 생각(가치)이 함께 쓰여 있습니다. 이를 통해 신문을 읽는 사람은 사실을 바탕으로 예상되는 것, 기대되는 것, 좋고 나쁜 것을 구분하고 자기 생각을 대입해 보는, 비판적인 사고력을 키울 수 있습니다. 가끔 인터넷 기사의 댓글을 보면 기사 본문의 내용을 전혀 이해하지 못한 댓글도 많이 보이는데요. 어른이라고 해서 모두가 문해력이 좋은 것은 아니기 때문입니다. 우리 아이들이 최소한 우리가 사는 사회에 관심을 가지고 능동적으로 행동하고 자기 생각을 갖춘 시민으로 성장하기 위해서라도 뉴스 기사를 비판적으로 보고, 사실관계를 파악할 줄 알아야 합니다. 그래서 이런 신문 교육은 일상생활에서 우리 아이들의 문해력을 키울 수 있는 좋은 도구가 됩니다.

하지만 초등 저학년 아이에게 어른들이 보는 뉴스 기사는 솔직히 어렵습니다. 관심도 없고요. 그보다는 아이들의 눈높이에 맞춰 주제를 선정하고 한자 익히기, 글쓰기 등의 학습 도구도 제공하는 어린이 신문을 볼 것을 추천합니다. 《알바트로스 미래인재신문》, 《어린이 동아》, 《어린이 경제 신문》, 《어린이 조선일보》 등과 같은 신문을 보면서 '신문의 주인'이 되어보는 경험을 하게 해주세요.

신문을 읽을 때는 아이가 관심 있어 하는 내용부터 읽되 신문 전체를 모두 다 읽어야 한다는 생각은 하지 않으셨으면 합니다. 신문 읽기가 사실, 학습의 일부이긴 하지만 아이에게는 이 활동이 공부의 연장선이 아니라 '어른의 행동'을 미리 해보는 즐거운 경험이었으면 하거든요. 그러니 아이가 신문에서 관심 있는 내용만 읽는다고 해도 충분히 의미 있다고 생각해 주세요. 이때 부모님도 아이와 함께 신문

보기를 하신다면 더 자연스럽게 매일의 습관으로 만들 수 있습니다.

또한 아이가 읽은 신문 기사 내용을 가지고 부모와 함께 대화를 나눠 보는 것도 적극적으로 권장합니다. 단, '자, 신문 읽기 공부를 했으니, 결과물을 내자'라는 마음으로 접근할 것이 아니라 아이가 읽은 기사의 내용을 궁금해하는 '호기심을 가진 사람'으로 접근하는 거예요. 읽은 기사를 어떤 내용인지 한두 문장으로 요약하여 말할 수 있다면 충분합니다. 학부모님은 "무슨 내용이야? 너무 궁금하다."라는 간단한 질문을 통해서 아이의 말을 끌어낼 수 있습니다.

기사의 헤드라인을 점검하는 연습도 문해력 향상을 위한 좋은 활동입니다. 헤드라인은 글 전체의 내용을 압축적으로 표현하는 문구라 '요약하기' 연습의 확장판으로 생각하시면 됩니다. 이때는 "왜 저런 헤드라인을 적었을까? 너라면 헤드라인을 뭐라고 정할 것 같아?"라는 질문도 유용합니다. 또 기사를 읽고 난 후 "나는 무엇을 해야 할까?"라는 질문을 통해 글을 제대로 이해했는지도 파악해 볼 수 있습니다.

신문 읽기는 아이가 다양한 분야의 실제적인 배경지식을 쌓을 수 있는 좋은 도구입니다. 당장 신문 구독이 어렵다면 어린이 신문사의 홈페이지를 먼저 방문해 보세요. 공개된 기사들을 보면서 아이와 질문 놀이를 시작하셔도 좋고요. 신문사에 따라서 종이 신문의 샘플을 볼 수 있는 곳도 있으니 꼼꼼하게 살펴보신 후 구독 신청을 하셔도 좋습니다.

《알바트로스 미래인재신문》 https://blog.naver.com/albatrossnews
《어린이 경제신문》 http://www.econoi.com
《어린이 동아》 http://kids.donga.com
《어린이 조선일보》 http://kid.chosun.com

지도

요즘 우리는 참 편리한 세상에 살고 있습니다. 불과 20여 년 전만 해도 어디를 가려면 종이 지도를 펴 들고 경로를 살펴보아야만 했고 중간에 경로를 착각하면 길을 잃는 일도 많았습니다. 오죽하면 "삼천포로 빠진다"라는 관용 표현이 생겨났을까요. ('삼천포로 빠진다'는 '길을 잘못 들었다'는 뜻으로 '이야기가 곁길로 빠지다', '어떤 일을 하는 도중에 엉뚱하게도 다른 일을 하다' 등의 의미로도 쓰입니다.) 요즘같이 내비게이션에 목적지만 설정하면 막히는 도로의 우회로까지 알려주는 시대였다면 절대 생겨나지 않았을 표현이죠. 이처럼 내비게이션 작동법이나 카카오 지도 사용법만 배워도 일상생활에 지장이 없는데 학교에서는 지리 교육을 하고 또 지도를 읽고 이해하는 방법을 배웁니다. 왜 그럴까요?

초등 과정의 사회 교과에서는 지리적 환경, 역사적 배경, 정치, 경제, 사회 제도 등, 중고등학교에 진학하면 배울 사회과 세부 과목의 가장 기초적인 부분을 배우게 됩니다. 이때 배운 지식은 우리 아이들이 사회 구성원으로서 '상식'을 갖추는 데 필요합니다. 특히나 생소한 어휘를 미리 알고 또 배경지식을 고루 갖춘다면 '사회' 교과만큼 실생활과 관련성이 깊은 과목도 없죠.

연합뉴스 기사("부산 중고생 10명 중 1명, 독도 위치 잘 몰라" 2017.2.4)에 따르면 부산 시민의 7%가 독도의 위치를 모르고 있다는 설문조사 결과가 발표됐습니다. 특히 응답한 중고생의 10.6%나 정확히 모른다고 대답해 충격을 주었는데요. 우리가 이 대목에서 주목해야 하는 것은 '지리적 위치를 모른다'가 아니라 '독도의 의미'입니다. 어떤 장소에 대한 관심은 위치에 대한 인식에서부터 시작하기 때문입니다.

그러니 평소 아이와 특정 장소에 대해 대화할 때, 위치에 대해서도 꼭 이야기를 나눠보세요. 가까운 거리라면 웹이나 앱상의 지도를 보면서 우리 집에서 어떻게 가면 그 장소에 가장 빨리 가는지를 따져 볼 수도 있고요. 방문의 우선순위를 판단해 보거나 주변 건물 및 환경에 대한 대화를 하며 공간에 대한 인지도를 높이는 등 다양한 학습 역량을 개발할 수도 있습니다.

예능 프로그램에서 각 나라의 수도와 관련된 퀴즈를 푸는 장면을 보신 적 있으시죠? 우리 집에서도 아이들과 수도 퀴즈를 서로 내보면서 국가-수도-지리적 위치-역사적 배경 등과 관련된 대화를 해보세요. 대화 중 궁금한 것이 생기거나 좀 더 자세한 내용이 궁금하다면 인터넷 검색, 영상 보기, 관련 책 읽기 등으로 호기심을 채울 수 있도록 지도해 주시기 바랍니다. 이렇게 쌓인 배경지식은 학교 수업과 연계되어 아이의 과목 문해력에 큰 도움이 됩니다.

이후 가족 여행의 기회가 있다면, 누적된 사회과 지식을 활용하여 아이와 함께 '도시 탐방', '나라 탐방' 등을 테마로 계획을 세워 보시기 바랍니다. 그리고 이러한 활동을 우리 집에서 생활 속의 즐거운 놀이로 정착시켜서 '지도 읽기'에서 시작하는 문해력 향상 경험을 지속하세요. 한번 배운 지도 읽기 문해력은 평생, 아이 삶을 윤택하게 만들어 줄 것입니다.

예약, 환불

> OO를 신청하시려면 XX를 함께 제출해 주세요.
> OOO 여부를 꼭 확인하신 후 신청하셔야 합니다.
> 아래 내용을 꼭 확인하시고 꼼꼼하게 작성해 주세요.
> 오기재로 인한 불이익은 작성자 본인에게 있습니다.

우리는 어떤 상품을 예약하거나 구매, 결제하기 전에 위와 같은 안내를 받는 경우가 많습니다. 그리고 사실 이 안내는 굉장히 정형화된 문구이기 때문에 '으레 있는 것이겠지.'라고 생각하며 대부분 읽지 않고 지나갑니다. 하지만 항상 문제가 발생하고 나면 이 문구들 때문에 '아차' 싶은 순간이 오죠. 처음부터 얼토당토않은 조건이 있는 경우도 있지만, 상당 부분 '자세히 읽지 않은' 나 자신 때문에 항의하지도 못하는 상황이기 때문입니다. "제대로 읽어볼걸. 이럴 줄 알았나." 하며 후회해 보아도 이미 늦은 일이죠.

혹시 '취소나 환불 요청' 전화하기를 좋아하는 분 계신가요? 몇 해 전 예능 프로그램에서 '환불원정대'라는 캐릭터가 나왔던 것처럼, 환불은 일반인에게 하고 싶지 않고, 쉽지 않은, 하지만 살면서 꼭 한 번쯤은 제대로 대처해야 하는 중요한 일입니다. 비상식적인 상황을 배제한다면 이런 상황에서 가장 중요한 것은 '환불내역서'를 제대로 이해하는 것인데요. 환불내역서는 예약의 취소로 일정 시기까지의 예약금 반환 비율, 환불이 가능한지 여부 등 간단한 내용만으로 이루어진 경우도 있고, '비급여 진료비 환불 요청'처럼 환불 대상이 맞는지 확인, 준비해야 하는 서류, 복잡한 절차 및 소요 기간 등 수많은 정보를 담고 있기도 합니다.

이러한 예약, 구매, 취소, 환불의 상황은 사람이 먹고사는 과정에서 일상적으로 경험할 수 있습니다. 그래서 누구에게나 꼭 필요한 대처 능력이지만 아무도 가르쳐주는 사람 없어서 스스로 살아가며 터득해야 하는 부분이지요. 누군가는 원래부터 꼼꼼한 성격이어서 손해 보고 살지 않지만, 누군가는 덤벙대기도 하고, 그런 것은 신경 쓰지 않은 쿨한 사람이어서 어느 정도 손해는 감수하며 살아간다고 말하기도 합니다. 그런데, 이런 일이 과연 성격 때문에 발생하는 것일까요?

당연히 그렇지 않습니다. 제대로 된 연습(학습)이 되지 않았기 때문입니다. 저는 일상적 문해력에서 간과하기 쉽지만 가장 중요한 것 중 하나가 바로 이 '손해'가 발생할 수 있는 상황에서의 문해력이라고 생각합니다. 그리고 그 해결책은 당연히 이런 능력도 학습해야 한다는 생각을 부모님께서 가지고 계셔야 한다는 것이지요.

아이들 대부분은 아마도 어른이 될 때까지 이런 상황을 직접 대면할 기회가 없을 것입니다. 부모님이 계시고, 아직 미성년자의 신분이니까요. 하지만 이런 살아있는 교육은 가정에서 부모님의 지도하에 경험해 봐야 합니다.

예를 들어 기차여행을 하기 위한 'KTX 표 예매하기' 상황이 생겼다고 해봅시다. 요즘은 현장 방문 예매보다 거의 KORAIL 앱에서의 예매가 일반화되었기 때문에 서툰 아이가 예매에 성공하기까지 많은 시간이 걸린다 하더라도 남에게 피해를 주지 않습니다. 답답함에 "그냥 엄마가 할게."라는 상황만 만들지 않으시면 돼요. 일단 KTX 표 예매는 KORAIL 앱에서 해야 한다는 것부터 알려주세요. 앱을 켰을 때 바로 보이는 팝업 공지사항이 있다면 아이가 직접 읽어보게 하고 그 내용도 물어보시기 바랍니다. 그 후 단계적으로 표를 예매합니다. 표 예매 과정을 이해시키는 것은 생각보다 어렵지 않을 거예요. 그리고 난 후 앱의 구석구석을 함께 보며 정기, 할인권은 어떤 의미인지, 마일리지 적립과 사용 방법은 무엇인지, 승차권 예매와 반환 방법 등 앱에서 알 수 있는 여러 기능에 대해서도 독해하는 연습을 해보면 좋습니다.

미성년의 시기는 성년이 되기 위한 준비 과정입니다. 신체적, 정신적 그리고 상식적으로 사회인이 되기 위한 연습 중에는 이처럼 예약, 구매, 취소, 환불 등도 있다는 사실을 부모님께서 잘 알고, 기회가 될 때마다 경험하게 해주시면 좋겠습니다.

복약지도서

'복약지도서'라는 어휘를 들어 보셨나요? 복약지도서란 의약품의 명칭, 용법, 효능 및 효과 등에 관한 내용을 환자가 읽고 이해하기 쉬운 용어로 설명한 일종의 안내문을 말합니다. 낯선 어휘이지만 다음 그림을 보면 누구나 약국에 가서 받아봤던 기억이 나는 친숙한 문서입니다. 약국마다 개별 안내문으로 제공하는 곳도 있고 약 봉투에 함께 기재하여 제공하는 곳도 있는데요. 그 내용을 과연 얼마나 많은 사람이 주의를 기울여 읽을까요?

OOO님 복약지도서

투약번호 : 100　　　　　　　　　　　　출력일 : 2022-01-01 오후 12:00

약품	용법	복약안내
아디O정 10MG/TAB (OO제약) -hydroxyzine -밀폐용기, 실온 보관	일 2회 2정 씩 아침, 저녁 식후 30분에 복용 2일	효능 : 항히스타민제로 진정 및 항알레르기 작용을 통해 불안, 긴장, 발진, 두드러기 등을 치료합니다. 1. 이 약에 의해 어지럽거나 졸릴 수 있으므로 운전을 하거나 위험한 기계 조작 시 주의하세요. 2. 이 약은 입 마름, 두통, 피로감을 일으킬 수 있습니다.
멜티OO정 50MG/TAB (OO제약) -levocetirizine -차광기밀용기, 실온보관	1일 1회 1정 씩 취침 전에 복용 2일	효능 : 항히스타민제로서 알레르기, 두드러기 등의 증상을 치료합니다. 1. 이 약에 의해 어지럽거나 졸릴 수 있으므로 운전을 하거나 위험한 기계 조작 시 주의하세요. 2. 소변의 양/횟수 감소, 소변을 볼 때 통증, 설사, 변비 등의 증상이 나타나면 의사나 약사에게 알리세요.

조제약 & 복약 안내

환자 성명 : OOO (여/만 40세)
처방전교부번호 : 20220101-00001
처방전발행기관 : OO안과

조제 약사 : OOO
조제 일자 : 2022-01-01

약품명	약품사진	복약안내(투약량/횟수/일수)
올OO점안액 (올로파타딘염산염) 무색 점안제 실온보관		1회 투약량 1.00 1일 투여횟수 1 총투약일수 1 (눈알러지악) 점안 후, 눈을 감고 눈물관을 1분 정도 눌러주세요.
플OOOO점안액_(6mL) 무색 점안제 실온보관		1회 투약량 1.00 1일 투여횟수 1 총투약일수 1 (눈염증약) 다른 점안제 투여 시 최소 5분 간격을 두고 투여하세요. 사용 전 충분히 흔들어서 사용하세요.
네OOO안연고_(5g) 황색 안연고 실온보관		1회 투약량 1.00 1일 투여횟수 1 총투약일수 1 (눈염증약) 다른 점안제와 병용 시 최소 5분 이상 간격을 두세요.

영수증 번호	20220101-0001
환자 성명	OOO
조제일자	2022-01-01
투약일수	1
야간(공휴일)조제	
약제비총액 (①+②+③)	15,250원
본인부담금	① 4,500원
보험자부담금	② 10,750원
비급여대맞본인부담금	③ 0원
	카드	0원
	현금영수증	0원
총수납금액 (①+③)	현금	4,500원
	합계	4,500원
사업자등록번호	000-00-00000
사업장소재지	서울시 중구 OO로 000
상호	OO약국
성명	OOO
발행일	2022-01-01

대부분은 약 봉투를 건네 받을 때 약사님이 말로 전달하는 안내 사항, 예컨대 "하루 3번 식후 30분 이내에 복용하세요."라는 말만을 듣고 이 복약지도서는 주의 깊게 살펴보지 않습니다. 그래서 이 약봉투가 복약지도서라는 사실을 모르는 사람도 많죠. 복약지도서는 환자가 자주 처방받아서 익숙한 약이거나 아주 보편적인 복용법을 가지고 있어서 상식적인 내용, 곧 '하루 3번 식후 30분 이내 복용' 같은 것만 지키면 되는 경우에는 따로 읽지 않아도 괜찮을 수 있습니다. 하지만 약의 종류가 많거나 복용에 주의를 기울여야 하는 약이 처방되었을 때에는 이 복약지도서를 따로 읽고 이해하는 것이 매우 중요합니다. 예를 들어 "오렌지주스나, 사과주스 등 산이 포함된 음료와 함께 복용하지 마세요.", "졸음이 올 수도 있으므로 운전이나 기계 조작 시 주의를 기울이세요." 등이 그렇지요. 만에 하나 발생할 부작용이나 상호 작용을 안내하는 내용이 포함된 경우입니다. 이 내용을 이해했다면 생각지도 못한 부작용의 발생을 방지할 수도 있기 때문에 환자는 반드시 복약지도서를 꼼꼼하게 읽어야 합니다.

　복약지도서 문해력은 우리의 생명과 직접적인 관련이 있는 만큼 중요합니다. 그 안에 담긴 특수한 어휘, 약품명까지 자세하게 알 필요는 없지만 복약지도서에 담긴 내용 중 최소한 효능과 주의 사항 등은 이해할 수 있어야 하죠. 따라서 앞으로 우리 아이가 조제약의 복약지도서(약 봉투)나 판매 약(처방 없이 구매하는 일반의약품)의 복약지도서(안내문) 등을 볼 수 있는 기회가 있다면 조금씩 연습을 시켜 보세요. 아이에게 약사님의 설명을 듣고 복약지도서를 다시 한번 읽어보게 한 후 그 내용을 이해하여 설명하도록 지도하는 거죠. 아는 만큼 보이고 아는 만큼 행동하게 됩니다. 그 행동이 우리의 건강 및 안위와 관련이 있다면 이건 필수적인 문해력이 아닐까요?

문제 풀이의 시작,
질문 문해력을 키워주는 방법

　좋은 독서 습관을 지니고 있는 아이라도 교과 문제집을 풀다 보면 유독 질문을 이해하지 못해서 엉뚱한 답을 내거나 아예 문제를 풀지 못하는 경우가 있습니다. 대표적으로 집중하지 않은 상태에서 문제를 대충 읽어서 실수하고, 다음번에도 똑같은 행동을 하는 아이들이 많은데요. 그때 혼내는 건 당연히 효과가 없습니다. "주의를 기울여라!", "집중해라!"라고 조언하는 것도 하루 이틀이지요. 문제를 틀려서 가장 속상한 아이 입장에서는 이런 조언마저도 상당한 부담이 됩니다.

　고쳐지지도 않고, 아이와 부모 모두에게 스트레스가 된다면 이런 방식은 절대 근본적인 해결책이라고 할 수 없습니다. 그래서 저는 이 문제의 해결 방법으로 아이들이 질문을 이해하지 못하는 '원인'을 정확히 파악하고 이를 극복하기 위한 '훈련'을 해야 한다고 봅니다. 이

른바 '질문 문해력'을 키우는 것입니다.

 정말 심각한 '문해력 문제'는 바로 이것! 서울대 출신 교육전문가 부부가 바로 해결해 드립니다.
QR코드를 스캔하거나 유튜브에서 위 제목을 검색하세요.

아이들은 도대체 왜 문제를 잘 이해하지 못할까요? 쉬운 예로, 실제 초등 저학년 아이의 문제를 함께 보겠습니다. 학부모님도 함께 풀어보세요.

> 거북이를 소리 나는 대로 쓰시오.
> <초등 1학년 국어 문제>

위 문제는 초등학교 1학년 국어 문제입니다. 학부모님이 생각하는 답은 무엇인가요? '거부기' 정도가 될까요? 이 문제를 틀리는 아이는 어떤 아이일까요? 답을 쉽게 적을 수 있다고 생각하겠지만 일부 아이는 이 문제를 보고 한참을 고민합니다. 또 일부 아이는 "소리가 안 나요."라고 쓰기도 합니다. 이게 무슨 말일까요? [거북이-거부기]를 몰라서였을까요? 물론 그런 아이도 있겠지만, 고민을 하거나 오답을 낸 아이 중에는 "소리 나는 대로"의 의미를 잘 몰랐던 아이도 있습니다. 우리는 자연스럽게 '소리 나는'의 뜻을 발음을 고려한 실제 '소리'로 떠올리지만, 초등 1학년 아이들은 '거북이가 어떻게 울지? 어떤 소리를 내지?'라고 고민할 수도 있더라고요. 만약 초등 1학년인 우리 아이가 이런 실수를 한다면 부모인 우리는 그저 귀엽다며 웃어 넘겨도 될까요? 아니요. '우리 아이가 아직 문장을 읽고 제대로 이해하지 못하고 있구나!'라고 생각하고 대책을 마련하셔야 합니다.

또 다른 문제를 보겠습니다. 이번엔 수학 문제입니다. 앞선 문제보다 문제가 좀 더 깁니다. 집중해서 읽어보세요.

> 유진이는 파란색 구슬 10개씩 4상자와 낱개 28개, 빨간색 구슬 10개씩 3상자와 낱개 19개를 가지고 있습니다. 파란색 구슬 36개와 빨간색 구슬 27개를 동생에게 주고 나면 유진이에게 남은 구슬은 어느 색 구슬이 몇 개 더 많은지 풀이 과정을 쓰고, 답을 적으세요.
>
> <초등 1학년 수학 문제>

자, 문제를 푸셨나요? 답은 무엇일까요? 답은 "파란색 구슬이 10개 더 많다."입니다. 초등 1학년 문제치고 꽤 어렵다고 생각되시죠? 고난이도 문제집에 있는 문제였습니다. 암튼, 이 문제에서는 정답 여부가 중요하지 않습니다. 우리가 주목할 것은 문제 마지막 줄에 있는 "풀이 과정을 쓰고"인데요. '이게 뭐 어떻다는 것이냐?' 하고 생각하시는 분들도 있겠지만, 이 문장을 본 일부 아이는 우리가 생각하는 수식(풀이 과정)이 아닌 "풀이 과정"이라는 어휘를 그대로 답에 쓰더라는 것이죠. 참신하다고 생각하시나요? 아이다운 발상이라고요? 물론 '초등 1학년에, 저 정도 난이도의 문제를 푸는 아이가 그런 실수를 할까?'라고 생각할 수 있겠으나 제가 실제로 경험한 일입니다. 이런 아이가 정말 있습니다. 훈련된 수학 실력과 문제를 이해하는 문해력은 완전히 비례한다고 볼 수 없습니다. 그리고 바로 이것이 초등 저학년 아이의 '읽기 교육'에서 소홀하기 쉬운 '질문 문해력'을 꼭 신경 써서 학습해야 하는 이유이기도 하죠.

'질문 문해력'이 부족한 아이는 초등 고학년이 되면 또 다른 형태의 질문으로 인해 고통받게 됩니다. 초등 고학년 이후부터 아이들의 국어 성적을 좌우하는 것은 '비문학 지문'인데요. 이 비문학 지문은 물론이고 그 지문에 달린 '문제'가 바로 아이들을 큰 혼란에 빠트리는 주인공입니다. 문제(질문)의 예를 한번 들어보겠습니다.

> 이 글의 내용 전개 방식으로 가장 적절한 것을 고르시오.
> ① 문장의 형식을 통해 독자의 호기심을 유발하고 있다.
> ② 이론이 다양한 방향으로 분화되는 과정을 체계적으로 보여주고 있다.
> ③ 시간의 흐름에 따라 내용을 전개하고 있다.
> ④ 반박 자료를 통해 일반적인 통념이 잘못된 것임을 증명하고 있다.
> ⑤ 구체적인 예시를 통해 독자의 이해를 돕고 있다.

일단 문제와 선지까지 다 읽고 난 느낌이 어떠신가요? 쉽지 않죠? 이 문제의 지문은 '과학 분야'의 글이었습니다. 아이들에게 익숙하지 않은 여러 가지 과학 어휘가 나왔고 내용이 쉽지 않았습니다. 게다가 문제 자체는 일반적인 데 비해 각 선지의 의미를 파악하기가 조금 어렵습니다. 이 문제를 풀기 위해서는 우선 글 전체의 흐름과 논조, 뉘앙스 등을 파악하는 능력도 필요하고, 선지에 있는 한자어인 '유발', '분화', '반박', '통념' 등, 일상에서 잘 사용하지 않는 어휘의 뜻과 쓰임도 알아야 합니다. 지문을 어렵사리 이해했어도 문제와 선지를 이해하기 위한 과정이 또 필요한 것입니다.

이처럼 한글로 되어 있는 국어 문제(그 안의 사회, 과학 등 비문학 지문)는 지문, 문제, 선지 중 한 군데라도 이해하지 못하는 부분이 있다면 결국 틀리는 수밖에 없습니다. 이것이 글(지문)에 대한 문해력 못지않게 질문 문해력이 중요한 이유이죠.

그런데 영어와 수학 문제는 '질문 문해력'을 갖추기 위해 더 많은 주의를 필요로 합니다. 영어 질문은 국어 질문과 유사하지만, '영어'로 쓰인 지문에 상대적으로 정신이 쏠려 문제를 대충 보는 아이들이 훨씬 더 많고, 수학은 수식을 이해 못 하는 아이, 문제를 수식으로 변형하지 못하는 아이 등 다양한 이유로 더 어렵습니다. 그럼 지금부터는 영어와 수학의 질문 문해력에 대한 이야기를 시작해보겠습니다.

질문 문해력을 키우는 방법 ① 영어

영어 문제를 제대로 읽지 않는 아이가 정말 많습니다. 문제(질문)는 대충 보고 바로 지문과 문제 풀이(선지)로 곧장 뛰어들죠. 이런 치명적인 잘못된 습관 때문에 수능시험에서 문제를 틀리게 푸는 아이가 매년 적어도 수만 명은 족히 될 것입니다. 대표적으로 '-인 것/-이 아닌 것', 반대로 고르기, '남자가 할 일'을 '여자가 한 일'로 고르기, '이유'를 묻는 문제를 '원인'으로 답하기 등의 경우는 셀 수 없이 많죠. 기껏 영어 공부를 죽어라 해 놓고서는, 중요한 시험에서 이런 실수를 한다면 얼마나 답답하고 속상할까요? 분명 바로잡아야 할 부분입니다.

11. 위 글의 내용과 일치하지 않는 것은? [4.0점]

17. 위 글의 내용과 일치하는 것은? [4.2점]

1. 대화를 듣고, 남자의 마지막 말에 대한 여자의 응답으로 가장 적절한 것을 고르시오.

2. 대화를 듣고, 여자의 마지막 말에 대한 남자의 응답으로 가장 적절한 것을 고르시오.

27. Green Tea Packaging Design Competition에 관한 다음 안내문의 내용과 일치하지 않는 것은?

28. 2020 Badminton Challenge for Charity에 관한 다음 안내문의 내용과 일치하는 것은?

질문이 결정짓는 문해(독해)의 방향성

질문을 이해하지 못하면 지문 읽기 자체를 잘하지 못하게 됩니다. 질문이 지문의 문해(독해)의 방향성을 결정짓기 때문인데요. 예를 들어 '일치하는 것'을 물을 때와 '글의 주제'를 물을 때는 읽는(듣는) 방식 자체가 달라져야 합니다. 일치 문제는 글의 세부적인 내용에 대해 사실을 확인해 가면서 읽어야 하지만 주제 문제는 세부적인 내용보다는 글의 흐름을 파악하면서 읽어야 하지요. 학년이 올라가면서 지문의 길이가 길어질수록 이런 방식의 읽기가 더욱 중요해집니다. 글이 담고 있는 정보량은 많아지는데, 방향성이나 목적 없이 그냥 읽기만 한다면 세부적인 내용도, 주제도 모두 제대로 파악하지 못하게 되기 때문입니다. 그러니 두 번, 세 번 읽게 되면서 만성적인 시간 부족을 겪게 되는 부작용도 동반되죠. 아이의 읽기 속도가 심하게 느린 편이 아닌데도 시험 볼 때, 시간 부족이 잦다면 이런 문제가 아닌지 의심해 보아야 합니다. 아무 목적 없이 그냥 읽기란 가능하지 않으며 오히려 더 어려운 행위입니다.

다음은 아이들이 흔히 보는 영어 질문의 유형별 대처 방안입니다. 질문의 의도에 따라서 어떻게 훈련해야 효과적인지 학부모님이 먼저 인지하시고 아이들 '영어 질문 문해력 학습'에 반영해 보세요. 지금보다 정답률이 현저히 높아지는 것을 경험하시게 될 것입니다.

1. 세부적인 사실을 확인하며 읽기: 일치 문제 등

(나무 보기) 한 문장, 한 문장 세부적인 내용을 확인하면서 읽어야 합니다.

제시문과 하나씩 대조해 보면서 꼼꼼하게 읽는 습관이 필요합니다.

2. 글 전체의 의도를 파악하며 읽기: 대의(주제, 제목, 요지 등) 문제

(숲 보기) 필자의 의도와 생각을 파악하는 읽기입니다. 세부적인 사실, 예시 등 이해를 돕는 내용은 해석이 안 되더라도 집착하지 말고 그것이 설명하려고 하는 더 높은 생각(주제)을 파악하는 읽기를 해야 합니다.

3. 글의 흐름을 파악하며 읽기: 흐름과 관계없는 문장 고르는 문제, 적절한 순서 문제 등

글의 통일성을 이해하고 또 적용할 수 있는 읽기 훈련이 필요합니다. 하나의 글은 하나의 주제를 나타내기 위해 서로 긴밀하게 연결되어야 하는데, 이를 글의 통일성이라고 합니다. 이런 문제 유형의 읽기는 주제와 관련 없거나 순서가 어긋난 내용을 찾아내는 목적을 가진 읽기가 요구되며, 이를 위해서는 지문 전체의 주제를 파악하며 읽어야 합니다.

지문 하나에 문제가 여러 개인 경우

국어 문제뿐만 아니라 영어 문제에서도 긴 제시문(지문) 하나에 질문(문제)이 여러 개 달린 경우가 있습니다. 이것은 수능 영어 장문 독해, 내신 시험, 영어 인증시험 등에서 자주 볼 수 있는 유형이지요. 독립된 한 문제 한 문제에 비해 배점이 큰 만큼 절대 소홀히 해서는 안 되는 중요한 유형입니다. 이런 경우에는 지문을 읽기 전에 더욱더 질문을 꼼꼼히 보고, 어떻게 읽어야 할지, 문제 풀이의 순서까지도 정해 놓고 읽어야 합니다. 그래야 긴 지문을 어떻게 읽어야 할지가 보이기 때문이죠. 이것을 놓치면 몇 번을 읽고 또 읽는 함정에 빠지게 되니 주의해야 합니다.

예를 들어, 순서가 뒤섞인 4개의 문단으로 나뉘어 있는 하나의 긴 지문에 ① 일치 문제, ② 어법 문제, ③ 순서 맞추기, 이렇게 문제 3개가 제시되어 있다고 가정해 보겠습니다. 어떤 순서로 질문을 읽어야 할까요?

우선, 문제의 번호 순서와 상관없이 가장 먼저 ③번 '순서 문제'부터 푸는 읽기를 해야 합니다. 글의 순서가 잡혀야 나머지 문제를 푸는 것도 쉽기 때문이죠. 또한 문단의 순서를 맞추는 문제를 해결할 때에는 전체 지문을 다 읽을 필요가 없습니다. 각 문단의 첫 문장과 끝 문장 위주로 읽으면서 연결 고리를 맞춘 후 읽으면 시간도 절약되고 정답에 가까워질 수 있습니다. 만약 아이가 문제 순서대로 ①번 '일치 문제'부터 풀기 위한 읽기를 했다면 뒤죽박죽된 글의 흐름 속에서 가장 단순한 사실 확인 문제인 일치 문제도 못 풀고 시간 낭비만 하게 될 가능성이 높습니다.

이처럼 잘못된 질문 읽기를 하는 아이가 정말 많습니다. 영어 실력이 아무리 뛰어난 학생이라도 질문에 맞는 올바른 읽기를 하지 못한다면 성적이 잘 나올 수가 없습니다. 아직 초등학생이라고 방심하면 안 됩니다. 학년이 올라감에 따라 지문의 길이가 점점 길어지기 때문에 질문을 먼저 보고 지문을 읽는 습관은 초등 때부터 미리 들여주셔야 합니다. 질문을 정확히 읽는 것은 읽기에 있어 지도와 나침반을 쥐여 주는 것임을 꼭 기억해 주시기를 바랍니다.

영어 질문 문해력을 위한 실천 연습

1. 질문 천천히 읽는 '멈춤 습관' 들이기
2. 질문을 읽고 글의 내용을 예상해 보기
3. 어떻게 읽을 것인지 간략히 써보기

영어 질문 문해력을 키우기 위해서는 우선 질문을 천천히 읽는 습관이 필요합니다. 문제를 보면 흥분부터 하는 아이에게 우선 '멈춤'의 습관을 들이는 것입니다. 이를 위해서는 밑에 있는 지문을 손으로 가리고 질문으로 글의 내용을 예상해 보는 활동이 도움이 됩니다. 질문은 형식적으로 존재하는 것이 아니라 그 하나가 독자적인 읽기의 영역임을 자연스럽게 깨닫게 하는 것이죠. 또한 질문을 읽고 나서 지문을 어떻게 읽을지를 써보게 하는 것도 큰 도움이 됩니다. 나름의 전략이라고 할까요? 내용을 꼼꼼히 확인하면서 읽을 것인지, 이야기의 흐름을 이해하면서 읽을 것인지, 내 생각과 의견을 정리하면서 읽을 것인지 등을 생각해 보고 아이가 직접 써 보는 것입니다.

이 단순한 과정을 통해 질문의 정확한 이해 그리고 읽기 전략(Reading Strategy)이 수립되면 문해력 성장의 선순환이 만들어집니다. 꼭 실천해 보시기를 바랍니다.

질문 문해력을 키우는 방법 ② 수학

문제 내용 시각화하기

초등 수학에서 수능 수학까지, 이제는 우리 아이들의 수학 문제에서 긴 글을 만나는 것이 낯설지 않은 시대가 되었습니다. 이런 상황에서 길이가 긴 문제를 제대로 이해하고 고득점을 얻기 위해서는 일상적으로 쓰이는 '일상적 어휘력'과 함께 수학 개념, 용어로 불리는 '수학적 어휘력'은 필수입니다. 하지만 두 종류의 어휘와 문장의 뜻, 모두를 이해하고도 수학 문제의 해결이 어려운 경우가 있는데요. 가장 대표적인 경우가 긴 문제의 상황이 머릿속에 잘 그려지지 않을 때입니다.

수학 문제에는 글자 못지않게 많은 기호와 문자가 등장합니다. 특히 중등 이후에는 미지수 x와 상수 a 등 기호와 문자가 폭발적으로 많이 나타나지요. 그래서 문장 하나하나를 따져가며 이해하기 위해서는 생각보다 많은 시간과 집중력이 필요합니다. 이렇게 복잡한 기호(문자)가 섞인 긴 글로 이루어진 문제를 풀어내기 위해서 가장 중요한 것은 '문제 상황을 정확하게 파악'하는 것인데요. 이때 가장 유용하게 쓰이는 것은 단연, 그림이나 도표와 같은 시각적인 요소입니다.

일부 아이는 특별히 배우지 않아도 이 시각 요소들을 당연하게 사용하여 문제를 이해하고, 또 이를 바탕으로 그 다음 과정인 문제 해결까지 어렵지 않게 헤쳐 나갑니다. 하지만 수학이 어려운 아이들은 문제 상황이 머릿속에서 뒤죽박죽되어버린 순간, 이미 문제를 풀고자 하는 의지를 놓아버리죠. 그래서 사실, 문제를 시각화 할 수 있는지 여부에 따라 이 문제를 풀 수 있는지 없는지가 결정된다고 해도 과언이 아닙니다. 그리고 당연히 바로 포기하는 아이보다, 풀 수 없을 것 같아도 이렇게 저렇게 끄적여가며 '노력해 보는 아이'가 결국 풀어내는 아이로 성장할 가능성이 크겠지요.

그러니 초등학생 때부터 두 줄 이상의 길이를 가진 수학 문제를 만날 때마다 아이에게 문제 상황을 그림이나 도표 등으로 표현하는 연습을 하도록 지도해 주시기 바랍니다. 시각화는 어떤 방식이 더 좋다고 할 수는 없지만 가장 쉽게 도전할 수 있는 것이 그림이에요. 이 그림은 아주 잘 그릴 필요도 없습니다. 아이가 문제 상황을 이해했고, 그 결과를 어떻게든 설명할 수 있는 수준이면 됩니다. 잘 감이 안 오신다고요?

그럼, 다음의 문제를 아주 간단한 그림으로 표현한 것을 함께 보겠습니다.

지연이네 집에서 학교까지의 거리는 15km 250m이고, 지연이네 집과 학교 사이에 있는 도서관에서 학교까지의 거리는 5km 670m입니다. 지연이네 집과 학교, 도서관이 모두 같은 길 위에 있다고 할 때 지연이네 집에서 도서관까지의 거리는 총 몇 km 몇 m인가요?

<초등 3학년, 「길이와 시간」 단원 문제>

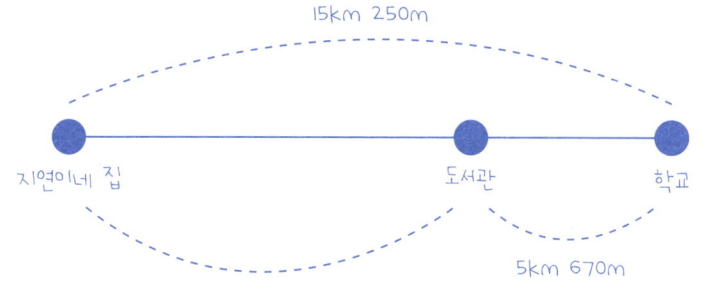

2020년에 지후는 8세였고, 2022년에 지후의 아버지는 44세가 됩니다. 지후의 아버지가 61(환갑)세가 되는 해에 지후는 몇 세가 될까요?

<초등 5학년, 「규칙과 대응」 단원 문제>

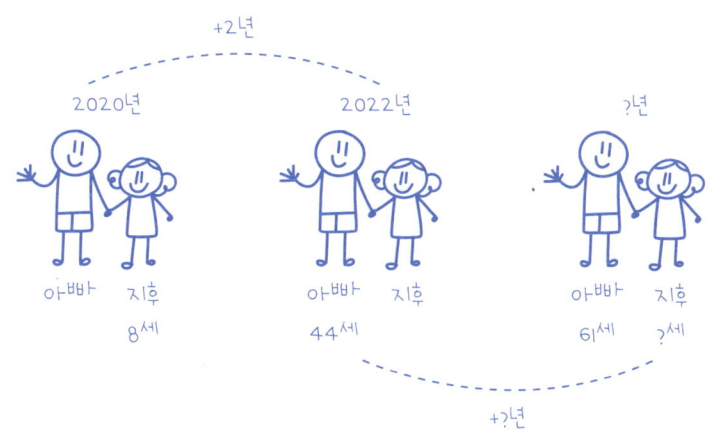

이처럼 (아주) 조금은 복잡해 보이는 문제들도 그림이나 도표로 표현하다 보면 문제 상황이 한눈에 보이게 됩니다. 시각화 단계를 거치고 나면 복잡했던 문장제 문제도 우리 아이들이 수없이 풀었던 간단

한 연산 문제로 변신하죠. 예시가 너무 단순한 것 아니냐고요? 물론 초등 문제니까 이런 과정이 필요 없다고 생각하실 수도 있습니다. 하지만 이런 수능 문제는 어떤가요?

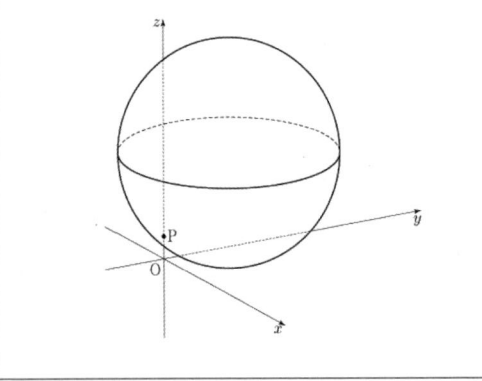

<2022학년도 수학능력시험 수학 영역 (기하)>

우리 아이들이 수능 시험장에서 만나는 도형 문제는, 사실 따지고 보면 어렵지 않은 문제, 곧 우리 아이가 충분히 풀 수 있는 문제임에도 이런 시각화 연습이 되어 있지 않으면 어렵게 느껴질 수 있습니

다. 특히 앞의 문제와는 달리 문제 자체에 그림이 그려져 있지 않은 상태라면 문제에 쓰여진 여러 개의 알파벳 기호들을 조합하여 그림을 그리는데 한참의 시간을 소모할 수밖에 없습니다. 1분 1초가 아쉬운 중요한 시험 현장에서라면 크게 당황할 수도 있죠.

훈련은 어려운 문제로 시작하는 것이 아닙니다. 아이들이 스스로 할 수 있겠다고 생각하는 아주 쉬운 단계부터 조금씩 단계를 높여 가며 도전하고, 습관이 되도록 지도해야 합니다. 시각화는 수학 문제 해결의 필수 단계이지만 나아가 복잡한 다른 과목의 문제를 이해하는 데에도 도움이 되는 방법이니 지금 바로 수학 문제 적용부터 지도해 보시기를 추천합니다.

조건과 전제, 질문 구분하기

수학을 좋아하는 사람 중 상당수는 명확한 것 즉, '명시적'인 것을 좋아하는 성향을 가지고 있습니다. 저 역시도 애매하고 예외적이며 열린 결말보다는 명확하고 원칙적이며 닫힌 결말을 좋아하는 성향이에요. 수학의 이런 특성은 수학의 답이 한 개라는 것과도 관련이 깊지만, 사실 '문제 자체' 때문이기도 합니다.

수학 문제는 대체로 조건과 질문으로만 이루어져 있습니다. 문제를 구성하는 글 전체에 필요 없는 문장(요소)은 하나도 없지요. 그래서 잘 모르는 문제를 푸는 요령으로 '조건과 질문을 구분하고 조건들을 나열하다 보면 실마리가 보인다'는 필승 전략이 있을 정도입니다.

그런데 짧은 문제에서는 명확하게 보던 조건과 질문 등을 아이들은 문제가 길어지면 길어질수록 구분하기 어려워하고 그 사이의 연관성을 찾아내지 못합니다.

보통 수학 문제에서 묻고자 하는 것(질문)은 가장 마지막 문장에 나옵니다. "나타내시오.", "구하시오.", "쓰시오.", "몇입니까?" 등이 바로 그것입니다. 그래서 아이들에게 지도하실 때에는 우선 전체 문장과 마지막 문장 사이를 구분하는 것을 가장 먼저 알려주세요. '끊어 읽기'라고 하죠? 보통 국어나 영어 과목에서 긴 글을 이해하기 위해 한 호흡 쉬어가는 부분에 빗금(/) 표시를 이용해서 끊어 읽으라고 조언하는 것처럼이요. 수학 문제도 그렇게 하는 것입니다. 그리고 마지막 문장을 제외한 전체 문장을 읽을 때도 끊어 읽기를 해보는 겁니다. 그러면 조건과 전제, 질문이 명확하게 보이기 시작할 거예요.

예를 들어 볼게요.

> 승우는 3일 전부터 수학 동화책을 읽고 있습니다. / 첫날은 전체의 $\frac{3}{4}$을 읽었고, / 어제는 전체의 $\frac{1}{10}$을 읽었습니다. / 승우가 오늘 이 수학 동화책을 모두 읽으려면 / 전체의 몇 분의 몇을 더 읽어야 할까요?
>
> <초등 5학년, 「분수의 덧셈과 뺄셈」 단원 문제>

이 문장에서의 풀어야 할 '질문'은

"전체의 몇 분의 몇을 읽어야 할까요?"이고,

문제의 '전제'는

"이 수학 동화책을 모두 읽으려면"입니다.

그리고 조건이 총 3가지 주어졌지요.

- 3일 전부터 읽고 있다 ⇒ 3일 동안 책을 다 읽어야 한다 (전제 활용)

  ⇒ 시각화 과정 ⇒ 3일 동안 읽어야 할 양, 전체를 1로 보기

- 첫날은 전체의 $\frac{3}{4}$을 읽었다 ⇒ 전체의 $\frac{3}{4}$
- 둘째 날은 전체의 $\frac{1}{10}$을 읽었다 ⇒ 전체의 $\frac{1}{10}$

이렇게 상황 파악이 되면, 그때부터는 순서대로 식을 나열하면 됩니다.

오늘(마지막 날) 읽을 양 = $1 - \frac{3}{4} - \frac{1}{10} = \frac{3}{20}$

이해하셨나요? 앞서 연습한 시각화 과정과는 또 다르게 조건과 전제, 질문을 구분하면 명확한 해결 방향을 찾을 수 있게 되는 것입니다. 이는 서술형 풀이와도 관련이 깊어서 초등 저학년 때부터는 문제 분석 연습과 더불어 이런 쓰기 방식에 대해 충분한 훈련이 이루어져야 합니다. 이렇게 나열한 식이 자동으로 서술형 풀이가 되기 때문이지요. 이 방법을 아이에게 알려주세요. 그동안 골머리를 썩였던 긴 문장제, 서술형 문제가 생각보다 쉽게, 일망타진될 수 있습니다.

초등 수학, 문장제만 해결해도 성적 확 오릅니다

우리 아이 수학 서술형 문제 지도 이대로만 따라하세요
QR코드를 스캔하거나 유튜브에서 위 제목을 검색하세요.

교과 문해력으로 직결되는
어휘 공부법

언어 습득에서 어휘 교육은 가장 기본이면서도 필수적인 요소입니다. 어휘를 얼마만큼 알고 있는지에 따라 듣고, 말하고, 읽고, 쓰는 수준이 차이 나는 것은 물론이고 어휘력에 따라 학업 능력도 달라집니다. 어휘력이 부족한 아이는 수업을 들어도 그 내용을 제대로 이해하지 못하고요. 읽고 쓰는 것에도 어려움이 있어 학업에 엄청난 지장이 생깁니다. 그렇다면 현재 우리 아이의 어휘력 수준은 어느 정도일까요?

NE능률(2019.10.7)이 전국 중학생 5,990명을 대상으로 〈초등 교과 어휘력 테스트〉를 시행한 결과, 응시 학생의 평균점수는 100점 만점에 65점이었습니다. 좀 더 세부적으로 따져보면 중 1에서 중 3까지 학년이 올라갈수록 평균점수가 약간씩 향상되긴 하지만 종합적으로

90점 이상의 점수를 받은 학생 수는 전체의 15.8%에 불과했다고 하죠. 만약 이 테스트가 각자의 학년에 해당하는 어휘 수준을 묻는 것이었다면 '그래, 어쩌면 그럴 수도 있겠다.'라고 생각할 수 있겠지만 이 아이들에게 테스트한 어휘는 초등 교과 수준이었습니다. 이 테스트 문항에서 아이들은 '아예 모르는 단어'라고 답한 단어도 상당수 있었고, 들어본 적이 있는 단어지만 '정확한 뜻'은 모른다고도 답했습니다. 아이들이 가장 많이 틀린 문제는 '부동산, 파출소, 지점, 구립' 등의 낱말과 그 뜻이 잘못 연결된 것을 찾는 문항이었는데요. 놀랍게도 이 문제의 오답률은 무려 60.3%였다고 합니다. 5명 중 3명 이상이 이 네 어휘의 뜻을 정확히 모르고 있었다는 것인데 생각보다 심각한 수준입니다.

이러한 테스트 결과에 비추어 볼 때, 학생 중 많은 수가 학교에서 배우는 교과서의 내용과 선생님의 설명을 제대로 이해하지 못하고 있음을 유추할 수 있습니다. 심지어 아이들의 수업 참여와 이해 수준을 돕기 위해 거의 모든 과목 담당 선생님이 아이들이 모르는 한글 어휘를 여러 개 찾아 모두 설명해 주고 수업을 시작해야 할 정도라고 하니 상황의 심각함을 짐작할 수 있죠. 여기에 국어와는 다른 언어로 전개되는 영어 수업과 약속에 의한 용어를 사용하는 수학 시간은 이보다도 사정이 좋지 않습니다. 수학책을 보면 흰색은 바탕, 검은색은 글씨, 그 가운데 있는 수학 용어는 외계어처럼 느껴진다는 중고등학생도 심심치 않게 나오는 것을 보면 학년이 올라갈수록 어휘력 부재로 인한 상황의 심각성은 점점 누적되는 것 같습니다.

그런데 아이들의 어휘력이 어느 날 갑자기 낮아진 것일까요? 당연히 그렇지 않습니다. 그보다는 어휘력이 키워져야 할 때를 놓치고 시간이 훌쩍 흘러버렸기 때문입니다. 어휘력을 사람이 성장하면서 자연스럽게 늘어나는 것으로 생각하는 분도 있겠습니다만 '어휘력 키우기'는 학습의 영역처럼 체계적이고 때로는 습관적으로 이루어져야 합니다. 인생에서 습득하는 어휘의 80%는 사춘기 이전에 이뤄진다는 연구 결과가 있습니다. 그러므로 초등 시기의 어휘력 습득은 학습 역량을 키울 뿐만 아니라 어른이 된 후로도 평생 써먹을 기본 어휘의 상당 부분을 만든다는 것에 의미를 두어야 합니다. 게다가 초등 시기에 습득되는 어휘의 상당수는 독서의 질에서 결정되는데요. 어릴 때 어떤 책을 어떻게 읽었느냐에 따라 앞으로의 인생에서 사용하는 어휘 수준과 그에 걸맞은 환경이 결정된다 해도 과언이 아닙니다.

학교에서의 어휘력 학습

어휘력의 기초가 되는 한글 독해력을 위하여 초등 1학년 때, 한글 학습이 부족한 아이들은 〈한글 또박또박〉, 〈찬찬 한글〉 등의 프로그램을 통해 개별 지도를 받는 것이 제도화되어 있습니다. 그리고 가정에서도 한글 진단 검사 '웰리미'(https://hg.mirae-n.com/index.mrn)를 통해서 각자의 진단 결과에 따라 적절한 개선 방법을 안내받을 수 있죠.

그래서 초등 저학년을 지나면서는 적어도 '한글 읽기' 때문에 큰 어려움을 겪는 아이는 드뭅니다. 하지만 이는 어디까지나 한글 어휘 학습의 기초로서 학교 수업을 최소한으로 따라갈 수 있는 역량 개발을 돕는 수준입니다.

배우는 과목 수가 늘어나면서 학습해야 할 어휘의 양과 수준이 급격하게 늘어나는 초등 3학년 아이들은 정작 학교에서 제도적으로 한글 어휘력 수준에 대해 진단받거나 교정 대상이 될 기회가 없습니다. 그 대신 각 과목 교과서에 아이들이 이해하기 어려운 어휘에 대한 간략한 설명이 적혀 있거나 선생님이 추가 설명해 주는 방식으로 간접적인 도움을 받는 정도입니다.

아이들 간에는 같은 나이라고 해도 어휘력의 차이가 있기 때문에 그 설명만으로는 교과서에 나오는 모든 어휘의 뜻을 알지 못하는 아이도 있습니다. 다행히 그 아이가 어릴 때부터 모르는 어휘를 보면 문맥으로 이해하거나 사전을 찾아 알아보는 연습을 해 온 학생이라면, 언제든 부족한 어휘력을 스스로 보강할 수 있습니다. 하지만 대부분의 아이는 모르는 어휘가 나와도 공부하기는커녕 따로 공부해야 한다는 사실조차도 잘 알지 못하기 때문에 격차는 더욱 커지죠.

그나마 어휘력의 중요성이 강조되는 국어는 수업 시간에 관련 학습이 많이 이루어집니다만 그에 비해 사회, 과학의 어휘력 학습은 형식적으로만 이루어지는 경우가 많습니다. 사회 교과서에는 국어 교과서처럼 자세한 설명이 없는 상태로 어려운 어휘가 상당히 많이 등장하기도 합니다. 예를 들어 3학년 사회 교과서에는 '고장, 위치, 지형, 목축' 등의 어휘가 한 페이지 안에 등장합니다. 큰 문제 없이 그 뜻을 알고, 수업 내용을 이해하는 아이도 있지만 그렇지 못한 아이도 분명 있죠. 게다가 모르는 어휘가 한자어로 된 경우에는 표면적인 뜻 외에도 배경지식을 통해 숨겨진 의미까지 알아야 할 때도 있어서 이때 아이들이 느끼는 어려움은 배가 됩니다. 과학도 사회와 비슷한 상황인데요. 5학년 과학의 〈온도와 열〉 단원에서는 '온도, 가열, 냉각, 접촉, 측정, 전도, 대류, 단열' 등의 용어와 개념을 배웁니다. 과학에 흥미가 있어 관련된 책을 많이 읽었거나 수업 시간에 배우는 수많은 새로운 어휘를 바로바로 이해할 수 있는 학생이라면 큰 문제가 없습니다. 또 모르는 어휘는 수업 후 복습으로 보충할 수도 있죠. 하지만 이미 어려운 어휘로 점철된 수업을 알아듣지도 못한 학생이 복습으로 어휘 하나하나와 과학 지식을 연결하여 이해한다는 것은 생각보다 쉽지 않습니다.

게다가 '과학 실험' 교과서는 국어 교과서보다도 쓰기 부분의 비중이 더 많게 구성되어 있는 부분도 있어서 아이들에게 큰 부담입니다. 쓰는 능력은 어휘력을 바탕으로 '읽고 이해하는 능력'부터 갖추고 난 후에만 제대로 발휘할 수 있기 때문에 어휘력이 부족한 아이들은 이 과학 쓰기 시간이 더욱더 괴롭게 느껴지는 것이지요.

이처럼 한글 어휘력은 국어, 사회, 과학 등 여러 과목의 내용 이해력과 직결됩니다. 그리고 결코 사전 예습 없이 수업 시간만으로는 해결되지 않죠. 학교 외의 '어휘 학습' 시간이 절실히 필요한 이유입니다.

영어 어휘력 학습이 필요한 이유

영어는 어휘력이 전부라고 해도 과언이 아닙니다. 듣기, 말하기, 읽기, 쓰기의 모든 영역뿐만 아니라 문법 학습도 단어를 모르면 제대로 시작할 수 없습니다. 또한 어휘력은 영어 문해력 수준을 결정짓는 핵심 요소이기도 한데요. 학년이 올라가면서 수준 높고 어려운 어휘를 얼마나 잘 습득하느냐가 영어 리딩과 리스닝의 수준을 결정하기 때문입니다. 이처럼 영어 어휘력은 영어 학습에 있어서 무엇보다 근본이 되는 핵심 역량입니다.

영어에서 어휘는 가장 중요한 영역이지만 동시에 가장 힘든 영역이기도 합니다. 다음 그래프는 고등학생을 대상으로 한 설문조사의 결과인데요.

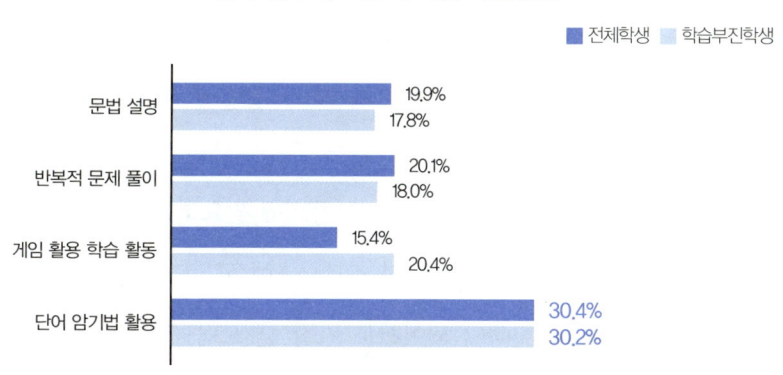

〈KICE 연구, 정책브리프 vol. 07, 한국교육과정평가원, 2017〉

한국교육과정평가원의 조사 결과에 따르면, 고등학교 전체 학생과 학습 부진 학생 모두 영어 공부에 가장 큰 도움이 되는 학습 방법으로 '단어 암기법 활용'을 꼽았습니다. 이 결과를 통해 고등학생이 되어서도 여전히 영단어 학습에 대한 부족함과 효과를 동시에 가장 크게 느끼고 있다는 것을 짐작할 수 있습니다.

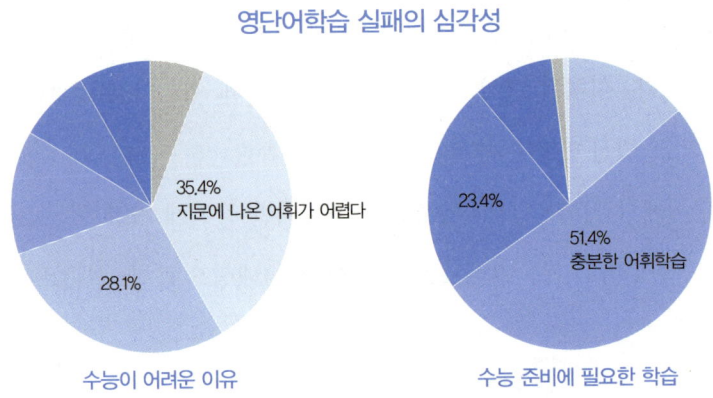

〈양수영, 영어교과서, EBS교재, 대학수학능력시험의 읽기 지문에 대한 코퍼스 기반 소재별 어휘 사용 양상 분석, 2018〉

또한 고등학생을 대상으로 한 수능 영어에 대한 연구 조사에 따르면 수능 영어가 어려운 이유 및 수능 준비에 필요한 학습이 '영단어'라는 대답이 가장 많이 나왔습니다. 이를 통해 고등학생이 되어서도, 수능을 목전에 둔 수험생이 되어서도 가장 큰 도움이 필요한 영역이자, 가장 큰 걸림돌이 영어 어휘라는 것을 재확인할 수 있습니다.

그런데 정말 아이러니한 것은 대한민국의 초중고등학생은 이미 영어 어휘 학습에 많은 시간을 쓰고 있다는 사실입니다. 그런데도 이런 안타까운 결과가 나오는 이유는 잘못된 영어 어휘 학습 때문이죠.

평소 영단어 공부를 하긴 하지만 정말 비효율적으로 하는 학생의 두 가지 유형이 있습니다.

첫째는 바로 '벼락치기형'입니다. 우리는 모두 벼락치기 하는 학생이 많다는 사실을 알고 있습니다. 하지만 그 폐해가 얼마나 심각한지는 잘 몰라서 개선하려는 노력은 많이 부족한 실정이죠. 눈앞에 있는 테스트를 통과하는 것에만 집중된 영단어 학습 방식은 '장기기억 메커니즘'과 동떨어져 있습니다. 그래서 고생은 고생대로 하지만 남는 것이 없어 오히려 중장기적으로 자기효능감을 떨어뜨리고, 영단어 학습을 더욱 싫어하게 만드는 악순환이 반복됩니다. 더욱이 테스트 전날에 몰아서 암기하는 것으로도 모자라 시험 직전에 플래시메모리(Flash Memory, 순간기억력)를 이용하여 테스트 통과를 노리는 학생이 늘고 있는 것은 참 안타까운 현상입니다.

학습에 있어 기본 중의 기본은 바로 복습입니다. 그런데 영단어만큼은 체계적으로 복습하는 학생이 많지 않습니다. 그냥 닥치는 대로 외울 뿐이죠. 이렇게 복습에 관한 생각 없이 영단어 학습을 하는, 비효율적으로 영단어 공부를 하는 두번째 유형인 '하루살이형' 학생의 학습 효율 또한 낮을 수밖에 없습니다. 에빙하우스의 '망각곡선'이 보여주듯이 주기적인 복습 시스템은 적게 반복하더라도 장기기억에는 더 효과적입니다.

영단어는 그냥 외우는 것이 아닙니다. 올바르고 효율적인 학습법이 따로 있습니다. 특히 암기력이 부족한 학생은 더욱 효율적인 학습 방법에 관심을 두고 실천해야 합니다. 영어 단어는 어떻게 공부해야 잘 외우고 또 장기기억에 저장될 수 있을까요? 그 실천 방법은 뒤에서 자세히 설명드리도록 하겠습니다.

수학 어휘력 학습이 필요한 이유

수학 또한 국어 어휘력과 수학적 어휘력의 이중고를 겪을 수밖에 없는 과목입니다. 유치원과 초등 저학년부터 이루어지는 아이들의 수학 공부는 대개 연산 문제 풀이부터 시작됩니다. 그런데 연산 문제는 곧잘 풀던 아이가 이상하게 문장제 문제를 만나면 '못 풀겠다, 하기 싫다, 안 하겠다.' 등의 태도를 보이는 경우가 있죠? 엄마가 보기에는 식만 쓰여 있던 문제에 문장이 추가되었을 뿐 평소 풀던 연산 문제와 똑같은 문제인데 말입니다. 그래서 처음에는 엄마가 직접 문제를 읽고 설명해 주며 천천히 문장제 문제를 풀게 해봅니다. 그럼 또 신기하게 아이들이 그 문제를 잘 풀거든요. 그럼 엄마는 이렇게 생각합니다. '에이! 다 할 줄 아는 건데 그냥 하기가 싫었나 보네!'라고요. 그 이후로 아이가 정말로 엄마 생각처럼, 단지 그때 하기 싫었던 것일 뿐, 더 이상 문장제 문제를 거부하지 않는다면 다행입니다. 하지만 거부와 회피가 반복된다면 이제는 정말 심각한 마음으로 그 원인을 잘 찾아보아야 합니다.

아이들이 이런 문제를 거부하는 이유는 크게 2가지입니다. 경험적으로 문장으로 이루어진 문제들이 어려웠음을 기억하고 있거나 문장 자체를 읽는 것이 어려운 경우입니다. 첫 번째 경우는 문장으로 이루어진 '어렵지 않은 문제'를 조금씩 접해 보며 실체가 없는 두려움을 없애 주는 것이 해법입니다. 그리고 두 번째 경우라면 조금 더 면밀한 관찰이 필요합니다.

수학 문장제 문제에는 두 종류의 어휘가 섞여 있습니다. 바로 '일상적 어휘'와 '수학적 어휘'인데요. 일상적 어휘는 우리가 일반적으로 사용하는 어휘들, 책을 읽고 대화하면서 배울 수 있는 어휘입니다. 이러한 어휘력이 부족한 아이는 직간접적인 경험을 다양하게 하면서 구사할 수 있는 어휘의 폭을 넓히면 자연스럽게 문제가 해결됩니다. 다시 말해 책을 많이 읽거나 다른 교과목에 등장하는 어휘 공부를 열심히 한다면 자기 학년 아이의 일반적인 어휘력 수준에서 수학 문제를 푸는 데 부족함이 없습니다. 하지만 문장제 문제 안에 있는 수학적 어휘(수학 용어, 공식, 기호 등)에 대한 지식이 부족하다면 이 부분은 일반적인 독서와 대화로는 해결되지 않습니다. 그런 어휘는 하나하나의 뜻을 찾아 익히고, 필요하다면 정리하고 암기하는, 학습 과정이 수반되어야만 합니다. 그리고 이 수학적 어휘는 초중고의 각 학년을 지나오면서 꼭 배워야 할 필수 어휘가 구분되어 있기 때문에 그때를 놓치면 그 이후로도 계속 어려움을 겪을 수밖에 없습니다.

이처럼 위계성이 강한 과목이 바로 수학입니다. 수학적 '어휘'도 배울 때 익혀야 그 이후로도 어려움이 없습니다. 이 학년별 필수 어휘는 뒤 이은 〈수학 어휘 학습법〉에서 알려드리고, 그때 효과적인 학습 방법도 소개하겠습니다.

이렇게 읽기 문제인 문장제 문제를 통과하고 나면 아이들에게는 수학 '서술형 문제'라는 또 다른 언덕이 등장합니다. 물론 문장으로 된 문제를 읽고 서술형으로 답하는, '문장제+서술형' 문제도 많습니다. 다만 기본적으로 저는 이 두 문제 유형을 서로 다른 것으로 구분합니다. '문장제 문제'는 독해(읽기) 문제이고, '서술형 문제'는 쓰기 문제이기 때문입니다.

앞에서도 언급했듯이 쓰기 능력은 이해력 없이는 갖출 수 없습니다. 다른 과목과 마찬가지로 수학 서술형 문제의 평가 지침에도 '수학 용어와 개념에 대한 이해가 바탕이 되고 문제 해결 과정을 서술할 수 있는 쓰기 능력'을 평가한다고 되어 있거든요. 즉, 아이들의 답안지에서 ① 식의 전개 과정에 적절한 수학 기호를 사용하고 ② 서술 과정에 올바른 수학적 용어를 사용한 표현이 잘 쓰여 있는지를 평가합니다.

그러니 그동안 수학은 '그저 문제만 잘 풀면 되지 않나?'라는 생각을 하셨더라도 이제는 '수학 문제를 해석하고 표현할 수 있는 문해력이 있어야 문장제 문제를 읽고 서술형 문제를 쓰는 모든 과정이 수월해진다'는 생각으로 바꿔 주시기 바랍니다. 그리고 그 문해력의 핵심은 수학적 어휘력이라는 것도 꼭 기억해 주세요.

책 읽기로 어휘력을 높이는 방법

앞서 어휘력은 그저 읽은 책의 권수에 비례하거나 대화를 많이 한다고 높아지는 것은 아니라는 말씀을 드렸습니다. 물론 책도 안 읽고 대화도 안 하는 것보다는 훨씬 낫겠지만 그 과정에서 처음으로 만난 '어휘'의 뜻과 쓰임에 대해 찾아보지 않고 또 활용해 보지 않는다면 다음에 또 그 어휘를 보았을 때 제대로 알지 못하는 경우가 많습니다.

어휘력은 다양한 방법으로 강화할 수 있습니다만 한글 어휘를 직접 손으로 '쓰면서' 익히는 것이 가장 대표적인 방법입니다. 이 방법이 낯설게 느껴진다면 영어 단어를 공부했던 방법을 떠올려보세요. 영어 문장을 해석하다가 모르는 단어가 나오면 그런 단어만 모아서 단어장을 만들고 외웠던 것처럼 '국어 단어장'을 만들 수도 있고요. 또 영단어 교재를 사서 하루에 몇 개씩 외우겠다고 마음먹고 실천했던 것처럼 '국어 어휘력 교재'를 활용할 수도 있습니다. 한글 어휘력을 높이는 방법은 언어라는 측면에서 영단어를 공부하는 것과 큰 틀에서는 같기 때문입니다.

한글 어휘는 처음 한글을 배울 때를 제외하고는 플래시 카드 등을 활용해서 이해 및 암기를 하는 경우가 많지 않습니다. 한국어가 모국어이다 보니 한국어가 일상어인 환경에 지속적으로 노출되어 일상 어휘들은 자연스럽게 습득할 수 있기 때문이죠. 그런데 이 어휘의 범위와 수준은 글을 읽고 이해하는 데는 한계가 있을 수밖에 없습니다. 우리의 하루를 떠올려보면 하루 중 사용하는 어휘의 개수는 100

개 남짓이고, 전문가마다 의견이 다소 다르지만 대략 1000개의 어휘로도 일상생활은 가능하다고 보고 있습니다. 하지만 국립국어원이 2004년에 발표한 〈한국어 학습용 어휘〉의 개수는 6,000여개입니다. 그 차이만큼 기초 학습을 위한 어휘가 더 필요한 것이지요.

이 어휘량의 차이를 줄이기 위해서는 '어휘 학습'을 하거나 다양한 환경에의 '노출로 인한 자연스러운 습득'이 필요합니다. 이때 아이들의 나이와 학년을 막론하고 가장 자연스럽게 어휘력을 향상할 수 있는 방법은 다양한 책을 읽는 것인데요. 책은 아이들이 읽는 문학(동화)과 비문학 서적(정보책 등), 만화, 신문, 인터넷 글 등 일상생활에서 접하는 '읽을거리'를 모두 포함합니다. 그리고 학습에서 가장 중요한 '교과서' 또한 포함해야 하지요.

책 읽기로 어휘력을 높이는 방법 ① 아이 수준에 맞는 책 고르기

책 읽기로 어휘 학습을 하기 위한 첫 번째 단계는 우선 우리 아이 수준에 맞는 책을 아이와 함께 고르는 것입니다. 아이가 책을 즐겁게 읽으려면 읽고 싶은 책을 스스로 선정해야 합니다만, 막연할 수 있으므로 학부모님께서는 아이가 고를 책의 범위를 어느 정도는 정해 주시는 것이 좋습니다. (자세한 책 고르기 방법은 <진짜 문해력을 키워주는 독서법>을 참고하세요.)

어휘 학습을 위한 책의 범위를 지정해줄 때에는 우선 아이가 좋아하고 관심 있는 분야(유사 분야도 포함)의 책을 쉬운 것부터 어려운 것까지 깊이를 달리해 보시기 바랍니다. 학부모님 중에는 다양한 책을 읽어야 한다는데 특정 분야의 책만 고집하는 아이를 어떻게 지도해야 할지 걱정하시는 분이 있습니다. 물론 맞는 말입니다만 한 분야에서 지식의 깊이를 더해 가면 그만큼 사용하는 '어휘의 수준'도 높아집니다. 또 같은 분야의 책을 접하면서 특정 분야의 어휘에 반복적으로 노출되다 보면 다양한 쓰임과 활용을 직접 해보지 않아도 책을 통해 자연스럽게 익히게 되는 장점도 있지요. 그러니 크게 걱정하지 않으셔도 됩니다.

책 읽기로 어휘력을 높이는 방법 ② 다양한 분야의 책 읽기

책 읽기로 어휘 학습을 하기 위한 두 번째 단계는 다양한 분야의 책을 읽도록 하는 것입니다. 이때 한 가지 팁을 드리자면 아이가 별로 관심을 갖지 않는 분야의 책은 아이 수준보다 살짝 쉬운 책을 권하세요. 그리고 일단 책을 읽기 위해서는 약간의 호기심과 읽어보고 싶다는 생각이 들도록 해야 하므로 '읽어 주기' 방식으로 관심을 끌어내는 것이 좋습니다.

다양한 분야의 책을 고르는 데 있어 교과서처럼 명확한 가이드는 없습니다. 사실 아이나 학부모님의 관심사에서 파생된 주제는 한정적일 수밖에 없는데요. 요즘은 워낙 취향과 다양성을 고려하여 책을 자동으로 추천해 주는 구독 서비스가 발달한 시대이기 때문에 〈아동도서 정기구독〉이라고만 검색해도 다양한 서비스를 찾을 수 있습니다. 하지만 앞서 설명했듯이 아이가 '직접 고른 책'도 아니고 정기적으로 배달되는 책이라면 자칫 아이에게 숙제처럼 인지될 수도 있다는 점에서 저는 이 서비스가 무조건 좋다고 생각하지 않습니다. 대신 책을 읽는 의미도 있고, 학습과의 연계성을 극대화하면서 다양한 주제를 접할 수 있는 효율적인 방법으로 '교과서' 내용에서 책의 주제를 찾는 방법을 추천하는데요. 이런 방식이죠.

우리 아이들은 초등 5학년 과학 시간에 〈날씨와 우리 생활〉이라는 단원을 배우게 됩니다. 교과서도 하나의 책이라는 관점에서 학교에서 배우기 전에 한번쯤은 반드시 읽어봐야 하는데요. 그때 보충 교재, 읽을거리로 '날씨'라는 주제의 다양한 책을 골라볼 수 있습니다. 학부모님이 자주 이용하시는 서점 사이트 또는 도서관 사이트에서 초등 도서로 '날씨'를 검색했을 때 검색되는 책은 정말 많습니다. 그렇게 검색된 결과에서 '인기순, 판매량' 등을 고려해 보고 포털사이트에서 서평 등을 한번 살펴본다면 두세 권은 학부모님이 쉽게 선정할 수 있을 거예요. 그러고서 아이와 교과서 읽기를 하는 거죠. "와, 신기하다. 왜 그럴까? 더 알아보고 싶지 않아?" 물론 이 과정에서 학부모님의 연기력이 약간 필요합니다. '엄마가 나 책 읽히려고 지금 연기하고 있구나.' 눈치 빠른 아이들은 금방 알아채거든요. '저런 말을 한 후 반드시 읽을 책을 고르자고 한다'는 생각이 아이에게 인식되게 해서도 안 됩니다. 때로는 질문만 하고, 책 고르자는 말은 안 하는 거예요. 아이의 지레 짐작이 틀렸다는 것을 보여주세요.

이런 상황이 반복되다 보면 항상이라고 기대할 순 없어도 엄마의 저런 말에 아이도 가끔은 반응합니다. "응, 더 알고 싶다.", "방법이 없을까?"라는 말이 아이와 엄마 사이에서 오간다면 그때야 비로소 같이 인터넷에서 책을 검색해 보는 거죠. 미리 알아 두었던 책을 언급하며 아이와 대화를 하고, 결과적으로는 함께 서점이나 도서관에 가서 아이와 그 책들을 쭉 펼쳐 놓고 최종적으로 아이가 직접 '읽을 책'을 골라보는 것입니다.

'와, 좋긴 한데 일일이 이런 과정을 거쳐야 하다니, 우리 아이가 과연 잘 따라줄까?'라며 걱정하고 계시죠? 네, 당연히 바로바로 반응이 오지 않을 것입니다. 하지만 한번 시작해 보면 생각보다 이런 접근의 책 읽기가 학교 수업도 즐겁고 또 유익하다는 것을 아이 스스로 깨닫게 됩니다. 그러니 딱 한 번만 성공하는 것을 목표로 시도해 보시기 바랍니다.

책 읽기로 어휘력을 높이는 방법 ③ 과목별 교과서 읽기

이번에는 교과서 읽기 차례입니다. 앞에서도 언급했듯이 교과서도 책입니다. 우리 아이들이 이 '책'을 가지고 참여하는 수업은 어떻게 진행될까요? 국어를 비롯한 모든 과목에는 그 수업 시간에 꼭 배워야 할 '핵심 주제'가 있습니다. 그리고 교과서에는 그 주제를 설명하는 용어들이 나오죠. 그 용어 중에는 분명 처음 배우는 것도 포함되어 있습니다. 그래서 선생님들은 수업 전 학생들이 오늘 배울 주제를 이해할 수 있도록 새로운 어휘의 뜻을 먼저 설명하고 수업을 진행하곤 합니다. 하지만 아이마다 편차가 있기 때문에 사실상 모든 아이에게 수업에서 다뤄지는 어휘 전부를 이해시키기는 어렵습니다. 그래서 수업은 아이마다 '아는 만큼 들리고 보이는' 수업이 됩니다. 즉 오늘 수업에서 배울 내용을 '미리 아는 것, 특히 언급되는 어휘를 이해하는 정도'가 아이들의 수업 몰입도와 수업 이후의 학습에까지 영향을 주게 되지요.

이런 이유로 '무엇을 배울지 미리 공부하는' 예습이 모든 학습의 기본으로 강조되는 것입니다. 필수 어휘를 모르는데 수업 내용을 이해하거나 교과서 글을 읽을 수는 없기 때문입니다. 하지만 현실적으로 오늘 배우게 될 모든 과목의, 모든 내용을 항상 예습할 수는 없습니다. 평소 부족하다고 생각하는 과목일수록 어떤 것을 새로 배우게 되는지, 최소한 모르는 어휘 정도는 체크하고 예습할 수 있도록 지도해 주세요. 교과서 읽기의 핵심은 사실 어휘 학습이기 때문입니다.

책 속 어휘의 단계별 학습법

교과서 포함 다양한 책을 읽는 우리 아이, 책 읽기의 효과를 극대화하려면 어휘 학습도 시작해야 합니다. 어떻게 하느냐고요? 어렵지 않습니다. 지금부터 설명하는 내용을 단계별로 하나씩 적용해 보세요.

1. 책을 읽기 전, 아이와 함께 '제목'만 보고 어떤 내용일지 짐작해 보는 시간을 가져보세요. 그리고 이때 엄마와 아이가 떠오르는 어휘를 하나씩 말해 봅니다. 그 어휘는 포스트잇에 써서 책 앞표지에 붙여 놓고 정말 책에서 그 어휘들이 등장하는지, 하나씩 찾아보기 미션을 통해 책 읽기 활동에 흥미를 불어넣어 주면 좋습니다.

2. 책을 읽으면서 새로 알게 되는 단어는 동그라미, 밑줄 등으로 표시해 둡니다. 그리고 한 챕터(이야기의 작은 단위)가 끝날 때마다 표시해 둔 단어들이 어떤 뜻인지 다음과 같은 방법으로 생각해 보는 거예요.

   1) 어휘의 뜻 생각해 보기: 쓰여 있는 어휘의 형태만 보고 짐작해 봅니다. 잘 모르겠다고요? 그럼 2)번으로 넘어가죠!
   2) 글 옆의 그림이나 사진으로 추측해 보기: 글 옆에 그림이나 사진이 있다면 그것을 보고 어떤 뜻일지 쉽게 짐작해 볼 수 있습니다. 어떤 뜻일지 생각해 보았나요?
   3) 뜻이 비슷하다고 생각하는 단어를 그 자리에 대신 넣어보고 문장의 의미가 통하는지 살펴보기: 이 단계는 이미 알고 있는 어휘의 양이 상대적으로 많을 때 유용합니다. 이런저런 어휘를 넣어보면서 말을 바꾸면 생각보다 재미있을 거예요.
   4) 글의 앞뒤 내용, 문맥으로 어휘의 뜻 짐작하기: 이 방법은 고등학생 때까지도 여러 과목에서 유용하게 사용하는 방법입니다. 영어에는 어휘 문제, 수학에서는 서술형 답안 빈칸 채우기 등으로 자주 출제되는 문제 유형이기도 하죠.

이야기의 흐름을 이해하고 논리력을 높이는 방법으로도 추천합니다.
5) 국어사전에서 정확한 의미 찾기: 위 방법을 모두 써보아도 도저히 이 어휘의 뜻을 정확히 알기 어렵다면 국어사전을 찾아봅니다. 국어사전은 책으로 된 형태와 온라인을 활용하는 방법이 있는데요. 각각 장단점이 있으니 아이의 성향과 상황에 맞게 활용하시면 됩니다. 자세한 내용은 뒤에서 다시 설명하겠습니다.

3. 위 5가지 방법으로 처음 알게 된 어휘를 잊지 않아야겠죠? 한글 어휘이니 한번 찾아보면 잘 알게 될 것이라고 기대하지 마세요. 영어 단어를 공부할 때처럼 처음 배운 어휘는 다음과 같은 방법으로 잊지 않으려고 '노력'해야 합니다.

1) 큰 소리로 반복하여 읽기: 생소한 어휘는 쓰인 글자를 보는 것만으로 절대로 잘 익혀지지 않습니다. 큰 소리로 여러 번 반복하여 읽다 보면 어휘 자체의 리듬도 느껴지고 시각언어+음성언어로서 오래도록 기억할 수 있을 거예요.
2) 새로 익힌 어휘와 관련된 자료 찾아보기: 처음 알게 된 어휘가 어떻게 활용되는지 실제 인터넷 검색 등을 통해 알아봅니다. 쓰이는 상황을 기억해 두면 더 좋겠죠?
3) 자신의 경험과 연결 지어 보기: '새로 알게 된 어휘를 내 상황에 적용해 볼 수 있을까, 어떻게 활용해 볼 수 있을까'를 생각해 봅니다. 2)에서 기억해 두는 상황보다 좀 더 생생할 수 있을 거예요.
4) 뜻이 비슷하거나 반대되는 어휘 알아보기: 새로운 어휘가 어렵다면 뜻이 비슷한 어휘(유의어)나 반대 의미가 있는 어휘(반의어)를 찾아봅니다. 이때 찾아본 어휘를 내가 이미 알고 있었다면 두 어휘를 같은 뜻 또는 반대의 의미로 연결 지어 잘 기억해 둡니다. 유의어와 반의어를 많이 알게 될수록 표현은 더욱더 풍부해집니다.
5) 새로 익힌 어휘가 포함된 한 문장 써 보기 및 짧은 글 지어 보기: 어휘를 활용한 한 문장 쓰기부터 그 어휘를 주제로 하는 일기 쓰기까지 손으로 직접 써보는 과정을 거치면 좀 더 잘 기억할 수 있습니다.

4. 책을 모두 다 읽은 후 이 책의 주제 어휘를 찾아봅니다. 그 주제어를 가지고 간단한 문장도 만들어 보세요. 가장 기초적인 독후 활동으로 추천합니다.

어휘력을 높이는 사전 활용법

국어사전은 국어 교과뿐만 아니라 모든 교과목의 이해를 돕는 필수 도구입니다. 이 국어사전은 크게 종이 사전과 온라인 사전으로 나눌 수 있는데요. 두 사전의 장단점이 워낙 뚜렷하기 때문에 평소 그 부분을 염두에 두고 필요할 때 선택적으로 활용하시기를 추천합니다.

먼저 온라인 사전은 네이버 등의 포털사이트 내 '사전 탭'을 이용하는 방법과 사전 기능을 갖추고 있는 '앱'을 이용하는 방법이 있습니다. 두 방법은 기본적으로 어휘의 뜻을 찾는 방법이 '검색창에 어휘를 직접 입력하여 검색'하는 것으로 같고요. 이 방법은 낱말의 짜임에 대해서 배우지 않은 상태에서도 '검색' 기능을 이용하여 아주 빠르게 뜻을 찾을 수 있다는 장점이 있습니다. 하지만 아이들이 어휘 공부를 할 때마다 PC나 휴대전화 등을 사용한다는 것은 공부 외의 인터넷 사용에 쉽게 노출된다는 단점이 있습니다. 휴대전화 사용 조절 능력이 부족한 아이에게는 독이 될 수 있죠. 하지만 휴대성과 신속성, 그 밖에 각 웹사이트나 앱에서 제공하는 유용한 기능, 대표적으로, 지식 검색 기능의 연계가 가능하기 때문에 다양한 관련 자료를 동시에 찾을 수 있는 등 장점도 많은 도구입니다. 그러니 활용 방법을 이해하고 적절하게 사용하세요.

그럼 지금부터는 가장 많은 사람이 사용하고 무료이며, 장점이 많은 온라인 사전부터 소개해 보겠습니다.

1. 네이버(Naver) 사전 (웹, 앱):

네이버 사전은 네이버 사이트(PC, 모바일) 검색 기능을 활용하거나 네이버 서비스 안의 '사전 사이트', 또는 '앱'을 통해 이용할 수 있습니다. 사전은 크게 '어학 사전'과 '지식백과'로 구분되어 있는데요.

수록된 전체 표제어 수는 어학 사전이 2,587만8,956개, 지식백과는 484만 1931건입니다(2022. 1. 18 기준). 어학 사전에 48개 언어의 사전이 포함된 점도 장점이고요. 지식백과의 주제도 '건강백과, 수학/과학백과'를 포함하여 12종류, '두산백과', '한국민족문화대백과' 등 종합백과도 8종이나 수록되어 있어 웬만한 검색어의 뜻은 간단한 설명에서부터 관용구, 활용하는 문장, 쓰임까지도 자세하게 찾아볼 수 있습니다. 게다가 네이버 사전에 수록된 여러 언어는 네이버의 번역 서비스인 '파파고'와도 연계되어 문장 번역에서부터 웹사이트 번역까지도 가능합니다.

이 기능들은 휴대전화 앱으로도 구현되는데요. 네이버 사전 앱에서의 국어사전은 특히 '단어 퀴즈, 우리말 바로 쓰기, 주제별 찾기, 오픈 사전' 등을 한 페이지에서 볼 수 있어 한글 어휘 공부에 효과적입니다.

 이런 네이버 사전이 국어사전으로서 갖는 장점은 언제 어디서나 모르는 어휘를 찾아볼 수 있는 '국민 포털 사이트'라는 점(손쉬운 접근)과 이렇게 찾아본 어휘를 나만의 '국어 단어장'에 저장하고, 듣기, 단어 숨김, 뜻 숨김 및 퀴즈, 출력 기능 등을 사용하여 '학습'할 수 있다는 점입니다. 특히 '출력' 기능을 사용할 때에는 단어 뜻과 예문의 포함/비포함 등을 선택하여 출력할 수도 있고 뜻풀이와 단어를 맞추는 즉석 '어휘 시험지'도 만들 수 있습니다.

현재로서는 가장 추천하는 온라인 사전입니다. 자세한 이용 방법은 사진을 참고하세요.

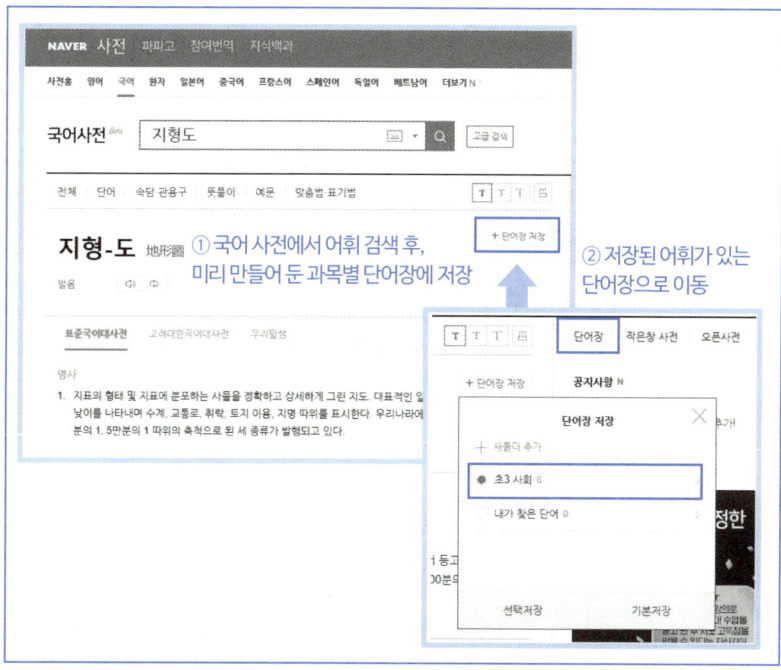

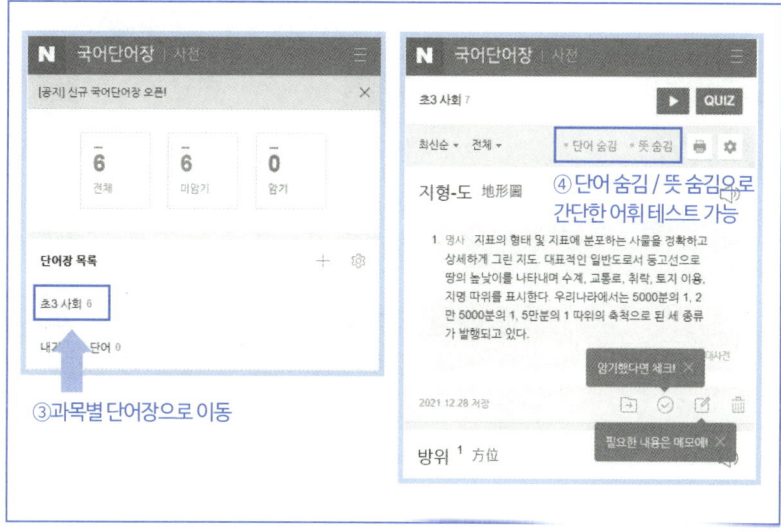

2장. 국영수 문해력을 키워주는 6가지 실천 비법 **147**

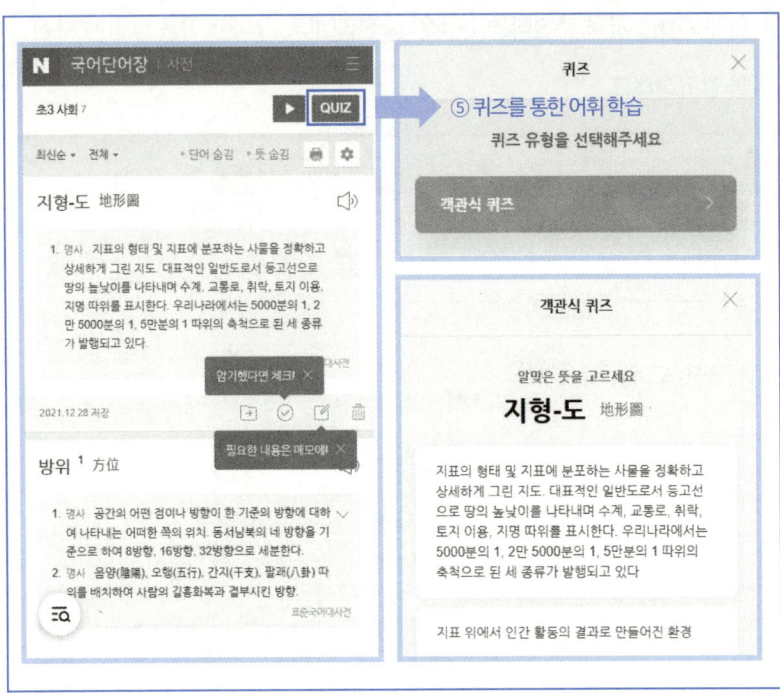

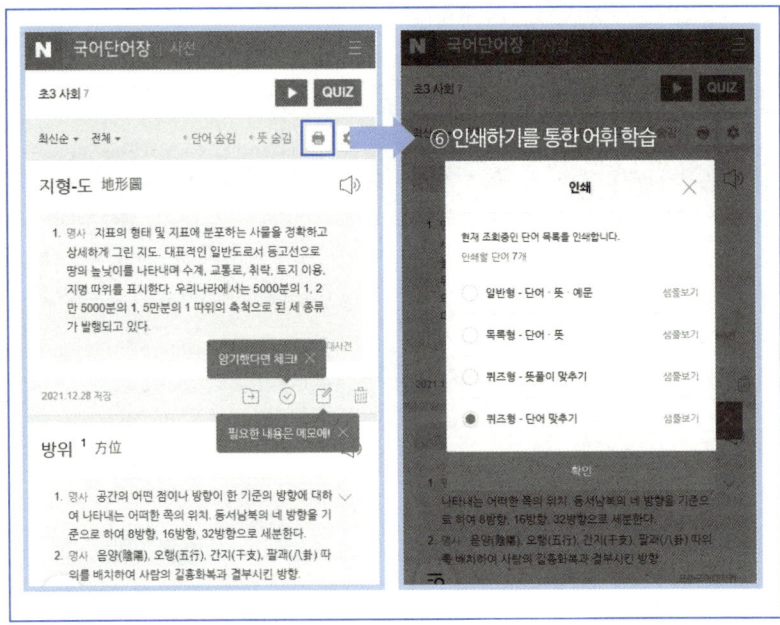

⑦ 어휘 테스트지 생성

국어 단어장

1. [명사] 지표의 형태 및 지표에 분포하는 사물을 정확하고 상세하게 그린 지도. 대표적인 일반도로서 등고선으로 땅의 높낮이를 나타내며 수계, 교통로, 취락, 토지 이용, 지명 따위를 표시한다. 우리나라에서는 5000분의 1, 2만 5000분의 1, 5만분의 1 따위의 축척으로 된 세 종류가 발행되고 있다.

1. [명사] 공간의 어떤 점이나 방향이 한 기준의 방향에 대하여 나타내는 어떠한 쪽의 위치. 동서남북의 네 방향을 기준으로 하여 8방향, 16방향, 32방향으로 세분한다. 2. [명사] 음양(陰陽), 오행(五行), 간지(干支), 팔괘(八卦) 따위를 배치하여 사람의 길흉화복과 결부시킨 방향.

1. [명사] 땅의 생긴 모양이나 형세. 2. [명사] 전투에서, 눈으로 인식할 수 있는 범위와 사격할 수 있는 범위의 장애 요소로 이용하는 은폐물이나 엄폐물.

1. 지표 위에서 인간 활동의 결과로 만들어진 환경.

1. [명사] 인간 생활을 둘러싸고 있는 자연계의 모든 요소가 이루는 환경.

1. [명사] 일정한 곳에 자리를 차지함. 또는 그 자리.

1. [명사] 사람이 많이 사는 지방이나 지역.

NAVER 단어장

2. 다음(Daum) 사전 (웹, 앱):

다음 사전은 다음 사이트(PC, 모바일) 검색 기능을 활용하거나 다음 서비스 내 '어학 사전 사이트'나 '앱'을 통해 이용할 수 있습니다. 네이버 사전과 유사한 서비스로 어학 사전, 백과사전, 단어장, 맞춤법 검사기, 번역 기능을 제공하고 있는데요.

어학 사전에서 다루고 있는 언어는 23개국어이고, 백과사전에서 다루는 범위는 34개 카테고리이며, 추천백과사전에는 18개의 사전이 수록되어 있습니다.

다음 사전의 검색 결과물은 네이버 사전과 비교했을 때, 학습보다는 상식에 가까운 정보입니다. 인상적인 것은 네이버 파파고의 경쟁 서비스인 'Kakao i 번역'에서 채팅과 유사한 형태이 번역톡을 운영하는 것인데요. 이 서비스는 어휘 학습이 아니라 영어나 일본어, 중국어 등의 채팅 커뮤니케이션이 필요한 사람에게 유용한 기능이라고 생각됩니다. 어학 사전에서 검색한 단어는 단어장을 생성하여 저장할 수 있고, 다운로드를 통해 단어 모음을 엑셀 파일로 다운받을 수 있습니다.

다음 사전 앱에는 주요 언어의 '추천 단어장'이 제공되는데요 '국어 추천 단어장'에서는 사전의 색인 순서로 '고사성어, 관용구, 속담' 등의 단어가 수록되어 있어 어휘의 뜻을 찾는 사전보다는 '단어장'으로서의 기능이 특화된 장점이 있습니다.

3. 모든 국어사전 (앱):

모든 국어사전 앱 메인 페이지상의 아주 심플한 검색창에 특정 어휘를 검색하면 '네이버 국어사전, 다음 국어사전, 구글 이미지, 네이버 이미지, 국립국어원 우리말샘, 네이버 한자 사전, 네이버 지식백과, 다음 통합검색, 네이버 통합검색, 위키디피, 나무위키, 윅셔너리, 국립국어원 표준국어대사전, 다음 한자, 다음 이미지, 디시위키' 등에서 해당 어휘의 뜻을 찾은 결과물을 한꺼번에 비교할 수 있도록 보여줍니다.

이 앱은 다양한 사전과 검색 결과, 이미지 등에서 원하는 정보를 찾을 수 있다는 장점은 있으나 학습적인 측면에서의 특징은 없습니다. 단지 다양한 사전을 비교해 보고, 좀 더 잘 이해되는 설명을 찾아볼 때 활용하면 좋습니다.

4. 표준국어대사전(2024) (앱):

휴대폰 앱 기반의 사전이지만 '만능 국어' 탭은 오프라인 사전으로도 사용할 수 있습니다. 휴대폰은 가지고 있지만 데이터 송수신이 불가능한 곳에 있거나, 또는 데이터 잠금 상태에서도 이 기능을 사용할 수 있어 유용합니다.

검색 결과 창에서 웹 사전 검색을 누르면 '네이버, 다음 사전과 한자, 나무위키 검색'도 가능한데요. 최근에 한자 사전 기능과 한자 검색 기능이 추가되어 한자 단어장, 교재로도 활용할 수 있습니다.

앞서 소개한 사전보다는 간소한 결과를 보여주지만 기본적인 뜻만 알고 따로 노트 등에 정리할 목적이라면 이 앱만으로도 충분합니다. 그리고 무엇보다 온라인 사전 검색 후 자연스럽게 컴퓨터나 휴대폰을 사용하는 아이들의 습관을 고쳐주고 싶다면 데이터 없이도 이용할 수 있는 만능 국어사전의 '오프라인 기능'을 활용을 추천합니다. 이 기능은 쉽게 말해, 예전의 '전자사전'의 기능과 비슷하다고 생각하시면 됩니다.

종이 사전은 유치원생 및 초등 저학년 때부터 활용 가능한 다양한 분야별, 과목별로 구성된 '쉬운 백과사전 형식'의 사전부터 아주 얇은 갱지에 깨알 같은 글씨로 가득 찬 (브리태니커 백과사전이 떠오르는) 전문 사전까지 용도별, 대상 나이별로 많은 종류가 있습니다. 그중 아이들 어휘력 향상을 위한 '국어사전'은 가능한 한 아이들 눈높이에 맞춘 쉬운 설명과 특히 학년이 어릴수록 관련 그림도 곁들여진 형태가 좋은데요. 국어사전으로 가장 많은 판매량을 보이는 2종류의 국어사전인 《보리 국어사전》과 《속뜻 풀이 초등국어 사전》에는 이런 점이 충분히 반영되어 있습니다.

《보리 국어사전》은 개정 교육과정에 따른 초등 과정 교과서의 모든 낱말을 반영하여 올림말 (풀이)이 보다 자세히 기록되어 있고 어휘 설명을 위한 세밀화 3,500여 개와 사진 4,000여 개 등 시각화 자료가 충실히 수록된 사전입니다. 초등 고학년이 보기에도 허술하지 않고 초등 저학년이 보기에도 갑갑하지 않은, 아이들 눈높이에 맞춘, 말 그대로 균형 잡힌 사전이죠. 아이들에게 재미없는 흑백 사전이 아니라 그림책 같은 사전으로 비교적(?) 재미있게 받아들여진다는 것이 장점입니다.

《보리 국어사전》과 조금은 다른 콘셉트의 《속뜻 풀이 초등 국어사전》은 어휘 하나의 설명에 그치지 않고 영어와 한자까지 병기되어 있어 제목처럼 '속뜻'을 이해하는 데 도움이 됩니다. 특히 이 사전은 여러 가지 용도로도 활용할 수 있는데요. 초등 전 과목의 기초 어휘 약 2만 8천여 개가 수록되어 있고 국어사전 역할뿐만 아니라 한영, 한자, 한한, 특수 사전의 기능도 합니다. 하지만 그만큼 활용법이 복합하기 때문에 사용 전 반드시 아이와 활용법을 꼼꼼히 읽어보아야 합니다.

앞서 소개한 종이 사전 중 특정 하나로 어휘 학습을 해야겠다고 결정하셨나요? (이미 가지고 있는 국어사전을 활용해도 좋습니다) 그렇다면, 이 부분을 먼저 확인해 주세요. 종이 사전은 앞에 소개한 온라인 사전이 '검색'만으로 뜻을 찾을 수 있는 것에 비해 '사전 찾는 방법'부터 익혀야 쉽고 빠르게 원하는 어휘의 뜻을 찾을 수 있습니다. 그래서 아이가 기초 한글을 어느 정도 익혔다면 학교에서 배우기 전에 '사전 찾는 방법'을 학부모님이 미리 지도해 주세요. 초등학교에서는 3학년 국어 시간에 처음으로 사전 찾는 방법을 배우게 되는데요. 학교에서 배우기 전에도 종이 사전을 사용할 줄 알아야 합니다.

사전은 낱말의 짜임과 자음, 모음 배열을 고려하여 체계적으로 정리된 것이기 때문에 누구나 처음에는 간단한 어휘를 찾는데도 상당히 많은 시간이 걸립니다. 어렵기도 해서 저학년 아이들은 익히는 데 수많은 시행착오를 겪어야만 하죠. 그래서 편리한 온라인 사전을 두고 굳이 종이 사전 사용법을 알아야 하냐는 질문이 많은데요. 종이 사전은 그냥 '검색'해서 찾는 온라인 사전과 비교해 아이들이 배운 대로 직접 낱말의 구성을 고민해서 단어를 찾고, 그 과정에서 낱말을 직접 분해하고 써보는 연습이 가능하기 때문에 한글 공부에 도움이 됩니다. 게다가 이렇게 찾은 어휘는 그 뜻도 오래 기억할 수 있다는 장점이 있지요.

물론 종이 사전은 온라인 사전보다 휴대성이 매우 떨어집니다. 공부 환경, 학습 환경이 아닌 곳에서는 소지하지 않는 한 필요할 때마다 찾아볼 수는 없겠지요. 하지만 그런 상황에서는 온라인 사전을 이용하고, 집에 와서는 다시 종이 사전으로 찾는 습관을 만드는 등 상황에 따라 융통성 있게 대처해 나간다면 종이 사전의 단점은 극복할 수 있습니다.

온라인 사전, 종이 사전을 상황에 따라 적절하게 사용할 수 있게 되었다면 이제는 그렇게 찾은 어휘를 우리 아이의 것으로 만드는 과정이 필요합니다. 앞서 설명한 대로 새로 알게 된 어휘를 큰 소리로 반복해 읽고, 자신의 경험과 연결하는 등의 방법도 있지만 직접 손으로 써보고 활용해보는 것 이상으로 좋은 방법은 없는데요.

그러기 위해서는 우선 새로 찾아서 알게 된 어휘를 모아 놓는 공간이 필요합니다. 온라인 사전을 활용할 때에는 각 웹 또는 앱의 '저장/출력 기능'을 활용하고 종이 사전을 활용할 때에는 우리 아이만의 '단어장'을 직접 만들어보세요. 단어장의 형태에는 제한이 없습니다. 손에 잡히고 휴대하기 쉬운 형태로, 문구점에서 쉽게 살 수 있는 '영단어장'부터 다양한 크기의 노트, 파일까지 아이가 쉽게 열어볼 수 있는 것이면 무엇이든 좋습니다. 단, 추가로 페이지를 넣을 수 있는 구성이면 더 좋아요. 구성 양식도 자유롭게 할 수 있지만 가능하면 사전식으로 공간을 두어 가나다순으로 구성할 수 있어야 나중에도 찾아보기가 쉽습니다.

새로 알게 된 어휘를 정리할 때에는 다음과 같은 항목들이 반드시 포함되어야 합니다.

① **어휘의 뜻**: 사전에서 찾은 뜻과 아이가 이해한 뜻을 그대로 베끼지 말고 모두 아이의 언어로 적어봅니다.

② **어휘의 유의어와 반의어 정리**: 유의어와 반의어를 알고 있다면 추가로 적어봅니다. 단, 아직 알고 있는 어휘가 없다면 나중에 꼭 추가로 기재할 수 있는 공간을 빈칸으로 남겨두세요.

③ **어휘를 이용한 한 문장 쓰기**: 어휘가 포함된 우리 아이만의 한 문장 쓰기를 해봅니다.

학년이 올라갈수록 아이들이 읽는 글에는 이미 알고 있는 어휘와 비슷한 뜻이지만 수준 높은 어휘가 등장하게 됩니다. 예를 들어 '느끼다'라는 어휘의 유의어인 '감지하다'와 '이동하다'라는 어휘의 유의어인 '전이하다' 같은 것이죠. 글에서 우연히 '감지하다', '전이하다'라는 어휘를 본 아이는 이 어휘들이 '느끼다', '이동하다'처럼 일상적으로 사용하는 어휘와 비슷한 의미라는 것을 쉽게 연결 짓지 못합니다. 그래서 이미 알고 있는 어휘와 비슷하거나 반대인 어휘를 책에서 새롭게 만날 때마다 나만의 '단어장'에 추가로 기록하고 보완하는 과정이 필요합니다. 게다가 이 과정이 필요한 이유는 낯선 어휘를 쉽게 기억하고 활용할 수 있는 가장 쉬운 방법이 '기존에 알던 비슷한 어휘를 자연스럽게 대체하면서 사용하는 것'이기 때문입니다. 앞 페이지에서 단어장을 만들 때 반드시 포함되어야 할 항목에 '② 어휘의 유의어와 반의어 정리'가 포함됐던 이유이죠.

그리고 어려운 어휘들을 알면 알수록 한자어를 학습할 필요도 느끼게 되는데요. 만약 우리 아이가 새롭게 찾은 어휘가 한자어라면 한자의 뜻풀이와 독음까지 더해 주면 어휘의 뜻을 이해하고 더 잘 기억하는 데 도움이 됩니다. 한자와 관련된 어휘 학습은 바로 이어서 자세히 소개하겠습니다.

어휘력 교재 활용하는 법

앞서 소개한 〈책 속 어휘의 단계별 학습법〉은 독서의 깊이와 종류에 따라 다양한 어휘 학습이 가능하다는 장점이 있습니다. 하지만 동시에 아이마다 읽는 책의 장르와 수준이 다르기 때문에 그 안에서 학습한 어휘의 수준에도 차이가 생겨나죠. 그 결과 보통보다 훨씬 높은 수준의 어휘력을 지닌 아이도 있고, 반대로 편중된 독서로 상식적인 어휘가 부족한 아이도 있습니다. 그러니 책 속 어휘만으로는 학습에 필요한 어휘력을 갖출 수 없겠다고 판단되는 아이이거나 아무리 훈련해도 '책 속 어휘 학습'이 잘 이뤄지지 않는 아이들은 보완책으로 어휘력 교재를 활용하는 것이 좋습니다.

시중에서 볼 수 있는 어휘력 교재 대부분은 한자어 학습도 가능하도록 구성되어 있습니다. 우리 아이들이 교과서에서 보는 어휘 상당수가 한자어이기 때문이지요. 우리 학부모 세대가 자랄 때는 서예학원도 성행했었고 천자문 학습도 보편적인 데다가 (세대에 따라 약간 차이가 있지만) 중고등학교 때 대부분 한문 수업을 필수로 받았습니다. 하지만 요즘 아이들은 중고등 내신에서 한문 수업의 비중이 점점 줄어들고 있고 평가마저도 한자 쓰기 위주가 아닌 객관식 위주, 수행평가 위주로 진행되기 때문에 가정에서 따로 챙기지 않는다면 한자어 학습에 소홀하기 쉽습니다. 그래서 초등학생 학부모님들은 한자 공부의 필요성은 느끼고 아이들 한자 공부를 언제 어떻게 어디까지 시켜야 하는지 궁금해하시는 분이 많습니다.

한자 공부는 필수일까요?

물론 구몬, 눈높이 학습지 등을 꾸준히 하고 한자 급수까지 딸 정도로 열심히 해 두면 분명 다양한 과목을 공부할 때 큰 도움이 됩니다. 하지만 아이들의 시간은 유한하고 학습에는 우선순위가 필요하므로 한자 공부는 쓰기보다 뜻과 독음 중심으로 어휘 학습과 병행하는 것을 추천합니다.

어휘 학습용 교재는 크게 3종류로 나눌 수 있습니다. 첫째는 어휘력 향상을 위한 '책'입니다. 예컨대 아이들이 꽤 좋아하는 《마법 천자문》 시리즈 같은 것이에요. 하지만 아무리 한자어 공부를 위해서라도 만화책이 꺼려진다면 '한자 동화책'을 살펴보세요. 《알지 알지 다 알지》와 같은 한자 동시집, 《궁금쟁이 김선비》 시리즈, 《하늘 천 고사성어 한자 동화》 시리즈, 《한자 대왕 수리온》, 《동네에서 한자 찾기》 등 생각보다 훨씬 다양한 한자 책이 있습니다. 어휘 학습 동화는 이야기를 통해 어휘(한자어)를 자연스럽게 익히고 기억하는 데 도움이 됩니다. 특히 《동네에서 한자 찾기》는 아이의 일상에서 볼 수 있는 다양한 한자어의 실제 쓰임을 배울 수 있는 책인데요. 책에서 본 한자어를 학교에 가면서, 엄마와 마트에 갈 때, 친구와 놀이터에서 놀면서 등 일상생활에서 활용해 볼 수 있어 효과적입니다. 또 부록인 〈한자 어휘 쓰기 노트〉를 통해 책에서 본 한자어의 뜻과 독음, 활용 예문을 읽어보고 같은 한자가 들어간 다른 어휘도 학습할 수 있습니다.

둘째는 주제별, 한자별 어휘 묶음을 학습하는 '교재'입니다. 《초등 어휘 바탕 다지기》, 《메가 어휘력》, 《세 마리 토끼 잡는 초등 어휘》,

《초등국어 한자가 어휘력이다》 등이 바로 그런 유형의 교재예요. 유아기에서 초등학교 고학년까지 레벨별로 교과 수준에서 배워야 할 기본 어휘를 먼저 학습하고, 문제도 풀면서 어휘 학습의 수준을 높여가는 것이 목적입니다. 책마다 다양한 어휘 찾기 퀴즈, 마인드맵 학습, 한자어-고유어-영단어를 동시에 배우는 방법 등의 특장점이 있습니다. 데일리 학습으로 적당한 분량을 제시하고 있어 꾸준한 어휘 학습의 필요성이 있는 아이에게는 좋은 교재입니다. 하지만 평소 책 읽기를 통해 충분히 어휘 학습을 하는 아이에게는 불필요하며, 문제집 풀기에 거부감이 있는 아이에게도 추천하지 않습니다.

셋째는 국어를 비롯한 수학, 사회, 과학 등 각 과목의 주제 학습을 위해 비문학 글 중심으로 구성된 어휘 학습 '교재'입니다. 이 책들은 어휘 학습을 시작으로 실제 문장을 이해하고 문제를 해결하는 독해력, 즉 문해력에 초점이 맞춰져 있습니다. 《초등국어 어휘력이 독해력이다》는 교과서 빈출 어휘를 먼저 학습한 후 문장보다 긴 글을 독해하고, 이 글에서 파생된 문제를 풀어내는 것까지를 연습하는 책입니다. 《국단어 완전 정복》은 실제 초등 국어 교과서의 목차 순으로 구성된 교재인데요. 이 교재는 특히 직전 방학이나 학기 초에 국어 과목의 예습 용도로 활용하면 좋습니다. 앞서 설명했던 '교과서 읽기 + 모르는 단어 찾아 미리 학습하기' 단계를 교재로 만들어 놓았다고 생각하시면 돼요.

앞서 예습으로 교과서를 읽으면서 자연스럽게 모르는 어휘의 뜻을 추론하고 자기주도적으로 사전 찾는 활동을 해보기를 추천한 바

있습니다. 하지만 아이가 스스로 실천하기까지 어느 정도 가이드나 훈련이 필요하다고 생각하신다면 이 교재를 1권 정도 풀어보며 자신만의 방법을 터득하는 것도 좋습니다. 단, 아이가 이 교재를 풀면서 국어 공부 방법을 '암기, 문제 풀이'로만 인지하지 않도록 각별히 주의를 기울여 주세요.

어휘 학습 교재로 공부하고 있다고 해서 꼭 모든 시리즈의 끝을 보겠다고 생각하지 않으셨으면 합니다. 어디까지나 학습 교재는 아이들의 학습을 돕는 도구입니다. 만약 잘 풀던 아이가 갑자기 교재 풀기를 거부하거나 또는 자신의 의지나 생각 없이 수동적이고 반복적으로 공부하고 있다면 과감히 교재 풀기를 멈추고 지금까지 학습한 방법을 바탕으로 책이나 교과서를 가지고 스스로 학습하도록 방법을 바꿔주세요. 우리 아이가 과연 잘할 수 있을까 불안하실지 모르지만 생각보다 아이는 잘해 낼 것입니다.

재미있는 어휘 게임

평소 아이와 대화를 많이 하시나요? 생각을 조금만 바꾼다면 평소 일상 어휘를 사용하는 대화 속에서도 아이의 어휘 학습을 재미있게 할 수 있습니다. 만일 학부모님이 이 학습을 위해 열심히 연구하거나 연습해야만 한다면 쉽게 시작하기도 어렵고 지속할 수도 없겠죠?

그런 의미에서 제가 추천하는 '부모도 최대한 부담 없으면서 아이에게 효과적인 방법'은 바로 〈비슷한 말, 반대말 끝말잇기〉입니다.

방법은 이렇습니다. 눈치 게임 아시죠? 여러 명이 모인 자리에서 누군가가 1을 외치기 시작하면 마지막 숫자를 외치지 않기 위해 서로 눈치를 보며 다음 숫자를 외치는 게임이요. 아이와의 어휘 연습도 이 게임의 규칙처럼 하는 것입니다. 게임의 방향은 비슷한 말, 반대말을 더는 댈 수 없을 때 바뀌게 됩니다. 예를 들어볼게요.

> 끝내다-마치다-다하다-마무리하다-(비슷한 말이 더는 없다고 생각하면 반대말로 바꿉니다.)-시작하다-비롯하다-발아하다-(여기서 '발아하다'의 비슷한 말로 바꿔도 됩니다.)-돋아나다-싹트다-움트다-.......

비슷한 말, 반대말을 잘 모르는 아이들과 게임할 때는 게임의 방향이 자주 바뀔 것입니다. 때로는 "그런 말이 어딨어!"라는 아이의 항의를 받기도 하겠죠. 그러면 온라인 국어사전을 켜서 서로 확인합니다. 그 순간 우리 아이는 게임이지만 모르는 어휘를 한 번이라도 들어보게 됩니다. 어떤가요? 이렇게 반복하는 겁니다.

이 게임을 통해서 우리 아이는 우선 다음 사람이 비슷한 말, 반대말로 어떤 단어를 말하는지를 잘 듣게 되고요. 또 게임에서 이기기 위해 더 많은 어휘를 공부해야겠다는 생각도 하게 되며 상대방이 대답할 수 없는 어휘를 말해야겠다는 전략도 세우게 됩니다.

처음에는 비교적 쉽고, 비슷하게 쓰이는 '명사'를 찾아 게임을 하다가 점차 형용사와 동사로 넓혀 가세요. 이 게임을 통해서 아이들의 어휘력이 놀랍게 향상되는 것을 경험하실 수 있습니다.

복잡한 준비물 없이도 아이들과 어휘 학습을 하며 놀 수 있는 게임으로 '빙고 게임'만 한 것이 없습니다. 준비물은 종이와 펜이면 충분하니까요. 게임의 첫 주제는 주변의 사물이나 상황으로 정해보세요. 예를 들어 '학교', '부엌' 이런 것들이요. 또는 어떤 책을 다 읽은 지 얼마 되지 않았다면 책에 등장하는 명사형 어휘를 대상으로 해도 좋습니다. 초등 저학년 아이라면 5×5(가로세로 5칸씩 총 25칸) 빙고 게임이 좀 어려울 수도 있겠지만 3×3(가로세로 3칸씩 총 9칸) 빙고 게임부터 시작하면 곧 요령을 익히고 재미있게 참여할 수 있게 됩니다. 아이의 승부욕과 자신감을 동시에 자극하는 놀이로 어휘 학습을 하면서 가족들 간에 좋은 시간 보내시기 바랍니다.

영어 어휘 학습법

해결책 공개합니다

영단어 교재? 딱 정해드립니다.이렇게만 하세요!

닥치는대로 무작정 외우기만하면 영단어 망합니다
QR코드를 스캔하거나 유튜브에서 위 제목을 검색하세요.

영어 문해력으로 이어지는 영단어 어휘 학습 원칙 4가지를 지금부터 소개해 드리겠습니다.

국어 어휘와의 연계 학습

국어 어휘는 영어 어휘 학습의 근간입니다. 영단어의 뜻을 모르고는 영단어를 공부할 수가 없죠. 그런데 영단어의 우리말 뜻을 제대로 모른 채 무작정 암기만 하는 아이가 정말 많습니다. 아이들은 자신들이 대강의 뜻을 안다고 착각하지만, 그 뜻을 물어보면 제대로 대답하지 못하는 경우가 많아요. 게다가 이런 현상은 초등학생에게서만 나타나는 것이 아니라 고3 중에서도 이런 식으로 학습하는 아이가 놀랄 정도로 많다는 것이 심각한 문제입니다. 이런 식으로 영단어 공부를 하니 제대로 외우지 못할 뿐만 아니라 문장을 제대로 해석해 내지도 못하는 것이죠.

영단어 학습은 국어 어휘 학습과 연계해서 진행해야 합니다. 특히 영어 진도가 빠른 초등 저학년 아이와 영단어의 추상 어휘가 급증하는 초등 고학년 아이에게는 필수적입니다. '추상 어휘'란 눈이나 손 등 감각으로 직접 인식할 수 없으며 직접적으로 경험하기 어려운 막연한 뜻을 지닌 어휘를 말하는데요. 사실 영어는 물론이고 우리말로도 이해하기 어려운 단어입니다. 예를 들어, avoid(회피하다), superficial(피상적인) 등과 같은 영단어를 학습하기 위해서는 '회피'가 무엇인지, '피상'이 어떤 의미인지부터 우리말로 제대로 이해하고 있어야 합니다. 그런데 많은 경우 '회피'를 하나의 이름처럼 그냥 외워버리는 방식으로 학습하고 있습니다. 암기는 이해한 후에 해야 함에도, 이해를 건너뛰고 무작정 외워버리는 것이죠. 그러니 기억도 못 하고 적용도 못 하게 됩니다. 아이가 읽고 있는 영어책에 등장하는 추상 어휘를 몇 개 골라서 아이에게 한번 그 뜻을 물어보세요. 만약 대답하지 못한다면 어휘도, 읽기도 시간 낭비를 하고 있을 가능성이 큽니다.

문장과 함께 학습: 단어는 문장 속에서 읽고 또 써 봐야 내 것이 된다!

아이 중에는 영단어의 뜻을 알고도 독해에 적용을 못 하는 경우가 많습니다. 단어장에서 공부한 의미 그대로 대입하면 문장이 해석되는 때도 있지만 그렇지 않은 경우도 많기 때문인데요. 왜 그런 일이 발생할까요? 바로 하나의 단어가 여러 가지 의미를 가질 수도 있고 또 같은 의미라고 해도 우리말로 해석하려면 의역해야 하는 경우도 있기 때문입니다.

영단어 학습은 문장 속에서 이뤄져야 효과적입니다. 영단어장으로 공부하는 경우라도 단어만 보지 말고 제시된 예문 속에서 단어를 공부하는 것이 좋습니다. 테스트할 때도 단어만 물어보지 말고, 문장 속에서 단어의 뜻을 이해하는지를 같이 묻는 것이 효과적인 방법입니다.

단어는 눈으로만 보는 것보다 손으로 직접 써 보아야 내 것이 됩니다. 써 보지 않고 눈으로만 단어를 공부하면 기억에 오래 남지 않을 뿐만 아니라 철자가 비슷한 단어와 혼동되는 일이 많아지죠. 또 스펠링을 잘 못 써서 틀리는 일도 많아집니다. 서술·논술형, 수행평가 쓰기, 논술 등 쓰기 능력이 갈수록 더 중요해지는 교육환경에서, 써 보는 경험은 이제 필수입니다. 영어 스펠링의 소리를 어느 정도라도 이해하고 있는 아이라면 영단어를 쓰면서 공부할 수 있도록 지도해 주세요. 아이가 귀찮아한다고 초등 고학년까지 쓰지 않는 습관을 내버려 두는 경우를 많이 봐 왔습니다. 그 결과가 얼마나 혹독한지는 중학생이 되면 비로소 확인하게 됩니다. 단어는 써야만 더 잘 이해할 수 있습니다. 정확한 스펠링도, 올바른 소리도, 오래가는 기억도, 모두 쓰면서 더 잘 학습이 되기 때문입니다. 단어 공부도 쓰면서 학습하도록 하고, 테스트할 때도 쓰기를 권장해 주세요.

영단어 학습에서 쓰기가 생략되는 경우는 딱 두 경우뿐입니다. 아직 쓸 수 없는 아이이거나 이미 다 아는 단어를 빠르게 복습할 때 말입니다. 따라서 초등 3학년 전후로는 '영단어 쓰기'가 좋은 영어 학습 습관으로 자리 잡을 수 있도록 지도해 주시기 바랍니다.

영단어 학습은 눈뿐만 아니라 귀로도 동시에!

　대부분의 아이는 리스닝으로 영어를 시작합니다. 그러나 학년이 올라갈수록 리스닝의 비중은 점차 줄어들게 되죠. 특히 초등 고학년 이상부터는 현실적으로 더욱더 그렇습니다. 리스닝보다는 리딩의 비중이 커지는데, 이는 문법과 영단어 학습 비중이 커지기 때문입니다. 그래서 이쯤부터 많은 아이가 영단어를 듣지 않고 공부하게 됩니다. 시간도 없고, 귀찮기도 하고, 또 꼭 들으면서 공부해야 하는지도 잘 모르니까요. 하지만 이런 방식의 영단어 학습은 위험합니다. '발음도 잘 모르는 단어'가 기억에 오래 남을 수 없을 뿐 아니라 수능까지의 모든 리스닝 테스트에 구멍이 생기기 때문이죠.

　영단어 학습의 시작은 '보면서 듣는 것'입니다. 철자를 눈으로 보고 소리를 추측해 보고 원어민의 발음을 듣고 따라 해 보면서 마지막으로 직접 써보는 것이 영단어 학습의 올바른 과정입니다. 또한 철자를 보고 발음을 추측해 보는 연습도 필요합니다. 파닉스를 했지만 효과가 미비한 이유가 바로 이런 후속 연습이 부족하기 때문이에요. 눈으로 보고 소리를 추측해 본 후, 충분한 듣기가 이어져야만 합니다. 듣고 따라 하면서 귀로, 입으로 단어를 익히는 것이죠.

　이를 위해서는 편하고 쉽게 잘 들을 수 있는 환경이 만들어져야 합니다. 영단어 교재로 공부한다면 단어 음원 파일을 쉽게 재생할 수 있도록 구성된 교재를 골라주세요. 책에서 모르는 단어를 발췌해서 공부하는 경우라면 바로 단어를 찾아서 그 뜻과 발음을 쉽게 확인할 수 있도록 스마트폰에 사전 앱(네이버 사전 등)을 설치해 놓고 활용하면 좋습니다. 네이버 사전 앱은 뜻, 발음, 예문, 유의어, 반의어, 영영사전 등의 정보뿐만 아니라 내 단어장에 저장하고 복습하기, 듣고 발음해 보기 등의 유익한 기능을 제공하고 있으니 적극적으로 활용하기를 추천합니다. (네이버 사전 활용 방법은 <어휘력을 높이는 사전 활용법>에서 확인하세요.)

영단어, 기억에 오래 남도록 공부하라!
① 가장 효과적인 학습 시간 관리: 학습 시간 쪼개기

다음 중 가장 효과적인 영단어 학습 계획은 무엇일까요?

1. 공부 시간을 정해 놓고 그 시간에만 한 번에 집중학습 (단어 수 기준이 아님)

2. 하루 공부할 단어 분량을 정해 놓고 될 때까지 한 번에 집중학습 (시간 기준이 아님)

3. 공부 시간을 정해 놓고 여러 번 나눠서 분산학습 (단어 수 기준이 아님)

4. 하루 공부할 단어 분량을 정해 놓고 여러 번 나눠서 분산학습 (시간 기준이 아님)

정답은 몇 번일까요?

우선 1번부터 같이 분석을 해보겠습니다. 예를 들어 오늘 하루 30분 동안 영단어 공부를 하는 것으로 정하고, 4시부터 4시 30분까지 시간을 나누지 않고 한 번에 학습하는 경우입니다. 시간이 정해져 있으니 매일 공부하게 되는 단어 수는 조금씩 달라집니다. 이 방법의 최대 단점은 시간만 보내는 상황이 생길 수 있다는 점인데요. 어차피 시간 중심이기 때문이죠. 게다가 한 번에 집중해서 공부해야 하니 암기 효율이 떨어집니다. 그래서 1번은 오답입니다.

다만, 영단어 학습을 이제 시작하는 저학년인 경우에는 1번으로 시작하는 것이 나쁘지 않습니다. 집중할 수 있는 시간이 적고, 또 정해진 시간대에 해야 계획을 우선 이행할 수 있으니까요. 다만 적응만 조금 되면 탈피해야 하는 방법입니다.

2번은 시간이 아닌 단어 수부터 정해 놓고, 마찬가지로 한 번에 다 암기될 때까지 쭉 공부하는 방법입니다. 공부하는 단어의 난이도에 따라 매일 공부하는 시간이 조금씩 달라집니다. 2번 방법의 문제는 1번과 마찬가지로 한번에 앉아서 집중학습을 한다는 점입니다. 중장기 기억으로 가는 효율이 떨어지게 되죠. 따라서 2번도 정답이 아닙니다.

다만 시간만 보내는 것이 아닌 정해진 단어 분량을 끝내야 하는 전략이니 이런 면에서는 좋은 방법일 수 있습니다. 이 방법은 중고등학생에게는 맞지 않고, 다소 쉬운 단어를 학습하는 초등학생이 잠시 거쳐 가는 방법으로는 괜찮습니다. 자기주도적으로 여러 차례 나눠서 학습하기에는 아직 무리가 있는 나이니까요.

3번은 공부 시간을 정해 놓고, 여러 번 나눠서 분산학습하는 방법입니다. 예를 들어 하루에 총 30분간 영단어 공부를 한다면, 5분씩

끊어서 6차례 공부하는 전략이죠. 6분씩 5차례도 가능합니다. 짧게 나눠서 여러 차례 학습하며 효율을 극대화하는 전략입니다.

다만 공부 시간의 길이를 정해 놓고 하다 보면 오늘의 목표를 완수하지 못하는 경우가 자주 생깁니다. 따라서 이 방법은 어느 정도 수준에 올라온 학생이 복습하는 용도로 활용하면 좋습니다. 또는 영단어 학습에 투자할 수 있는 시간이 절대적으로 제한된 경우에도 활용하면 좋아요. 따라서 3번도 일반적으로는 추천하지 않는 방법입니다.

4번은 하루 공부할 단어의 분량을 정해 놓고, 여러 번 나눠서 분산학습하는 방법입니다. 예를 들어 오늘 하루 30개 목표를 정하고, 5분 또는 7분씩 암기될 때까지 나눠서 학습하는 방법입니다. 중학생에게는 강력 추천하고, 고등학생이라면 무조건 이 방법으로 학습해야 합니다. 시간이 아닌 단어 수가 기준이 되어야 꾸준히 영단어를 쌓아갈 수 있는 구체적인 계획이 나올 수가 있으니까요. 시험도 대비해야 하고요. 영단어 공부는 나눠서 해야 효율을 극대화할 수 있습니다. 한번에 앉아서 아무리 집중한다 해도, 암기 정도와 집중도에 한계가 있을 수밖에 없기 때문이죠.

다만 이 방법을 실행하려면 하루하루의 학습 패턴이 '계획적'이어야 합니다. 따라서 아직 계획성이 부족한 초등학생은 바로 적용하기에 다소 어려울 수 있습니다. 하지만 결국은 이 4번의 방법으로 귀결되어야 합니다.

지금 우리 아이는 몇 번 방식으로 공부하고 있나요? 아이의 영단어 학습 방식을 아이와 함께 점검해 보시고, 지금 수준과 상황에 딱 맞는 효율적인 영단어 학습 계획은 무엇인지 찾아보세요. 그리고 최종적으로 해야 할 4번의 방법으로 가기 위한 전략도 세워 보시기 바랍니다.

영단어, 기억에 오래 남도록 공부하라!
② 효과적이고 재밌는 영단어 학습 방법

영단어 학습에 있어 아이의 적극성을 끌어낼 수 있는 가장 좋은 방법을 소개합니다. 플래시 카드(라이트너학습법)를 이용한 영단어 학습 방법입니다. 그 방법은 다음과 같습니다.

① 우선 6칸의 공간(1, 2, 3, 4, 5, Trash Can)으로 나눈 박스(BOX)와 영단어 카드를 준비한다. 카드 앞면에는 자신이 외우고자 하는 단어를 쓰고 뒷면에는 그 정답을 기재한다

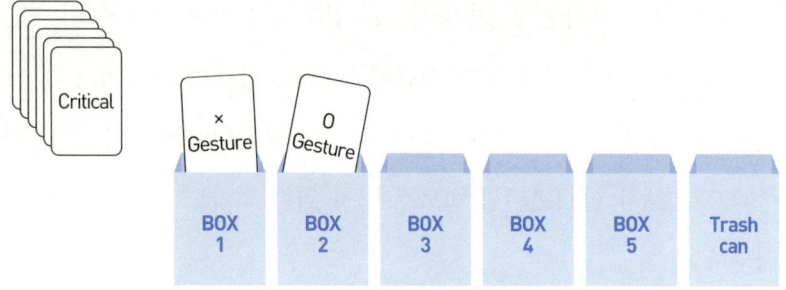

② 이 영단어 카드를 BOX1에 모두 넣는다. 차례로 앞에 있는 카드를 뒤집고 정답을 맞히면 BOX2칸에 넣는다. 오답이면 BOX1칸에 다시 넣는다.

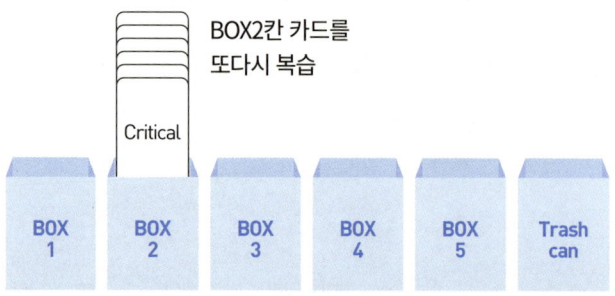

③ 틀린 카드를 모아둔 BOX1칸을 계속해서 복습하다 보면 BOX1칸의 카드는 얼마 남지 않게 된다. 그러면 BOX2칸 카드를 또다시 복습한다.

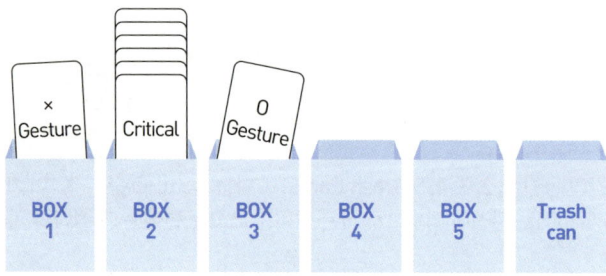

④ 이번에는 정답을 맞히면 BOX3칸으로 보내고, 오답일 경우에는 BOX1칸으로 되돌려 보낸다.

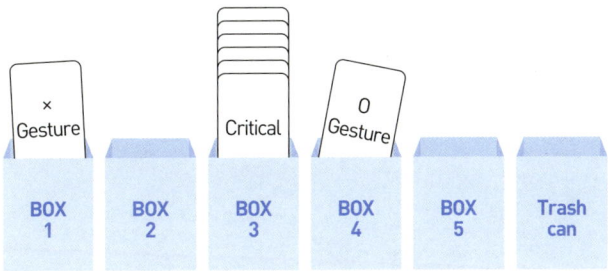

⑤ 어느덧 BOX3칸에도 카드가 차게 되면 BOX3칸의 카드를 복습한다. 이번에도 맞히면 BOX4칸에 넣고, 오답이면 다시 BOX1칸에 넣는다.

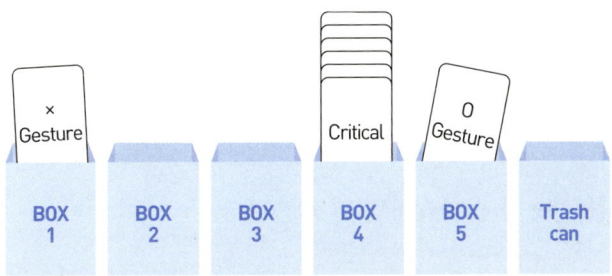

⑥ BOX4칸에도 카드가 차게 되면 BOX4칸의 카드를 복습한다. 이번에도 맞히면 BOX5칸에 넣고, 오답이면 다시 BOX1칸에 넣는다

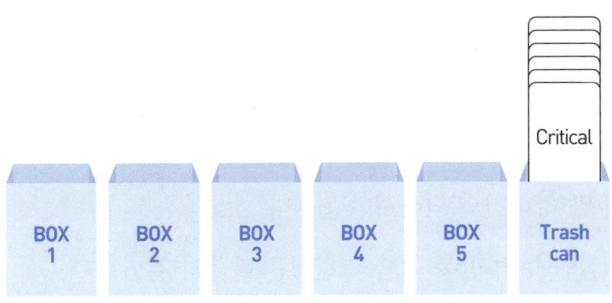

⑦ 이 시스템을 계속 반복하다 보면 어느덧 Trash Can까지 도달하게 된다.

위 카드와 상자를 직접 만들 수 있는 인쇄 파일(권태형의 영단어 공부 키트) 및 제작 활용 안내 영상은 다음 QR코드를 스캔해 주세요.

'권태형의 영단어 공부키트'는 영단어를 하루에 여러 차례, 짧게 나눠서 학습할 수 있게 도움을 주는 방법입니다. 습관만 들이면 시간을 정해 놓고 집중학습을 하는 것보다 시간을 더 적게 쓰면서 학습 효율과 암기 정도는 몇 배로 높이는 방법이지요. 초등학생은 반복하는 횟수를 자신의 수준과 상황에 맞게 조절하면서 학습하면 좋고요. 중고등학생도 암기가 잘 안 되는 단어만 따로 모아서 단어 카드와 암기 상자를 활용하여 학습하면 더 좋습니다.

영단어, 기억에 오래 남도록 공부하라!
③ 체계적인 누적 반복 복습하기(최소 3회독)

영단어가 장기 기억으로 저장되기 위한 마지막 관문은 바로 체계적인 누적 반복 복습 계획을 세우는 것입니다. 영단어에 대한 치열한 노력과 고생이 단기 효과에 머물지 않고, 최소한 고3 수능장까지는 지속되어야 하니까요. 그러기 위해서는 '체계적인 누적 반복 복습'이라는, 이 말 하나만 기억하시면 됩니다.

체계적인 누적 반복 복습의 원칙은 다음과 같습니다.

1. 누적 반복은 최소 3번 이상
2. 주말 중 하루는 주간 복습 날로 잡기
3. 단어장 활용하기(만들기)
4. 체크리스트를 벽에 붙여 놓기

하루 본다고 오래 기억되는 단어는 없습니다. 시간을 갖고 잊을 만하면 또 보고, 까먹을 만하면 또 봐줘야 그 기억이 장기기억이 될 수 있죠. 그리고 이 과정은 많으면 많을수록 좋겠지만 현실적으로 최소 3회를 권장합니다. 그 첫 번째 복습 날은 그 주의 주말 중 하루로 잡아주세요. 예를 들어 매주 토요일은 주중에 공부했던 단어의 복습 날로 잡는 것이죠. 복습하는 데 긴 시간은 필요 없습니다. 공부한 단어를 다시 확인하기만 하면 되거든요. 앞서 소개해 드린 플래시 카드를 이용한 방법이면 더 좋습니다. 특히 기억이 잘 안 나는 단어들을 플래시 카드에 적어 놓으면 두고두고 확인할 수 있게 됩니다.

노트나 온라인을 활용하여 나만의 단어장도 만들어 보세요. 몰랐거나 기억이 잘 안 나는 단어 위주로 정리해 두면 됩니다. 내가 무엇을 모르는지를 아는 것이 영단어 학습에 있어서 가장 중요한 역량입니다. 모르는 단어를 계속 지나치기만 하면 그 단어가 수능장에서도 자신을 괴롭히게 됩니다. 나만의 단어장은 그물망이 촘촘한 그물이 되어 새어 나가는 단어를 막아줍니다. 또한 체계적인 복습이 가능하게 만들어주죠. 특히 온라인 사전을 활용하면 찾아본 단어의 이력과 복습을 편리하게 할 수 있습니다. 그중에서도 저는 영단어 학습으

로 네이버 사전을 추천합니다. (네이버 사전 활용법은 <어휘력을 높이는 사전 활용법>을 참고해 주세요)

단어장 교재든, 나만의 단어장이든 최소 3회 이상 반복 복습을 하기 위해서는 횟수를 체크할 수 있는 체크리스트가 필요합니다. 해당 교재 또는 노트에 이름을 쓰고 복습 횟수를 체크하는 종이를 만들어서 눈에 잘 보이는 곳에 붙여 두세요. 이때 활용하면 좋을 '누적 반복 복습 체크리스트 양식'은 아래 QR코드에서 다운로드받아 사용하시기 바랍니다.

〈누적 반복 복습 체크리스트 예시〉

누적 반복 복습 체크리스트

● 완료 ▲ 미흡

Material	단어가 읽기다	Start	5/1

#	Chapter / Page	Pre-test	#1	#2	#3	#4	#5	test	F
1	9~11	3/20	5/1 V	5/2 V	5/8 V	6/1 V	8/1 V	8/2 19/20	8/3 ●
2	12~14	5/20	5/2 V	5/3 V	5/9 V	6/2 V	8/2 V	8/3 20/20	8/4 ●

아이에 따라 3회든 4회든 목표한 횟수에 도달할 때까지 이 종이가 알림 역할을 하게 됩니다. 영단어 학습에서 가장 중요한 것은 공부한 이력의 관리이거든요. 무수히 단어를 외워도, 셀 수 없이 단어 테스트를 봤어도 결국 단어 때문에 또 고생하게 되는 것은 지난 단어 학습이 관리되지 못했기 때문입니다. 그래서 체크리스트는 필수입니다. 영단어장 하나를 최소 3번 볼 때까지, 이 체크리스트를 통해서 꼭 관리해 주세요.

수학 어휘 학습법

수학적 어휘력을 제대로 갖춘 아이라면, 외국어로 쓰인 수학 문제라도 본인이 배운 내용이라면 식과 기호만 보고도 풀 수 있습니다. 수학에서 쓰이는 기호, 용어 등은 '약속'으로서 또 하나의 언어의 역할을 하기 때문이에요. 반대로 한글 어휘력이 충분해도 '수학적 어휘력'이 부족하면 풀지 못하는 수학 문제가 있을 수 있습니다. 바로 다음 문제 같은 것이죠.

주희와 찬영이는 크기가 다른 훌라후프를 돌리고 있습니다. 주희의 훌라후프는 안쪽 지름이 85cm이고, 찬영이의 훌라후프는 안쪽 원주가 279cm입니다. 누구의 훌라후프가 더 클까요? (원주율은 3.1로 계산합니다)

<초등 6학년 「원의 넓이」 단원>

초등 6학년 정도의 학생이라면 위 문제에서 모르는 한글 어휘는 없을 것입니다. 하지만 지름, 원주, 원주율이라는 수학적 어휘와 이들 사이의 관계를 모른다면, 이 문제는 절대 풀 수 없어요. 가장 기본적인 개념을 적용하여 풀어야 하는 문제이지만, 생각보다 많은 아이가 이런 문제를 잘 풀지 못합니다. 이마저도 시간이 지나면 잊어버릴 공식처럼 '암기'로만 해결하려고 하죠.

아이들이 배워야 하는 초중고 수학 어휘에는 수학 용어, 기호, 공식 그리고 개념이 포함됩니다. 수학 어휘는 초등 1 기초에서부터 고3 심화 단계까지 위계성을 띤 수학 과목의 특성상 학년별로 꼭 배워야 할 것들이 있는데요. 수학 어휘의 수가 영단어처럼 엄청나게 많지는 않지만, 단순 암기가 아니라 이해를 바탕으로 학습해야 하므로 사실 꼼꼼하게 익히는 것이 생각처럼 쉽지는 않습니다. 단순하게 의미만 안다고 해서 수학 문제를 풀 수 있는 것이 아니기 때문이죠.

수학 어휘 학습은 제대로 된 수학 공부의 시작이며 간단한 문제라도 단계적으로 문제 풀이, 응용 학습과 함께 진행되어야 합니다. 그리고 이 방법들이 그 어떤 수학 공부법보다 가장 수학 학습의 본질에 가깝습니다. 그런 의미에서 본질적인 수학 공부의 시작인 '수학 어휘 학습'은 정말 중요한 단계이죠.

수학 어휘 학습 중 가장 기초적인 단계는 '학년별로 익혀야 하는 수학 용어'를 비롯한 기호, 공식, 개념 등을 리스트에 맞춰 빠짐없이 차례대로 공부하는 것입니다. 다음 표는 초등 전 학년에 걸쳐 반드시 배워야 하는 수학 용어 및 기호, 개념 등을 정리해 놓은 것입니다.

구분	영역	수학 어휘
1~2학년군 (25개)	수와 연산	덧셈, 뺄셈, 곱셈, 짝수, 홀수, +, -, ×, =, >, <
	도형	삼각형, 사각형, 원, 꼭짓점, 변, 오각형, 육각형
	측정	시, 분, 약, cm, m
	자료와 가능성	표, 그래프
3~4학년군 (56개)	수와 연산	나눗셈, 몫, 나머지, 나누어 떨어진다, 분수, 분모, 분자, 단위분수, 진분수, 가분수, 대분수, 자연수, 소수, 소수점(.), ÷
	도형	직선, 선분, 반직선, 각, (각의) 꼭짓점, (각의) 변, 직각, 예각, 둔각, 수직, 수선, 평행, 평행선, 원의 중심, 반지름, 지름, 이등변삼각형, 정삼각형, 직각삼각형, 예각삼각형, 둔각삼각형, 직사각형, 정사각형, 사다리꼴, 평행사변형, 마름모, 다각형, 정다각형, 대각선
	측정	초, 도(°), mm, km, L, mL, g, kg, t
	자료와 가능성	그림그래프, 막대그래프, 꺾은선그래프
5~6학년군 (63개)	수와 연산	약수, 공약수, 최대공약수, 배수, 공배수, 최소공배수, 약분, 통분, 기약분수
	도형	합동, 대칭, 대응점, 대응변, 대응각, 선대칭도형, 점대칭도형, 대칭축, 대칭의 중심, 직육면체, 정육면체, 면, 모서리, 밑면, 옆면, 겨냥도, 전개도, 각기둥, 각뿔, 원기둥, 원뿔, 구, 모선
	측정	이상, 이하, 초과, 미만, 올림, 버림, 반올림, 가로, 세로, 밑변, 높이, 원주, 원주율, cm^2, m^2, km^2, cm^3, m^3
	규칙성	비, 기준량, 비교하는 양, 비율, 백분율, 비례식, 비례배분, :, %
	자료와 가능성	평균, 띠그래프, 원그래프, 가능성

우선은 우리 아이의 학년에 맞춰 위 표에 있는 수학 용어의 의미를 물어보세요. 그럭저럭 대답한다면 큰 걱정은 하지 않으셔도 됩니다. 하지만 우물쭈물한다면 그 수학적 어휘를 공부하는 것부터 시작하세요. 만약 아이는 대답하는데 그 대답이 제대로 된 것인지 모르시겠다면 '네이버 사전-수학/과학백과'에서 검색해 보세요. 수많은 정보 제공처에서 정답에 가까운 답을 제공하고 있습니다. 검색 결과를 보고 우리 아이의 대답이 맞는지 쉽게 판단하실 수 있을 거예요. 이렇게 우리 아이의 '기초 수학 어휘력'의 수준을 판단하고 난 후 부족한 부분은 바로 이어서 소개하는 실천 가이드를 참고하여 단계적으로 지도해 주시기 바랍니다.

수학 어휘력 키우기 실천 가이드

전문가마다 강조하는 제대로 된 수학 공부 방법은 다양해도, 수학 학습의 맨 처음이 '개념' 학습인 것에는 이견이 없습니다. 그리고 이 개념을 이해하는 데 수학 용어가 가장 큰 역할을 하지요. 즉, 개념 학습을 할 때, 이 개념을 설명하는 수학 용어를 정확하게 이해하고 자신만의 언어로 설명할 수 있어야 합니다. 가장 간단한 방법을 단계적으로 알려드릴게요.

① 수학 교과서(개념 교재)를 읽으면서 처음 보는 수학 용어에 표시한 후, 책에 쓰여 있는 설명과 기본 학습 문제 등을 통해 스스로 이해해 보도록 지도해 주세요.

② 책만으로 충분한 이해가 되었더라도 종이 수학 사전이나 온라인 사전을 검색해서 자신이 이해한 것이 맞는지, 더 보충할 것은 없는지 확인하도록 지도합니다. 이 과정에서 '이것은 왜 이럴까?'라고 스스로 질문하며 그 해답을 찾아가는 것은 아이에게 매우 중요한 공부입니다.

③ 각각의 수학 어휘를 적는 '개념 카드'를 만들어보세요. 카드에는 하나의 수학 어휘만 적어야 하며, 뜻과 활용, 관련 문제 등을 추가로 적을 수 있는 공간이 있으면 더 좋습니다. 학년이 올라갈수록 각 개념의 연계성이 높아져 기초 개념에 사슬을 엮듯이 여러 개념이 정리되는 경험을 할 수 있습니다. 바로 이 순간이 제대로 수학 공부를 하면서 동시에 수학이 가장 쉬워지는 순간이에요.

④ '개념 카드'는 학기가 끝날 때까지 교과서와 함께 보관합니다. 문제집을 풀며 추가로 알게 된 것도 '개념 카드'에 적게 해주세요.

⑤ 수학 공부를 한 날이라면, 4장에서 소개하는 〈66일 문해력 실천 스터디〉 양식의 '오늘의 어휘 3개 쓰기' 칸에 그날 처음으로 알게 된 수학 어휘와 우리 아이만의 뜻을 적어 오늘의 수학 공부를 마무리하면 좋습니다.

⑥ 단원이나 과정이 끝날 때, '개념 카드'와 '오늘의 어휘 3개 쓰기'에 정리한 내용을 보며, 제 학년에서 반드시 배워야 할 수학 어휘 중에 빠진 것이 없는지 확인하세요. 앞에 수록된 표에서 확인하면 되고요. 혹시 빠진 것이

있다면 추가로 학습하여 '개념 카드'를 만들도록 지도해 주세요.

⑦ 학기가 끝나면 그동안 만들었던 '개념 카드'와 이번 학기에서 중요하고, 앞으로 우리 아이의 후행 학습에 필요하다고 판단되는 단원을 중심으로 우리 아이만의 '교과서'를 만듭니다. 이 교과서를 우리 아이 수학 공부의 중심 교재로 활용할 수 있습니다. 이에 대해서는 이어서 좀 더 자세하게 설명하겠습니다.

개념 카드 만들기

초등 수학 실력 진단 테스트 방법도 알아가세요~!!
QR코드를 스캔하거나 유튜브에서 위 제목을 검색하세요.

우리 아이의 국어 어휘, 영어 어휘를 위해 플래시 카드를 만들어 본 학부모님이라면 '수학 개념 카드'가 낯설지 않으리라 생각합니다. 카드 앞면의 맨 위에는 해당 개념 또는 어휘를 쓰고 그 아래에는 유사하거나 관련된 수학 개념 또는 어휘를 모두 적은 후 뒷면은 앞장의 개념 또는 어휘의 의미와 이것들이 활용된, 기억하고 싶은 문제를 적으면 됩니다. 아이들의 학년과 용어의 난이도에 따라 약간씩 공간을 활용하는 정도가 다를 수 있는데요. 다음 예시를 참고하면 좀 더 이해하기 쉬울 것입니다.

수학 개념 카드	수학 개념 카드
개념 & 어휘	개념 & 어휘의 의미 적어보기
같은 의미의 수학 개념 & 어휘 모두 적어보기	개념 & 어휘가 활용된, 기억하고 싶은 문제 적어보기
앞면	뒷면

수학 개념 카드	수학 개념 카드
개념 & 어휘 몫	개념 & 어휘의 의미 적어보기 어떤 수를 똑같이 나누었을 때 한 부분의 크기
같은 의미의 수학 개념 & 어휘 모두 적어보기 12 ÷ 3 = 4에서 12는 나누어지는 수, 3은 나누는 수, 4는 몫이다 12에서 3씩 4번 뺄 수 있다는 뜻이다	개념 & 어휘가 활용된, 기억하고 싶은 문제 적어보기 나눗셈의 몫을 구하고 나눗셈 식을 곱셈식으로 나타내기 35 ÷ 7 = 5 → 7 × 5 = 35, 5 × 7 = 35

〈예시〉

사실 이 개념 카드 만들기를 '그냥 뜻 찾아서 적으라는 거군.'이라고 단순하게 생각하실 수도 있습니다. 하지만 수학 어휘 하나를 완벽하게 이해하기 위해서는 연관 어휘, 개념 등도 잘 알아야 합니다. 이 과정을 통해 자칫 '알고 있다'며 그냥 넘어갈 수 있는 부분까지 재확인함으로써 구멍 없이 기초 개념을 다져갈 수 있죠.

하지만 처음부터 욕심부리지는 마세요. 카드를 만들면서 내가 무엇을 배웠는지 스스로 알고 있고 또 기억하게 된다는 것만으로도 일단은 성공입니다. 그리고 초등학생 때 이런 과정을 거친 아이들은 중고등 수학을 배우면서 난이도가 상승하고 개념의 깊이가 깊어져도,

스스로 해답을 찾아갈 수 있다는 자신감을 지니게 됩니다. 지금까지 배운 대로 하나하나 따져보면 이해 못 할 부분은 거의 없다는 것을 경험적으로 배우게 되거든요. 아래 QR코드를 통해 '수학 개념 카드' 양식을 다운로드 받아 활용하시고, 엄마의 작은 훈련이 아이의 수학에 날개를 달아준다는 사실을 꼭 기억하세요. 그리고 지금부터 한 단계씩 지도해 보시기 바랍니다.

나만의 교과서 만들기

제가 강연이나 방송을 할 때 학부모님들의 단골 질문 중 단연 톱은 수학 선행학습에 관한 것입니다. 시기부터 방법, 추천 교재, 학원까지 선행학습에서 시작하여 파생되는 질문의 범위도 참 넓습니다. 그럴 때마다 제가 선행학습보다 더 강조하는 것이 바로 '후행학습'인데요. 낯선 단어라고 생각되신다면 '복습'이라는 말로 대체할 수 있습니다. 그리고 이 복습의 도구로 제가 강력히 추천하는 것은 지난 학기, 학년의 '우리 아이 교과서'입니다. '교과서가 정말 중요하다'는 말은 여러 과목의 학습에서 강조하는 것인데요. 수학 후행을 위해서는 특히, 학기가 모두 끝난 후, 심지어 초등 과정, 중등 과정을 마무리할 때까지도 그 중요성이 줄어들지 않습니다. 그래서 저는 학부모님들께 과정이 끝나기 전까지 절대 아이의 수학 교과서를 버리지 말라는 당부를 항상 드리고 있는데요. 성실히 수업을 받아온 아이라면 수학 교과서에 우리 아이의 학습 이해에 대한 흔적이 남아 있기 마련이고, 그 흔적을 찾는 것에서부터 후행학습이 시작되기 때문입니다.

교과서는 현행이든 선행이든 가장 처음 개념을 공부할 때는 물론이고 학기 중에도 수학적 어휘들을 보충하는 개념 카드와 함께 잘 보관해야 한다고 말씀드렸습니다. 개념 카드의 공간이 넓어도 학년이 올라감에 따라 배우는 개념의 난이도가 높아지면 교과서와 연계하여 학습해야 할 필요성도 동시에 커지기 때문에 카드에 쓸 것들이 많아집니다. '수학 공부는 곧 수학 문제집을 푸는 것'이라는 생각이 아주 틀린 것은 아니지만, 결국 해결하지 못한 문제를 해결하기 위해 돌아와야 하는 곳은 교과서입니다. 그래서 학기가 지남에 따라 교과서에 추가로 알게 되는 것을 개념 카드에 적어 놓고 또 관련된 문제들을 적거나 붙여 놓는 등 교과서의 배를 빵빵하게 채워가는 것이 제대로 된 공부이죠.

하지만 학기가 모두 끝났을 때는 교과서의 모든 부분이 다 중요하지는 않습니다. 우리 아이가 잘 아는 부분은 제외하고 학기가 끝난 지금까지도 이해하기 쉽지 않은 부분, 중요하다고 강조되었던 부분, 곧 다음 학년의 단원과 연계도가 높은 단원들만 잘라내어 따로 보관하세요. 물론 교과서의 나머지 부분도 초등 과정이 끝날 때까지 보관해야 합니다. 구멍은 갑자기 발견될 수 있으니까요.

그리고 이렇게 모은 단원의 교과서를 가지고 우리 아이만의 새로운 교과서를 만드는 것입니다. 예를 들어 도형 단원만 나오면 항상 어려워했던 아이는 학년이 지나면서 잘라냈던 도형 단원들만 묶어서 〈도형 교과서〉를 만들어보는 거예요. 그리고 다음 학년이 시작되기 전에 이 도형 교과서와 개념 카드로 후행학습을 하고 도형 문제집으로 복습을 마무리하는 것이죠. 이러한 체계적인 복습이 진정한 후행학습입니다.

이 과정을 거친 아이가 지나간 학년에서 학습 구멍이 있을 수 있을까요? '아, 해보면 좋겠다.'라고 생각만 하지 말고 지금 바로 시작해 보세요. 관련된 자세한 설명은 다음 QR코드를 통해 확인하실 수 있습니다.

초등 수학 복습(후행)의 필요성과 방법, 이걸로 끝!!
QR코드를 스캔하거나 유튜브에서 위 제목을 검색하세요.

위 영상속 <초중고 수학 연관단원맵> 다운받기

국영수 문해력을 극대화하는
글쓰기 실천 비법, 한 문장 쓰기부터

글을 읽고 이해하는 것 못지않게 문해력을 구성하는 큰 줄기는 바로 글쓰기 입니다. 문해력의 완성 단계로서 글쓰기는 효과적인 의사소통 도구이자 자신의 감정이나 생각을 표현하는 과정입니다. 동시에 더 잘 읽고, 더 잘 이해하기 위한 문해력 선순환의 가장 핵심적인 활동이기도 하죠.

공부가 쉬워지는 '문해력' 키우는 실전비법 : 문해력은 '쓰기'로 완성된다!
QR코드를 스캔하거나 유튜브에서 위 제목을 검색하세요.

단순한 단어들의 나열만으로는 의미가 담긴 문장을 만들 수 없습니다. 각 문장을 구성하는 요소들을 적절히 사용하여 글쓴이가 전달하고 싶은 의도를 독자에게 '이해'시켜야 하기 때문이죠. 아이들이 쓰는 '쉬운 글'도 마찬가지입니다. 처음에는 무엇이든 쓰는 습관을 만들어 주세요. 그다음 단계는 문법에 맞냐 틀리냐를 따지지 말고 '하고 싶은 이야기'를 문장으로 쓰도록 지도해 주시고요. 아이는 점차 누군가에게 하고 싶은 말을 효과적으로 전달하기 위해서 글을 더 정확하고 '잘' 써야 할 필요를 느끼게 될 것입니다. 잘 써진 글을 따라 쓰고, 읽었던 책에서 문장의 구조를 관찰하는 연습이 저절로 되는 단계입니다. 그러다 문장에서 문단까지 아이들이 직접 글다운 글을 쓰기 시작하면 점점 더 문장 이해력이 늘어납니다. 음식도 직접 만들어 본 사람이 더 맛을 잘 이해하고 음미하는 것처럼 글도 직접 써봐야 글의 구조가 눈에 들어옵니다. 구조가 눈에 보이기 시작하면 내용을 이해하기는 훨씬 쉬워집니다.

글쓰기에는 아이들이 이미 '아는 사실(지식)과 알고 있는 어휘'가 활용됩니다. 그래서 글쓰기가 시작되면 그동안 아이들이 글을 읽으며 쌓았던 배경지식과 책, 교재 등을 통해 학습한 어휘 실력을 확인할 수 있게 되죠. 처음에는 초보적인 단계의 글을 쓰던 아이도 글을 많이 쓰다 보면 더 깊이 있는 내용과 정확한 의미를 전달하기 위해 새로운 어휘를 알고 싶다고 느끼는 순간이 옵니다. 더 잘 '표현'하고 싶은 욕구가 생긴 것이죠. 이때 관련된 영상, 자료, 심화 서적의 도움을 받거나 여러 사전을 찾아보면서 문해력을 점점 더 강화할 수 있습니다.

이런 여러 가지 이유로 '글쓰기'는 '잘 읽기 위한 훈련 방법'으로 강력히 추천됩니다.

글쓰기도 읽기와 어휘 학습처럼 체계적이고 지속적인 훈련이 필요합니다. 하지만 대부분의 아이는 학교에 입학할 때까지 한글 글자 연습을 제외하고는 글을 쓸 기회가 많지 않아요. 가정에 따라서는 아이에게 어릴 때부터 그림일기를 쓰게 하기도 하지만 듣기, 말하기, 읽기 학습 단계를 지나 가장 마지막에 완성되는 것이 '쓰기'이기 때문에 6~7세라면 아무래도 글쓰기를 어려워하는 아이가 많습니다. 게다가 학부모님도 읽기 지도보다는 쓰기 지도가 훨씬 어렵다는 것을 느끼게 됩니다. 부모도 '쓰는 법'을 제대로 배운 기억이 없기 때문입니다.

그런 이유로 대부분의 아이는 초등학교에 입학하고 나서야 본격적인 글쓰기를 경험하게 됩니다. 쓰기는 초등 국어를 구성하는 한 영역으로서 아이들은 6년에 걸쳐 '쓰기의 본질, 목적에 따른 글쓰기의 과정, 전략, 태도' 등을 배우고 해당 과제를 하게 되는데요. 이 과정에서 선생님의 평가와 피드백은 학생의 쓰기 능력을 향상하기 위해 필요합니다.

같은 쓰기 과정을 배운 학생이라도 쓰기 결과물에는 개개인의 배경지식이나 글을 쓰는 과정의 특이성, 사용 어휘와 표현 방법 등에 따라 학생 저마다의 특징이 강하게 드러납니다. 그렇기 때문에 글쓰기 지도는 흥미롭지만 동시에 객관적인 평가가 쉽지 않아요. 채점자는 채점 과정에서 한 명 한 명의 글을 평가하는 데 많은 시간을 쏟아야 합니다. 하지만 한 학기 동안 수십 명의 글쓰기를 지도해야 하는 선생님이 개개인에게 양질의 피드백을 주는 것은 현실적으로 어렵습니다. 그래서 아이들의 쓰기 수업은 '쓰기'와 '피드백'이라는 상호 보완

장치 없이 형식적으로만 진행되고 있는 현실이죠.

    게다가 지금까지는 글을 잘 쓰는 것이 학습 역량으로서 필수라기보다는 그저 일부 재능 있는 사람의 '능력'이라고만 생각되었기 때문에 이러한 쓰기 수업 방식에 큰 문제가 있다고 여겨지지도 않았지요. 그리고 이 상태가 중고등학교를 거쳐 대학교와 직장 생활에까지 이어지고 있습니다.

우리 아이들의 심각한 글쓰기 상태

    〈중학생들의 작문능력 실태 조사 연구〉(김주환, 2017)에 따르면 연구 대상이였던, 우리 주변에서 쉽게 만나는 평범한 중학생들의 작문 점수는 100점 만점에서 평균 49.53점에 불과한, 매우 우려할 만한 수준이었다고 합니다. 짐작하긴 했지만, 생각보다 심각한 수준이죠? 이런 상황은 아이들의 평상시 메시지 대화에서 더욱 극명하게 드러나는데요. 쓰는 어휘가 매우 단조로워서 '헐', '대박', '레알' 같은 단어로 대화를 이어가고 'ㅊㅊ', 'ㅇㅈㄴ' 등 알 수 없는 초성으로 대화창을 가득 채웁니다. 글쓰기와 생활 속 대화 그리고 쓰기 습관이 반드시 같다고 볼 수는 없지만, 아이들이 이렇게 잘못된 맞춤법이나 어휘를 습관적으로 일상 대화에서 아무렇지도 않게 사용하고 심지어 학교의 과제, 시험에까지 사용하는 것은 큰 문제입니다. 아직 초등학생 학부모이기에 이 상황이 '일부 중등 이상의 아이들의 상황이지 않을까, 공부 잘하고 성실한 아이들은 잘할 것 같은데…'라는 생각을 하셨다면 다음의 이야기에 조금은 충격을 받으실 것 같습니다.

서울대 기초교육원이 자연과학대학 신입생을 대상으로 벌인 〈글쓰기 능력 평가〉(2017)에서 34.3%의 학생이 70점 미만(100점 만점, 평균 73.3점)의 성적을 받았습니다. 특히 전체 응시자의 $\frac{1}{4}$정도는 서울대 정규 글쓰기 과목을 수강하기 어려울 정도로 글쓰기 능력이 부족하다고 평가받았는데요. 나름대로 공부도 잘하고 배경지식도 갖추고 있으며, 학교에서 쓰기 수업도 성실하게 받았을 것이라고 짐작되는 아이들조차도 '글의 의미 파악이 안 됨', '글의 내용과 수준 자체가 대학생이라고 보기 어려움' 등의 평가를 받았습니다. 이 결과는 우수하다고 평가받는 이 아이들도 일반 아이들과 크게 다르지 않다는 것을 의미하죠.

그러니 '우리 아이만 글을 못 쓰는 것이 아닐까?'라는 걱정과 '공부를 잘하면 글도 잘 쓰게 되지 않을까'라는 기대를 동시에 내려놓으셔야 합니다. 오히려 아이가 초등학생인 지금이 학교에서 해주지 못하는, '글을 쓰는 아이'에서 '글을 잘 쓰는 아이'로 만들기까지의 전 과정을 가정에서 단계적으로 훈련할 유일한 기회라는 것을 알아야 합니다.

아이들이 글쓰기를 피하는 숨겨진 진짜 이유

대부분의 사람은 글을 쓸 때 가장 힘든 부분이 써야 할 '내용'을 생각해 내는 것이라고 말합니다. 그도 그럴 것이 당장 지금 글을 써야 한다고 생각해 보면 '무슨 내용을 써야 할지'가 가장 큰 부담이니까요. 하지만 아이들의 글쓰기에는 그것보다 더 원초적인, 숨겨진 적(敵)이 있습니다.

바로 '기본적인 맞춤법'과 '글씨 쓰기'입니다. 맞춤법은 '어떤 문자로써 한 언어를 표기하는 규칙'으로서 맞춤법을 지키는 것은 글쓰기의 기본입니다. 특히 말소리와 실제 철자가 다른 어휘를 올바르게 알고 있어야 글을 읽어도 제대로 이해할 수 있고 또 내 생각도 글로 잘 표현할 수 있죠.

그래서 보통 초등학교 저학년 때, 이 맞춤법을 제대로 알고 있는지를 평가하는 도구로 학교에서는 '받아쓰기'를 자주 실시합니다. 책을 읽을 때 어휘를 또박또박 읽는 연습을 하면서 받아쓰기 연습을 종종 해왔던 아이라면 받아쓰기가 그리 어렵게 느껴지지 않을 것입니다. 하지만 준비가 부족해서, 또는 다른 이유로 받아쓰기 결과가 부진했던 경험이 있는 아이라면 그로 인해 '쓰기' 자체에 대해 부정적인 감정을 가질 가능성이 높아요. 글의 내용은 둘째치고 글자부터 틀릴까 봐 겁이 나기 때문에 선뜻 글을 쓰려고 하지 않는 것입니다. 그래서 유아기부터 초등 저학년까지는 이 받아쓰기 연습이 여러 가지 의미로 중요합니다.

글씨 쓰기도 마찬가지입니다. 글씨를 잘 쓰고 못 쓰고를 떠나 쓰는 행위 자체가 익숙하지 않은 아이가 너무나 많습니다. 아시다시피 지금은 '종이와 펜'의 시대라기보다는 '드래그(drag)와 탭(tap)'의 시대입니다. 글을 쓸 때도 종이에 펜을 꾹꾹 눌러 쓰기보다는 키보드의 자판을 두드리거나 스마트폰을 터치하는 경우가 많죠. 우리 아이들 세대는 태어나서 펜을 잡는 것보다 스마트폰을 터치하고 드래그하는 것을 먼저 배웠습니다. 그러니 어린아이일수록 펜을 잡고 힘주어 쓰는 연습이 부족해서 소근육 발달이 더딘 경우도 있고, 펜을 잡는 방법이 아예 잘못돼서 펜을 오래도록 잡고 쓰는 것을 고통스러워하는 아이도 있습니다. 예전만큼 아이들이 펜을 자주 잡을 일이 없다보니 근육의 힘을 키워줄 기회나 잘못된 것을 고쳐줄 기회도 많이 줄었습니다.

어릴 때일수록 의도적으로라도 아이들이 종이, 펜(연필)과 친해질 기회를 많이 만들어 주세요. 그러려면 우선 종이와 펜을 가지고놀고, 그리고, 쓰는 훈련은 필수입니다. 특히 조금 오래 걸려도 아이가 또박또박 자신만의 글씨를 편안하게 쓸 수 있도록 지도해 주세요. 예쁜 글씨를 쓰라고 아이에게 절대 스트레스 주지 마시고요. '글씨 쓰기의 편안함'이 예쁜 글씨 쓰기 연습보다 훨씬 더 중요하다는 것을 꼭 기억하시기 바랍니다.

글쓰기 목표는 일단 '세 문장까지만 쓰는 것'

아이들 글쓰기의 목표는 무엇이 되어야 할까요? 궁극적으로는 '자신의 감정이나 생각을 담아 논리 정연하고 유려한 글을 쓰는 것'이 겠지만 글쓰기를 처음 시작하는 단계에서는 '글쓰기에 대한 거부감을 내려놓는 것'으로 잡아야 합니다. 그리고 책 읽는 아이로 만드는 첫 번째 방법이었던 '거들떠보게 하라'처럼 지금은 '일단 쓰게 하라'를 꼭 기억하세요. 지금껏 아이들에게 '쓰기'란 정말 하기 싫은 숙제 같은 것이었습니다. 국어, 영어의 작문부터 수학 문제 풀이 과정을 쓰는 것까지, 필요한 때조차도 마지못해 하는 수준이었죠. 그렇게 썼으니 잘 썼을 리도 없고 당연히 또 쓰고 싶은 마음도 없을 것입니다.

그럼 어떻게 해야 아이들이 글쓰기에 대한 거부감을 내려놓고 '일단' 쓰게 될까요?

아이들에게 글쓰기가 싫은 이유를 물어보면 보통 "그냥, 귀찮으니까."라고 대답합니다. 하지만 그 이면에는 앞서 언급한 것처럼 '기본적인 맞춤법'을 모르기도 하고, '글씨 쓰기가 힘듦' 같은 이유도 있습니다. 그리고 무엇보다 글쓰기를 '엄청나게 대단한 것'으로 생각하기 때문이기도 합니다.

또 잘 쓰고 싶은 마음만큼 자신의 글이 스스로 보든, 다른 사람(특히 부모)의 반응을 보든 좋지 않음을 너무 잘 알기 때문입니다. 한마디로 글을 써서 좋았던 경험이 아예 없거나 적었기 때문이죠. 특히 칭찬 욕구가 강한 아이일수록 초보 단계의 수준 낮은 글쓰기를 다음 단계로 이어갈 수 있는 동기가 부족했을 것입니다. '잘 쓰지 못한 글'은 칭찬받기 어려우니까요. 아이 나름대로는 글을 열심히 썼는데 아이가 기대하는 칭찬은커녕 엄마는 틀린 부분만 지적하기가 쉽습니다. 무언가를 써낸 사실 자체가 기특하기는 하지만 '더 잘할 수 있는데! 기왕 하는 거 제대로 했으면 좋겠다'는 엄마 마음이 조심한다고 해도 조금씩 표정에서, 말에서 드러나는 거죠. 아이들은 눈치가 엄청 빨라서 금세 그런 낌새를 알아챕니다. 그러면 아이는 더는 엄마 앞에서 글을 쓰고 싶어 하지 않게 됩니다.

그러니 이 단계의 아이 글은 절대로 첨삭하지 마세요. 이때는 첨삭보다는 칭찬이 필요한 때입니다. 만약 칭찬할 부분이 없다고 생각하신다면 일단 내용은 보지 말고, '쓰는 과정, 써냈다는 사실'에 대해서 칭찬하는 것부터 시작하세요. 예를 들어, 아이와 '하루에 한 문장씩 쓰기'로 약속을 했다면 어떤 내용을 쓰든 써냈다는 사실을 칭찬해 주는 것입니다. 처음에는 '무엇이 재미있었다', '뭐가 신기했다' 같은 감정적 표현만 쓴다 해도 괜찮습니다. 감정이든 생각이든 직접 어떤 대상에 대한 관심을 가지고 글을 쓰기 시작했다는 사실이 중요합니다.

그러다 가끔 써낸 내용이 재미있게 느껴진다면 관심을 보이며 질문도 하고, 다음에는 이런 것을 써보자고 제안(지시가 아닌)도 해보세요. 아이가 "영 쓸 것이 없어."라고 말하면 끝말잇기로 단어를 찾아서 그중 한 단어로 한 문장을 적어보는 것도 좋고요. 새로 알게 된 어휘의 뜻을 활용해서 짧은 문장을 만들어봐도 좋습니다. 무엇인가를 한 문장씩 매일 쓴다는 것이 중요하다는 것을 항상 기억하세요.

그러고 나면 이제부터는 쓰는 문장의 수를 두 개로 늘려 보는 것입니다. 한 문장에서 두 문장로 늘리는 정도는 어렵지 않으리라고 생각하겠지만 아이에게는 난이도가 100% 증가한 미션입니다. 처음에는 쉽지 않을 거예요. 막막한 아이에게 같은 문장을 두 번 반복해서 써도 괜찮다고 해주세요. 동시에 엄마도 '아이가 수준 낮은 글쓰기를 한다 해도 괜찮다.'라고 생각하시기 바랍니다.

글쓰기 교육은 아이의 반응을 보며 섬세하게 진행되어야 합니다. 이런 과정을 거쳐 우리 아이 글쓰기 목표를 일단 '세 문장까지만 쓰는 것'까지로 잡아보세요. 처음에는 글쓰기의 소재나 구성이 부실할 수밖에 없지만 조금씩 세 문장을 아이의 이야기로 채워가도록 지도해 주시기 바랍니다. 과정이야 어찌 되었든 이 시점에서 아이가 세 문장 쓰기를 전혀 부담스러워하지 않고 그냥 숨 쉬는 것처럼 편안하게 쓴다면 성공입니다.

여기까지 왔다면 이제 드디어 우리 아이가 '글을 쓰는 아이'가 되었다고 생각하셔도 돼요. 어설프더라도 한 문장, 두 문장, 세 문장을 써보는 사이에 우리 아이의 글쓰기는 이미 시작되었거든요. 칭찬을 많이 해주시고요. 이 기세를 몰아 그럼 이제부터 본격적으로 글다운 글을 쓰러 가보겠습니다.

베껴 쓰는 글이 글 머리를 키운다

　필사는 아이들 글쓰기에 큰 도움이 됩니다. 아무리 세 문장 쓰기 연습으로 글 쓰는 습관이 만들어졌다고 하더라도 글다운 글을 처음부터 쓸 수 있는 아이는 많지 않거든요. 이때 필사가 글다운 글을 조금 더 가깝게 접할 기회를 만들어줍니다. 필사(筆寫)란 '베끼어 씀'의 한자 말이고요. 말 그대로 '따라 쓰는 것'을 말합니다. 책을 읽으면서 동시에, 쓰는 과정이죠.

　따져보면 필사에는 참 많은 장점이 있습니다. 보통 필사는 종이 위에 펜(연필)으로 쓰는 행위이기 때문에 앞서 소개한 꾹꾹 눌러쓰는 '글씨 쓰기' 연습에도 적합합니다. 또 남의 글을 베껴 쓰면서 자연스럽게 문장의 구조, 맞춤법, 표현, 어휘 등에도 익숙해지죠. 이렇게 익숙해진 '남의 글'은 우리 아이가 글쓰기를 할 때 (시기와 아이에 따라 조금은 차이가 있지만) 자연스럽게 활용됩니다. 어디에서 보았는지, 어디에서 배웠는지 딱히 특정할 수는 없어도 그런 어휘와 표현이 글다운 글을 만든다는 것을 감각적으로 알게 되기 때문이에요.

　그리고 무엇보다 필사는 깊이 있는 독서, 곧 느리게 읽기를 가능하게 해줍니다. 아이 독서 수준에 맞는 '잘 쓰인 글이나 재미있는 표현'을 천천히 읽으면서 아이들은 글 속에 담긴 감정도 배우게 됩니다. 글의 종류에 따라서는 수많은 배경지식과 논리도 배우게 되죠. 또한 필사는 책을 읽는 습관을 만드는 또 하나의 방법이기도 합니다. 매일 한 문단씩, 한 장씩 필사하면 그냥 책을 읽는 것처럼 언젠가는 완독의 기쁨도 느낄 수도 있으니까요.

　이렇게 장점이 많은 필사, 다음의 주의 사항 4가지를 기억하면서 아이들의 글쓰기 교육에 적극적으로 활용해 보시기 바랍니다.

　첫째, 필사하는 책을 고르는 요령입니다. '필사하기 좋은 책 추천'이라는 키워드로 인터넷에서 검색만 해 봐도 많은 책을 찾아낼 수 있습니다. 성경, 사자소학, 인성 동화, 어린이용 전문 필사책까지 다양한 책이 추천되지요. 하지만 아이가 필사하기 가장 좋은 책은 바로 '지금, 이 순간 읽고 싶은 책'입니다. 보고 싶지도 않고 관심도 없는 책을 필사하는 순간, 그것이 아무리 좋은 책의 필사라도 아이에게는 의무이자 숙제가 되기 때문입니다. 당연히 긍정적인 효과를 기대할 수도 없겠죠.

　그러니 아이에게 필사하고 싶은 책이 있는지 한번 물어보세요. 이미 읽었던 책이어도 상관없습니다. 다시 천천히 읽고 싶은 책이 있다면, 아이가 좋아하는 책이라면, 그것만으로도 충분합니다. 혹시라도 "필사는 이 책이 좋다더라. 이 책을 써보는 건 어떨까?" 하고 아이에게 (엄마의 의견을 제시하는 것은 괜찮지만) 자칫 그 말이 암묵적인 강요가 되어, 아이가 필사를 시작하기도 전에 싫어하게 만들지는 말아주세요.

　둘째, 필사는 즐거운 일과여야 합니다. 책을 읽는 것을 좋아하지도 않는데 필사를 어떻게 시켜야 하는지 고민이신 분, 많으시죠? 그렇다면 다음 두 가지의 방법을 시도해 보세요. 우선은 '함께 쓰기'입니다. 학부모님도 아이 교육과 본인을 위해서 책 읽기를 해야겠다고 생각하시는 분이 꽤 많으십니다. (그래서 지금도 이 책을 읽고 계시죠?) 책 읽는 시간을 내기도 어렵고, 생각을 정리하는 시간을 갖는 것은 더 어려우실 거예요. 이때 아이와 함께 필사를 해보면 어떨까요? 매일 저녁 몇 분만 아이와 같이 한 문장씩, 각자의 책을 읽고 베껴 쓰는 시간을 가져보는 거죠. 이 시간을 통해 생각보다 쉽게 아이의 필사 습관을 만드실 수 있습니다.

필사는 책의 처음부터 끝까지 모든 내용을 다 베껴 쓰지 않아도 됩니다. 그런 규칙은 없어요. 자연스럽게 책을 읽다가 마음에 드는 구절을 옮겨 적거나 또는 내용을 요약하며 적는 것도 필사의 한 방법입니다. 엄마는 하지 않으면서 아이에게 중요하고 꼭 필요하니까 해야 한다고 강요하는 것보다는 아이와 함께할 때 아이도 더 오래 즐겁게 할 수 있다는 점을 기억하시면 아이도 해볼 마음이 들 것입니다.

만약 그 시간을 내지 못할 경우에는 아이를 위해서 온라인 필사 모임을 함께 찾아보셔도 좋습니다. 온라인 필사 모임이란, 매일 자신의 필사를 온라인에 업로드하여 인증하는 모임인데요. 자신보다 나이 많은 형, 누나, 오빠, 언니 그리고 어른들까지 열심히 필사하는 모습을 보면 아이도 느끼는 바가 많을 것입니다.

그리고 앞에서도 살짝 언급했지만, 필사는 하루 '몇 분'으로도 충분합니다. 천천히 써도 괜찮고요. 하루 한 문장이라도 아이가 쓰고 싶은 만큼 필사하도록 시간만 주세요. 필사 시간을 잘 활용하면, 그 시간은 하루 중 조금은 여유를 갖고 숨을 돌릴 수 있는, 아이와 엄마 둘만의 시간이 될 수도 있습니다.

셋째, 필사는 원고지에 하는 것을 추천합니다. 사실 필사는 쓰는 행위 자체에 더 의미가 있기 때문에 종이나 펜에 제약을 두는 것이 좋지 않다고 합니다. 하지만 저는 생각이 좀 달라요. 우리는 이 '필사'를 통해서 효율적으로 '글쓰기' 훈련을 하고자 하는 것이기 때문에 연필과 원고지를 사용하는 것이 좋습니다. 요즘은 예쁜 원고지 노트도 많이 나오거든요. 아이와 문구점에 가서서 함께 골라보세요. 원고지 사용은 필사의 과정에서 맞춤법에 신경 쓸 수 있도록 해줍니다.

필사할 때에는 보통 책과 노트를 한 글자 한 글자씩 번갈아 보며 적기보다는 문장 단위로 잘라서 쓰는 경우가 많은데요. 만일 아이가 처음부터 문장 단위로 필사하지 못한다면 문장 안에서의 끊어 읽기 단위부터 시작해도 좋습니다. 그리고 나서 문장 단위로 필사할 때는 '이 단어들을 띄어 써야 하는 건가? 붙여 써야 하는 건가?'를 잘 모르는 경우가 종종 생길 거예요. 이때는 일단 아이에게 자신의 느낌(?)대로 써보라고 지도하세요. 그리고 아이가 필사하고 난 후 그때그때 틀린 부분을 고쳐주기보다는 책에 쓰인 대로 스스로 수정해 보는 방법도 일러주시기 바랍니다. 그 과정에서 아이는 글쓰기의 완성도를 높일 수 있는 요소를 하나씩 배워갈 수 있습니다.

넷째, 필사는 아이의 생각 머리를 키웁니다. 필사는 '책의 내용을 그대로 따라 쓰는 것'을 넘어서 비교하기, 비판하기, 주장하기, 공감하기 등의 태도를 훈련할 수 있습니다. 보통 독후 활동은 다양한 방법으로 권장되지만, 필사는 그 행위 자체에만 주목하기 쉬운데요. 평소 습관처럼 하는 필사에 한 줄만 덧붙여서 아주 효율적인 독후 활동을 할 수 있습니다.

바로 그날 필사한 문장 중 가장 인상 깊은 문장에 밑줄을 긋고 그 문장에 대한 자기 생각을 적어보는 것입니다. 이 문장에 대해 어떤 감정이 드는지, 글쓴이의 말에 나는 동의하는지, 반대하는지, 나라면 이 대목을 어떻게 썼을지, 오늘 필사한 부분의 다음에는 어떤 내용이 전개되었으면 좋겠는지 등 다양한 주제로 말이지요. 그 과정에서 아이는 읽고 필사한 책의 내용에 대해 좀 더 깊이 있게 생각해 보게 됩니다. 그리고 매일 새로운 쓸거리를 던져주는 필사의 순기능을 즐기게 될 것입니다.

다양한 독서가 다양한 글쓰기를 만든다

글을 쓰다 보면 내 생각을 글로 정확하게 표현하지 못함에서 오는 답답함이 생기기 마련입니다. 또 매번 같은 글을 쓰는 것 같아 글쓰기가 점점 지루해지기도 하죠. 이 답답함과 지루함의 원인은 어휘력이 부족한 탓이기도 하고 문장력의 부재 때문이기도 합니다. 일종의 '글쓰기 슬럼프'라고 할까요? 이 슬럼프는 지금까지 해오던 글쓰기 습관을 한순간에 무너뜨리기도 하는 무서운 존재입니다. 생각만 해도 가슴이 철렁하지 않으세요? 잘 아시는 것처럼 아이들 학습 습관은, 특히 어렵게 만든 습관일수록 아주 사소한 것에서부터 무너지는 경우가 종종 있습니다. 그럼 어떻게 해야 이 위기를 극복해낼 수 있을까요?

　유일한 방법은 '다양한 글을 많이 읽어보는 것'입니다. 저도 글을 더 잘 쓰기 위해 지금도 다양한 분야의 책을 많이 읽고 있습니다. 작가란 글을 쓰는 사람인 동시에 다(多)독가여야 한다고 생각하기 때문인데요. 책을 읽으면서 알게 되는 새로운 지식이 저의 글감이 되기도 하고, 다른 작가의 생각과 내 생각을 비교해 보면서 새로운 글을 쓸 동기를 얻기도 합니다. 때로는 그 책의 숨겨진 작가가 되어 나라면 이 내용을 어떻게 썼을까를 상상해 보기도 하죠. 그리고 읽은 글의 종류에서 영감을 받아 새로운 방식의 글쓰기를 시도해 보기도 합니다. 최근 저는 세계적인 작가들의 개인적인 이야기가 담긴 손 편지를 묶은 《작가의 편지》라는 책을 읽고 서간문을 쓰는 연습을 하고 있습니다. 이 글쓰기가 앞으로 제가 쓸 글에 어떤 영향을 미칠지는 아직 모르지만, 이 과정에서 엄청나게 글쓰기 훈련이 된다는 것은 분명한 사실입니다. 이처럼 책은 글쓰기의 강력한 동기이자 목적이 됩니다.

　저는 평소 작가라는 직업은 '하고 싶은 이야기가 많은 사람'이 할 수 있는 것으로 생각합니다. 글을 직접 쓰는 것도 재미있지만 이렇게 다른 작가가 쓴 글을 보면서 내 이야기를 만들어보는 것도 참 즐겁습니다. 아이들의 글쓰기도 저와 같아야 한다고 생각해요. 글쓰기의 재미를 알기 위해서는 다양한 글을 써보는 것이 중요합니다. 그리고 그 시작은 '다양한 글을 많이 읽어보는 것'이고요. 앞서 소개한 〈진짜 문해력을 키워주는 독서법〉을 중심으로 우리 아이에게 자극이 될 만한 다양한 종류의 글을 접하게 해주세요. 그리고 새로운 종류의 글을 기회가 될 때마다 직접 써 보도록 해야 합니다.

글쓰기의 종류는 일기나 독후 활동의 기본인 독후감(감상문)만 있는 것이 아니라 다음의 표처럼 다양합니다. 같은 목적의 글이라도 글쓰기의 종류에 따라 초등 저학년부터 어른까지 쓸 수 있는 글이 달라지죠. 우선 편지나 자기소개서처럼 상황적으로 써야 하는 글쓰기부터 우리 아이가 써 볼 수 있는 글의 범주를 조금씩 넓혀주세요. 예를 들어 우리 집에 오는 손님을 위해 아이가 〈우리 집 안내서〉를 써보면 어떨까요? 또는 아이가 용돈을 올려 받고 싶다고 하면 그 이유를 담아 〈용돈 인상 제안서〉로 써보도록 하는 것입니다. 아이들은 한번도 써 보지 않은 글을 써야 하는 일이 많아질수록, 다양한 표현과 다양한 예시 글이 필요하다고 느낄 것입니다. 폭넓은 독서가 목적에 맞는 글쓰기를 위해서라도 꼭 필요하다는 증거이지요.

글쓰기 목적	글쓰기 종류
나를 표현하기 위한 글	자기소개서, 에세이, 계획서
기록을 위한 글	일기, 회의록
사실 전달을 위한 글	설명문, 기사
대상을 설득하기 위한 글	주장문, 논설문, 비평문, 연설문, 제안서
소통을 위한 글	편지(카드), 이메일, SNS
홍보를 위한 글	광고문, 전단지

지금까지 얘기해 온 '생각을 만드는 글쓰기' 외에도 글쓰기의 종류에는 '직접적으로 학업에 도움이 되는 글쓰기'도 있습니다. 하지만 아무리 '학습'의 일환이라고 해도 아이에게 갑자기 긴 글을 쓰도록 하

는 것은 쓰는 아이와 지도하는 학부모님 모두에게 부담입니다. 그러니 '일단 쓰는 것'이라는 글쓰기의 원칙은 지키되 '오늘 공부한 내용을 되짚어보고 기억해 내는 글쓰기'로 살짝 중심을 옮겨보세요. 국어와 관련된 내용, 수학과 관련된 내용, 영어와 관련된 내용, 이렇게 주요 세 과목의 오늘 수업 내용을 조금씩 기억해 내는 것만으로도 하루 학습을 돌아볼 수 있습니다.

처음에는 각 과목당 한 문장씩 총 세 문장을 쓰도록 합니다. 그러다 그것만으로는 부족하다고 느껴질 때는 아이와 의논해서 두 문장씩 쓰기, 세 문장씩 쓰기로 늘려 가고, 마침내 제한 없이 쓰고 싶은 만큼 쓰기로 점차 자유도를 높여주세요. 이 '복습 글쓰기'를 통해 아이의 공부 습관이 잡혀갈 것입니다. 내가 오늘 배운 내용을 매일 10분씩만 복습해도 주말에 두세 시간을 몰아서 공부하는 것보다 훨씬 효과적이기 때문입니다.

과목별로 한 문장 쓰기, 총 세 문장 쓰기를 시작할 때 참고할 만한 가이드가 있습니다. 바로 과목별로 어떤 내용을 쓰면 쉽게 쓸 수 있는지에 대한 것인데요. 막연하게 오늘 국어 시간에 공부한 것 중에서 아무거나 써보라고 해도 아이들에겐 어려울 수 있거든요. 지금부터 소개하는 과목별 '글쓰기 소재 가이드'를 참고하셔서 아이들에게 조금은 쉬운 '학습용 글쓰기' 연습을 지도해 보시기 바랍니다.

영어 한 문장 쓰기 방법

 초중등! 지금 영어라이팅 준비 안했다가 후회해도.. 저는 모릅니다
QR코드를 스캔하거나 유튜브에서 위 제목을 검색하세요.

　영어 문해력을 올리는 방법 중 가장 효과적인 것은 바로 '쓰기 연습'입니다. 자기 손으로 한 문장 한 문장 직접 써본 사람만이 문장 속 단어의 관계와 쓰임에 대해 더 심층적인 고민을 할 수 있지요. 한 단락이라도 글을 써본 사람만이 문단의 통일성과 구성에 대해 진지하게 고민할 수 있습니다. 글을 구성해 본 경험이 글을 이해하는 가장 좋은 방법인 것은 어찌 보면 당연한 것이죠.

　영어 쓰기는 어렵다고 생각하시는 분이 많습니다. 물론 그렇습니다만, '연습하는 글쓰기'는 전혀 어렵지 않습니다. 틀려도 되는 게 '연습하는 글쓰기'이기 때문이죠. 오히려 틀릴수록, 어설플수록 더 좋습니다. 그래야 아이들이 영어 글쓰기를 두렵게 생각하지 않을 수 있기 때문입니다. 많이 틀려도 되는, 그러나 영어 문해력을 기적처럼 높여주는 영어 글쓰기 방법을 지금부터 소개해 드리겠습니다.

　무엇이든 상관없이 하루에 딱 한 문장만 쓰면 됩니다. 무슨 내용이든, 문법에 상관없이 '하루에 딱 한 문장 쓰기 습관 만들기'를 목표로 삼아 주세요.

영어 한 문장 쓰기의 원칙 4가지

1. 어떤 내용이라도 써도 된다.

2. 문법은 틀려도 괜찮다.

3. 실력이 부족하거나 쓸 내용이 없다면 필사라도 하면 된다.

4. 아직 문장을 쓰지 못하는 아이는 문장 대신 단어 1개를 써보자.

예시)
- 오늘 배운 영단어로 한 문장 쓰기 (예문도 좋고, 문장을 만들어 써도 좋음)
- 오늘 읽은 글 중에서 한 문장 필사
- 영어 일기, 오늘 하루 가장 재밌었던 일을 한 문장 쓰기
- 오늘 가장 맛있게 먹은 음식에 대해 한 문장 쓰기
- 오늘 리스닝한 문장 중 한 문장 따라 쓰기

위 예시처럼 한 문장은 어떤 내용이든, 어디에 기록된 글이든, 길이가 길든 짧든 상관없습니다. 대원칙은 딱 하나! 하루에 딱 한 문장을 쓰는 것만 지키면 됩니다. (아직 문장을 쓰지 못하는 아이는 위 예시에서 문장을 단어로 바꿔서 하루에 단어 1개를 쓰면 됩니다.)

영어 한 문장 쓰기로 우리 아이들의 영어는 수동적 영어에서 능동적 영어로, 이해만 하는 영어에서 적용하는 영어로, 단기기억에서 맴도는 영어에서 장기기억으로 남는 영어로 그리고 동시에 점수가 잘 나오는 영어로 성장하게 됩니다. 왜냐하면 쓰기라는 능동적 학습 행위가 불러오는 복습과 '강화'라는 과정은 아이들이 배운 내용을 훨씬

더 장기적으로 기억하게 도와주며, 쓰기의 중요성과 비중이 갈수록 강조되는 영어 시험에서도 자신감이라는 강점을 지닐 수 있게 하기 때문입니다.

영어 한 문장 쓰기에 대한 학부모 코칭 원칙 5가지

1. 어쨌든 매일 쓰게 돕기
2. 틀린 문법 지적하지 않기 (문법 공부 시작 후에는 배운 내용 위주로만 부분 첨삭하기)
3. 쓸거리 챙겨 주기 (되도록 아이가 하는 영어 공부에서 쓸거리를 같이 찾아 주기)
4. 아이가 쓴 글의 내용에 폭풍 리액션 해주기 (쓰기를 즐거운 경험으로 느끼게 해주기)
5. 실력이 늘고 또 습관이 들면 한 문장씩 늘려 가기

아이가 영어 한 문장 쓰기를 매일의 습관처럼 받아들이기 위해서는 학부모님의 코칭이 정말 중요합니다. 우선 거부감을 줄여주세요. 한 문장이 힘든 아이는 어휘 1개로 시작해도 좋습니다. 처음에는 아주 금방 끝나는 부담 없는 '놀이 학습'처럼 느끼도록요. 평가를 받는 테스트 같은 시간이 아니라 무엇이라도 쓰면 어쨌든 칭찬받는 즐거운 시간처럼 느끼게 하는 거죠. 이때 가장 좋은 방법은 폭풍 리액션입니다. "우아! 내 새끼가 영어로 글을 썼네? 대단한데?"처럼 말입니다. 틀린 부분을 지적하는 건 최악입니다. 가뜩이나 하기 싫고 부담스러운 영어 공부인데 채점하려 들면 도망가는 것은 당연한 반응 아닐까

요? 쓴 내용이 별로일 때는 쓴 행위 자체를 칭찬해 주세요. 그게 바로 습관을 만드는 유일한 방법입니다.

쓰기에 있어 가장 큰 어려움은 쓸거리를 찾는 것입니다. 일기를 과제로 써 본 사람들은 다 기억하고 있죠. 일기에 쓸 만큼 인상적인 일이 매일 일어나지는 않는다는 사실을 말입니다. 그래서 아이들이 매일 겪은 일이 아니라 일기예보나 식사 메뉴 안내 따위의 글을 쓰게 되는 것입니다.

쓸거리를 같이 찾아 주시는 것이 필요합니다. 처음부터 스스로 찾아서 알아서 쓰는 아이는 거의 없으니까요. 그런데 이 쓸거리는 멀리서 찾을 필요가 없습니다. 오늘 들은 것, 어제 읽은 것, 오늘 알게 된 단어 등 영어 공부한 내용에서 찾아오면 쉽습니다. 기왕이면 아이가 관심 있어 하는 내용에서 찾아주세요. 무엇보다 아이의 긍정적이고 자발적인 태도와 감정을 이끌어내는 것이 중요합니다.

수학 한 문장 쓰기 방법

진짜 효과 좋은데… 제 말 믿고 수학일기, 한번 써보실래요?
QR코드를 스캔하거나 유튜브에서 위 제목을 검색하세요.

수학 글쓰기는 한글, 영어 글쓰기에 비해 다소 생소하실 것입니다. '수학을 주제(?)로 한 글쓰기를 말하는 건가? 수학 문제 풀이 과정을 쓰는 건가?'처럼 막연하게 느껴질 수 있죠. 결론부터 말씀드리면 수학 글쓰기는 작문이라기보다는 '요약, 정리'에 가깝습니다. 공부한 내용을 끄집어내어 직접 정리해 보는 일명 '복습 글쓰기'가 가장 핵심이죠. 복습 글쓰기의 대상은 수학 동화(도서)를 읽고 난 후의 독후 활동, 수업 시간에 배운 수학 개념, 수학 어휘 학습의 결과물, 오늘 풀었던 인상적인 수학 문제, 오늘 공부한 수학 공식 등 다양한 것이 될 수 있습니다. '어떻게' 쓰느냐가 중요한 것이 아니라 '무엇을' 쓰느냐가 중요하기 때문입니다.

수학 글쓰기는 첫째로 아이들의 메타인지 능력을 높입니다. 메타인지는 '나는 얼마만큼 알고 있는가, 나는 얼마만큼 할 수 있는가'를 객관적으로 바라보는 '또 하나의 눈'으로서 학습력의 핵심인데요. 자신의 공부 상황을 자각하는 순간부터 부족한 부분을 스스로 보완하는 '진짜 공부'가 시작되기 때문입니다. 둘째로 오늘 공부한 내용을 출력, 즉 '기억을 꺼내 보는 글쓰기 활동'이 아이들의 단기기억을 장기기억으로 바꿔줍니다. 일반적으로 힘든 학습, 불편한 학습이 쉽게 익혔던 것에 비해 상대적으로 장기기억에 더 도움이 됩니다. 수학 글쓰기 초기의 익숙하지 않은 불편함이 아이들의 장기기억에 도움이 되는 것이지요. 이 시기만 잘 보내고나면 이제는 이 행위가 습관이 되어, 무엇이든 배운 내용을 더 오래 기억할 수 있게 됩니다.

수학 글쓰기에는 총 4단계가 있습니다. '오늘 배운 내용 요약'과 '느낀점'으로 이루어진 가장 쉬운 단계의 '복습 글쓰기'부터 '오답 노트'의 변형 글쓰기, 스스로 '문제 만들기', '증명하기'까지이죠. 지금부터 한 단계씩 소개해 드릴 텐데요, 우선 이것만 기억하세요. 모든 단계를 다 섭렵해야 한다고 생각하지는 마세요. 아이들의 학년과 역량에 따라 각 단계는 차례대로 진행되어야 합니다. 제가 장담하건대 제대로 하는 1단계만으로도 충분한 학습 효과가 있으니까요. 1단계만이라도 지금 당장 시작하시기 바랍니다.

첫 번째 단계는 수학 글쓰기의 핵심이자 수학 공부 내용을 복습하는 일명 '복습 글쓰기'입니다. 초등학생 학부모님들께 익숙한 '배움 노트'를 생각하면 이해하기 쉬울 거예요. 수학을 공부한 날은 매일 복습 글쓰기를 하는 것입니다. 처음에는 아주 간단한 한 문장 쓰기부터 시작할 거예요. 이 한 문장에 오늘 배운 내용의 핵심만 적을 수 있으면 됩니다. 예를 들어 초등 4학년 〈사각형〉 단원에서 '평행선 사이의 거리를 알아볼까요?'를 배웠다면 복습 글쓰기 양식에 다음과 같이 쓸 수 있습니다.

> 평행선 사이의 거리는 평행선의 수선의 길이이다

우선은 이렇게 한 문장만 쓰고 여기서 멈춰도 좋습니다. 조금 더 써 보자면 무슨 내용인지 간략하게 아이의 생각을 적어보게 하세요. 모두 합해 딱 세 문장까지만요. 간단하죠? 처음에는 이마저도 잘 떠올리지 못해서 교과서를 들춰봐야 할 수도 있지만, 점차 아이 스스로 생각해내어 쓸 줄 알아야 합니다. 또 이것이 전부는 아닙니다. 수학 복습 글쓰기에는 이런 것들도 쓸 수 있습니다.

> 예시)
> - 오늘 읽은 수학 동화(도서)에서 새롭게 알게 된 것 한 문장 쓰기
> - 오늘 읽은 수학 동화(도서) 중에서 가장 기억에 남는 것 한 문장 쓰기
> - 수학 동화(도서)를 읽고 난 후 나의 감상(느낌) 한 문장 쓰기
> - 오늘 공부한 수학 교과서나 문제집에서 새로 알게 된 수학 어휘 1개의 의미를 설명하는 한 문장 쓰기
> - 오늘 공부한 수학 개념을 설명하는 한 문장 쓰기 (그림을 그려도 좋고, 수학 어휘를 적절하게 사용해도 좋음)
> - 오늘 풀었던 인상적인 문제 또는 어려웠던 문제 옮겨 적기, 직접 풀어보기

이렇게 그날 배운 수학 공부 내용을 떠올리며 정리하는 글쓰기를 해보는 거죠. 그리고 아이가 점차 이 한 문장 쓰기에 익숙해지면 여기서 한 걸음만 더 나아가 볼 수 있습니다. 소위 심화 과정인데요, 오늘 배운 수학 글쓰기 안의 모든 수학 어휘를 설명하는 글쓰기를 추가해보는 것입니다.

예를 들어, 앞에서 예시로 들었던 "평행선 사이의 거리는 평행선의 수선의 길이이다."의 의미를 적어내는 것에서 멈추지 않고, 등장하는 모든 수학 어휘를 다음과 같이 써보는 거예요. 재미있는 것은, 새로 수학 어휘의 뜻을 쓰면 쓸수록 꼬리에 꼬리를 물고 또 써야 하는

어휘가 등장합니다. 자연스럽게 지금까지 배웠던 수학 어휘를 복습할 수 있는 계기가 되죠. 만약 기억이 안 나거나 몰랐던 것이 등장하면 교과서나 사전을 찾아서 채워 넣을 수 있습니다.

1. 평행선: 평행한 두 직선
2. 평행: 서로 만나지 않는 두 직선
3. 직선: 선분을 양쪽으로 끝없이 늘인 곧은 선
4. 선분: 두 점을 곧게 이은 선
5. 수선: 두 직선이 서로 수직으로 만날 때, 한 직선을 다른 직선에 대한 수선이라고 함
6. 수직: 두 직선이 만나서 이루는 각이 직각일 때, 두 직선을 서로 수직이라고 함
7. 직각: 두 직선이 만나는 각이 90°인 각

그리고 여기에 한 가지만 더! 이 배움 과정에서 깨달은 점이나 궁금한 점이 있었다면 짧게 써보도록 지도해 주세요. 아이도 수학 공부에 대한 '감정'을 느껴야 합니다. 그 감정은 당연히 '자신 있다', '할 만하다', '나, 이런 것까지 안다'와 같은 긍정적인 감정이면 더 좋습니다. 처음에는 쓰고 싶은 감정이 없을 수도 있고 또 부정적인 감정이 생길 수도 있지만 이 '복습 글쓰기'를 통해 아이는 점차 자신감을 가지게 됩니다. 수학 어휘와 개념부터 제대로 알아야 실제적인 수학 실력도 늘어나는 것이니까요. 이렇게 쌓인 긍정적인 감정은, 수학 공부를 하

는 한 언제 찾아올지 모르는 어려운 순간이나 슬럼프를 견딜 수 있는 힘이 됩니다.

명심하세요. 처음부터 아이가 이 모든 과정을 잘할 수 있을 것이라고 기대하면 안 됩니다. 처음에는 한 문장, 그날 배운 교과서의 단원명을 적는 것만으로도 충분하다는 것을 기억하시기 바랍니다.

여기에 더해 수학 복습 글쓰기를 지도할 때의 주의점은 딱 하나입니다. 바로 '스스로 쓰고 싶은 만큼만 쓰는 것'입니다. 글쓰기가 하기 싫은 공부의 연장선이 아니라 오늘 공부해서 '아는 것을 마음껏 뽐낼 수 있는 행위'가 되어야 해요. 그러기 위해서는 강요가 아니라 하고 싶은 마음이 들도록 해야 합니다. 글이든 그림이든 어떤 식으로든 표출되는 수학 글쓰기의 결과물을 그 자체로 칭찬해 주세요. '맞았다, 틀렸다, 더 써라, 부족하다'와 같은 평가는 절대 아이에게 도움이 되지 않습니다.

이 글쓰기가 끝나야 '오늘 수학 공부를 끝냈다!'라는 생각이 들 수 있도록, 간결하게 적어내는 공부의 마침표! 바로 이 습관을 만들어주는 것이 우리의 수학 한 문장 쓰기 지도의 목표임을 꼭 기억해 주시기 바랍니다.

여기에 더해 2, 3, 4단계는 1단계 수학 글쓰기가 충분히 익숙해진 다음에 시도해 보면 좋습니다. 특히 이러한 글쓰기는 초등 고학년의 수학 실력을 일취월장하게 해 주는 좋은 수학 공부법인데요. 실력을 충분히 쌓은 후에 도전해 볼 것을 추천합니다. 기본이 아니라 플러스 알파(+a)라고 생각해 주세요.

수학 문제를 다르게 풀어보면 어떤 일이 발생할까?
QR코드를 스캔하거나 유튜브에서 위 제목을 검색하세요.

두번째 단계는 '오답 노트'의 변형 글쓰기입니다. 꼭 필요하지만 제대로 활용할 것이 아니라면 절대 만들지 말아야 하는 오답 노트! 저는 오답 노트보다 오답 봉투(오답 봉투에 대해 자세히 알고 싶으신 분은 유튜브에서 '오답 봉투'를 검색하세요.) 방식을 훨씬 더 선호하고 추천합니다. 그럼에도 오답 노트가 필요한 순간이 있는데요. 이 방법은 엄밀히 말하면 오답 노트라기보다는 '정답 노트'라고 해야 할 것 같습니다. '정답 노트'는 우리 아이가 평소 수학 문제를 풀 때, 풀어내긴 했지만 고민했던 문제를 다시 다르게 풀어보는 방법입니다. (다시 풀어본다는 의미로는 오답 노트와 유사하지만 풀어야 하는 대상 문제가 틀린 문제가 아니라 맞은 문제이므로 정답 노트가 더 어울리는 표현입니다.)

수학 문제는 정답은 하나이지만 풀이법은 여러 가지일 수 있습니다. 우리 아이의 수준에 너무 어려워서 손도 못 대는 문제 말고, 그날 푼, 맞은 문제 중에서 하나만 다르게 풀려 보세요. 이때 문제는 아이에게 직접 선택하게 하는 것이 가장 좋고요. 아주 사소한 것이라도 상관없습니다. 아이가 문제 풀이 방법에는 여러 가지가 있다는 사실을 인지하고 그 순간만큼은 문제를 해결하기 위해 '다른 생각'을 한다는 것이 중요하니까요.

이 과정을 통해 우리 아이는 수학 문제에 대한 진중한 자세를 배우고 다양한 전략을 고민하게 됩니다.

고등때 수학 실력의 꽃을 피우려면 초등이 반드시 해야할 것!
QR코드를 스캔하거나 유튜브에서 위 제목을 검색하세요.

세 번째 단계는 '스스로 문제 만들기'입니다. 이 방법은 문장제 문제를 연습하는 데 큰 도움이 되는데요. 쉽게 말해 단순 연산 문제를 문장제 문제로, 문장제 문제를 단순 연산 문제로 바꾸는 것을 직접 해보는 것입니다. 출제자의 마음이 되어보는 과정이랄까요?

예를 들어, 4학년 때 학습하는 분수의 뺄셈 식 $5-1\frac{3}{4}$ 을 문장제 문제로 만들어보는 거죠. 다음처럼요. 그리고 그 문제는 꼭 엄마가 풀어보겠다고 하세요.

지연이는 오렌지 5개 중 $1\frac{3}{4}$개를 사용하여 오렌지주스를 만들었습니다. 남은 오렌지의 개수는 몇 개일까요?

처음에는 예시처럼 아주 쉬운 문제로 문장제 문제를 만들 수 밖에 없겠지만 아이는 조금씩 교과서나 문제집을 참고해

가며 어려운 문제를 만들 것입니다. 엄마가 풀어야 하는 문제니까요.

아이는 퀴즈나 문제를 내는 입장에 있으면 문제를 풀 때보다 훨씬 더 즐거운 수학 학습 경험을 할 수 있습니다. 게다가 문제의 구성을 고민해 보는 것 자체가 매우 중요하죠. 앞서 글을 잘 읽기 위해서 글을 써봐야 한다고 했었던 것처럼 문제를 직접 만들어보면 문제가 더 잘 보입니다.

그러니 아주 쉬운 문제를 직접 만들어보는 것부터 훈련시켜 보세요. 분명 머지않아 문장제 문제를 두려워하지 않고, 가지고 노는 아이가 될 것입니다.

수학, 증명하기 문제 때려잡는 방법!
QR코드를 스캔하거나 유튜브에서 위 제목을 검색하세요.

네 번째 단계는 '증명하기'입니다. 학부모님은 어릴 때 수학 공부가 싫어지기 시작했던 타이밍이 언제였나요? 혹시 이해가 안 되는 증명 문제를 외워야 할 때가 아니었나요?(저도 외우는 것은 싫었습니다.)

요즘 아이들은 우리 때처럼 증명하기를 깊게 배우지 않습니다. 하지만 증명 과정은 원리를 제대로 이해하기 위해서, 또 공식 등을 암기하더라도 장기기억으로 남도록 도와주기 때문에 수학 전문가들은 증명을 꼭 해야 할 수학 공부 중 하나라고 입을 모읍니다. 중요한 것은 알지만 지도하기도, 아이가 적응하기도 쉽지 않은 증명하기. 저는 궁금한 것이 많은 아이의 특성을 이 '증명하기'에 활용하여 수학 공부의 즐거움을 증폭시켜 줄 것을 제안합니다.

증명하기를 너무 어렵게 생각하지 마세요. 초등 수준의 '증명 글쓰기'는 '왜?'라는 질문에 대한 답만 낼 수 있으면 됩니다.

왜 한 원에 반지름은 한 개가 아닐까?
왜 삼각형의 세 각의 합은 180°일까?

위와 같은 질문으로 말이죠. 단, 이 답은 아이가 스스로 찾게 하셔야 합니다. 바로 답을 쓸 수 있다면 좋겠지만, 만약 답을 바로 쓸 수 없다면 관련된 정보를 검색해 보거나 책을 찾아보도록 유도해 주세요. 이런 경험을 통해 배운 지식은 절대 잊어버리지 않거든요. 궁금한 것이 있어도 그에 대해 찾아볼 생각도 안 하는 친구에 비해서도 우리 아이는 훨씬 더 깊이 있는 공부를 하고 있습니다. 그리고 그 과정에서 수학에 대한 남다른 흥미와 성취감을 느끼는 것은 덤이죠.

수학 공부는 이처럼 다양한 글쓰기 활동을 통해 그 깊이가 더해질 수 있습니다.

초등학생이 가장 자주 틀리는 맞춤법

아이들의 글쓰기를 두렵게 만드는 '기본적인 맞춤법'. 맞춤법은 어른에게도 참 어렵습니다. 그래서인지 온라인 서점 검색창에 '맞춤법'이라는 검색어를 넣어보면 각종 도서 분류에서 1만 1,000여 개나 되는 책이 검색됩니다. 아이들 책은 주로 맞춤법 사전, 맞춤법 학습 교재, 학습 만화 등이고요. 성인 대상의 책은 맞춤법 교본 같은 두꺼운 책부터 《맞춤법을 알고 나니 사회생활이 술술 풀렸습니다》, 《오빠를 위한 최소한의 맞춤법》처럼 인상적인 제목의 책도 있습니다. 보통 서점가에서 출간된 책들이 '사회의 필요'를 반영한다는 측면에서 아이들에게는 기본적인 학습을 잘하기 위한 '기초 역량'으로서 맞춤법 공부가 필요하고요. 어른들의 책은 일상생활의 곳곳에서 맞춤법이 절실하게 필요한 상황이 반영되었다고 볼 수 있습니다.

최근, 기업 10곳 가운데 8곳 이상에서 자기소개서의 맞춤법을 틀린 구직자에 대해 '기본 역량이 부족할 것이다', '상식이 부족해 업무에 영향을 미칠 것 같다' 등의 이유로 부정적으로 판단하고 있다는 기사("맞춤법 틀리면 채용 탈락", 매일경제, 2021.10.25)가 나왔습니다. 맞춤법을 비롯해 국어 능력이 부족한 직원은 '보고서 작성, 구두 의사소통, 활자 소통' 능력이 현저히 부족하다는 것을 경험했다는 이유였죠. 이런 주관적인 판단과 함께 실제로도 상당수의 입사 자격시험에서 한글 맞춤법을 평가하는 항목이 포함된 것을 보면 국어 능력과 업무 능력 사이에는 유의미한 관계가 있다고 판단할 수 있습니다.

또한 한 결혼정보회사에서 '연인에게 가장 정떨어지는 순간'에 대해 조사한 결과("정 뚝 떨어지는 연인간 최악 맞춤법", 뉴시스, 2020.12.5)도 흥미롭습니다. 전체 응답자의 32.3%가 '반복적으로 맞춤법을 틀릴 때'를 꼽았다고 하는데요. '맞춤법이 뭐길래! 뭐가 그렇게 중요해서!'라고 생각하는 사람도 있겠지만 현실 속의 맞춤법은 누군가의 능력, 자격, 수준 등을 평가하는 기준이 되어 가고 있습니다.

올바른 맞춤법을 사용해야 하는 이유

맞춤법은 글을 쓰는 '약속, 규칙'입니다. 맞춤법을 잘 알게 되면 우선 그동안 틀리게 써왔던 말을 바르게 쓸 수 있습니다. 상황에 맞는 어휘를 적절하게 사용하여 정확하고 효과적으로 의사소통을 할 수도 있죠. 또 아이들은 맞춤법 때문에 어려워했던 글쓰기도 잘 할 수 있게 되어 평범한 글쓰기부터 주관식, 서술형 답안지까지도 바르게 작성할 수 있습니다. 맞춤법 하나만 바꾸었는데 언어생활이 훨씬 더 쉬워지는 것이죠.

맞춤법의 한 부분인 띄어쓰기도 마찬가지입니다. 띄어쓰기는 '글을 쓸 때 독자가 내용의 이해를 쉽게 하고 글쓴이의 뜻을 정확하게 전달하기 위해 의미 단위를 벌려 쓰는 것'입니다. 띄어쓰기가 잘못되면 원래 전하려고 하는 의도를 오해하게 만들 수 있기 때문에 세심한 주의가 필요하죠. 우리가 흔히 '주의해야 할 띄어쓰기'의 예로 드는 문장 중 하나가 '아버지가 방에 들어가신다'와 '아버지 가방에 들어가신다'인데요. 띄어쓰기에 따라 의미가 전혀 다른 문장이 됩니다.

글다운 글을 쓰기 위해서는 맞춤법과 띄어쓰기의 기본을 알고 또 적재적소에 활용할 수 있어야 합니다.

어릴 때부터 맞춤법 습관이 잘못된 아이는 어른이 되었다 한들 (크게 깨닫지 않는 한) 그 습관을 고치기가 쉽지 않습니다. 맞춤법은 상식의 차원이긴 하지만 저절로 알게 되는 것이 아니라 '학습'을 해야 제대로 사용할 수 있기 때문입니다. 따로 공부하거나 글을 쓸 일이 없었다면 그 상태로 그냥 어른이 되는 경우가 대부분입니다. 그나마 다행인 것은 맞춤법은 사실 어렵다기보다는 어휘 사용의 '습관'일 뿐이라서 어릴 때 제대로 배우고 생활 속에서 자주 활용하기만 해도 지속해서 올바르게 쓸 수 있다는 것입니다. 다만 애써 맞춤법을 공부해 놓고 친구들과 어울리며 다시 망쳐지지 않기 위해서는 집에서 온 가족이 바른 맞춤법을 사용하는 것이 좋습니다. 무의식중에 엉망인 맞춤법을 쓰는 사람들과 있다 보면 아이들도 쉽게 물들어 버리기 때문이죠.

그런 의미에서 학부모님은 평소 맞춤법을 잘 사용하고 계신지 묻고 싶습니다. 만약 아니라면, 아이들의 올바른 맞춤법 습관을 위해서라도 오늘부터 부모님이 제대로 된 맞춤법 쓰기를 실천해 보셨으면 하는데요. 그러기 위해서는 먼저 학부모님의 맞춤법 수준을 진단해 봐야겠죠?

지금부터 간단한 테스트를 해 보겠습니다. 아래 문제들 중 몇 개나 맞힐 수 있는지를 스스로 채점해 보세요. 15개 중에서 3개 이내로 틀린다면 맞춤법 사용을 비교적 잘하고 계신 것입니다. 하지만 만약 틀린 문항이 4개 이상이라면 이번 기회에 아이와 함께 확실하게 학습해 보세요. 정답은 다음 페이지에 있습니다.

1) 문안하네 / 무난하네

2) 되, 안 되 / 돼, 안 돼

3) 역할 / 역활

4) 어의없다 / 어이없다

5) 바라 / 바래

(*의미: 생각이나 바람대로 어떤 일이나 상태가 이루어지거나 그렇게 되었으면 하고 생각하다)

6) 설레다 / 설레이다

7) 몇일 / 며칠

8) 폭발 / 폭팔

9) 베개/배게

10) 금새 / 금세

11) 오랫만에 / 오랜만에

12) 비로서/비로소

13) 뵈요 / 봬요

14) 어떡해 /어떻해

15) 박힌 / 박인

무난하네 / 돼, 안 돼 / 역할 / 어이없다 / 바라 / 설레다 / 며칠 / 폭발 / 베개 / 금세 / 오랜만에 / 비로소 / 봬요 / 어떡해 / 박인

효과적인 맞춤법 학습 방법

　한글 맞춤법은 한국어 어문 규범으로서 총칙에서부터 띄어쓰기를 포함해 총 57항, 부록으로 문장 부호 규정까지 있습니다. 천천히 하나씩 이해하며 공부하기에는 양이 많고 무엇보다 원칙을 적용하기 위해 미리 알아야 할 용어(음절, 어간, 어미, 조사, 의존 명사 등)도 많기 때문에 초등학생이 문법적으로 학습하기에는 어렵죠. 또 예외가 많아서 계속

해서 활용하지 않으면 잊어버리기 십상입니다. 그래서 어릴 때는 원칙 중심보다는 맞춤법 규정에 맞게 쓰인 글을 자주 보면서 소리와 형태에 익숙해지는 것이 좋습니다. 가족 구성원의 올바른 맞춤법 사용도 병행하면서요. 그리고 이때 맞춤법 관련 책 한두 권을 학습하면 큰 도움이 됩니다.

아이들을 위한 맞춤법 학습 책으로는 우선 많이 틀리는 맞춤법을 중심으로 동화나 학습만화 형태로 제작된 《읽으면서 바로 써먹는 어린이 맞춤법》, 《초등 맞춤법 골든벨》 등이 있습니다. 학습지처럼 매일 몇 장씩 (주로 원리 중심으로 짜인) 각 교재의 목차에 따라 학습하는 형태인 《똑똑한 하루 어휘: 맞춤법+받아쓰기》, 《초능력 맞춤법+받아쓰기》, 《기적의 맞춤법 띄어쓰기》 등도 있고요. 만약 아이가 책이나 교재로 공부하는 것에 부담스러워한다면 앱을 활용하여 퀴즈로 접해보는 것도 좋습니다. 본격적인 공부보다는 자투리 시간을 활용하는 거죠. 이때 사용하면 좋은 추천 앱은 다음과 같습니다.

1. 네이버 국어 퀴즈:

네이버 검색창에서 '국어 퀴즈'로 검색하면 (PC, 모바일 모두 가능) 즉시 국어 퀴즈 풀이가 가능합니다. '알쏭달쏭 우리말', '올바른 띄어쓰기', '알듯 말 듯 우리 속담', '뜻이 비슷한 우리말', '이럴 땐 사자성어', '알고 쓰는 외래어', '아름다운 우리말', '신조어 잘알 평가' 등으로 세분화 된 국어 퀴즈를 풀 수 있고, 문제마다 정답과 설명, 정답률이 표기되어 있습니다.

추천할 만한 활용 방법은 〈틀린 문제 공유하기〉인데요. 공유 기능을 통해 네이버 밴드로 특정 문제만 보낼 수 있으니, 국어 퀴즈용 네이버 밴드를 하나 만들어서 틀린 문제만 모아서 다시 복습하도록 지도해 주시기 바랍니다.

2. 띄어쓰기 능력 고사:

제한 시간 내에 문장 전체의 띄어쓰기를 하는 앱입니다. 앱의 메인 페이지에 '기출문제'의 처음 난이도는 초등 1학년부터 시작되는데요. 시간 추가와 힌트를 써가면서 다음 문제로 넘어가야 하는 게임 형식으로 되어 있습니다. 정답을 빠르게 맞힐수록 높은 점수를 받게 되고요. 정답을 맞히지 못하면 맞힐 때까지 다시 도전해야 하는 규칙이 있습니다. 기출문제의 30번까지 완료하면 '매일매일 시험 보기' 기능도 사용할 수 있는데요.

처음에는 좋은 점수를 받기 쉽지 않지만, 꾸준히 반복하면 실력 향상에 매우 효과적인 앱입니다. 또한 앱의 배경 그래픽 자체가 학습보다는 게임의 이미지가 강하기 때문에 아이들이 처음부터 거부감 없이 학습할 가능성이 높습니다.

지금까지 소개한 것처럼 맞춤법은 책, 교재, 퀴즈 앱 등을 통해 재미있게 그리고 반복해서 학습해야 합니다. 하지만 언제까지 계속 반복해야 할지 답답한 마음이 드는 것도 사실이죠. 이 반복의 굴레를 없애면서 지속적이고 효과적으로 훈련할 방법이 있는데요. 바로 '글쓰기'입니다. "다음 두 단어 중 맞춤법에 맞는 단어를 고르시오."라는 문제를 반복해서 풀어 봤자 문장에 적용할 줄 모른다면 아무 의미가 없기 때문입니다. 평소 다양한 글쓰기를 통해 맞춤법을 알맞게 적용할 수 있도록 지도해 주세요. 꼭 '글'이 아니라 짧은 한 문장이어도 좋습니다. 맞춤법을 알맞게 적용한 문장을 다양하게 직접 써보는 훈련을 지속하면 어른도 어려워하는 맞춤법을 우리 아이들은 장기기억을 넘어 체득 수준까지 도달할 수 있을 것입니다.

'퇴고'는 맞춤법 훈련의 마지막 단계입니다. 퇴고(推敲)란 글을 다시 다듬고 고치는 과정입니다. 여기서 잠깐! 학부모님이 아이들의 글을 빨간 펜으로 첨삭하며 수정하시라는 얘기가 아닙니다. 아이 스스로 자신의 글을 돌아보는 기회를 갖게 해 주자는 의미입니다.

제가 말하는 '퇴고'는 우리가 알고 있는, '글의 흐름을 보고, 근거와 유기성을 따져보며, 문장을 매끄럽게 다듬고, 논리적 비약을 찾아내는' 수준이 아니라 '어휘의 적절성, 맞춤법, 문장 부호 정도를 검토' 하는 정도를 말합니다. 이 정도만 제대로 써도 아이의 글은 더 전달력 있는 글이 되거든요. 아이가 직접 자신의 글을 퇴고하면서 맞춤법을 유심히 관찰하고 궁리하게 하세요. 앞서 소개해 드린 다양한 온라인·종이 사전을 활용해서요.

만약 타자를 쳐서 글을 썼다면 임시적이지만 퇴고를 하면서 온라인 맞춤법 검사기로 대략적인 '검사'를 해볼 수도 있습니다. 대표적으로 〈네이버 맞춤법 검사기(네이버 검색)〉, 〈부산대 맞춤법검사기(https://speller.cs.pusan.ac.kr/)〉 등이 있는데요. 이 검사기들이 아주 완벽하진 않지만 이것들을 통해 '자동으로 글이 수정되는 경험'을 해보면 아이들이 앞으로 글을 쓸 때 맞춤법에 주의를 기울이는 습관을 만드는 데 도움이 됩니다.

그리고 하나 더! 만약 아이나, 아이를 지도하는 학부모님에게 전문적인 맞춤법 교육이 필요하다는 생각이 든다면 국립국어원에서 운영하는 〈온라인 국어문화학교(https://edu.korean.go.kr/user/index.html)〉에서 '한글 맞춤법, 띄어쓰기, 교과서와 함께하는 어문 규정' 등의 강의를 무료로 수강해 보세요. 한글에 대한 이해도가 한층 더 깊어질 것입니다.

맞춤법 학습을 지금 당장 시키고 싶으신 분은 다음에 소개되는 3장의 〈초등학생이 가장 많이 틀리는 맞춤법 리스트〉를 아이와 문답 형식으로 함께 공부하세요. 그리고 나서 스터디북에 담긴 〈1일 1페이지로 완성하는 66일 문해력 실천 스터디〉에 주어지는 매일 1가지 맞춤법 퀴즈를 활용하여 매일 짧은 한 문장 쓰기를 지도하시기 바랍니다.

66일간의 글쓰기는 아이의 쓰기 습관 형성은 물론이고 어휘력, 이해력, 쓰기 능력까지 학습의 튼튼한 기초를 만들어 줄 것입니다. 지금 바로 시작해 보세요!

3장

문해력 공부 실천을 위한 TOP Secret 교육 자료

초등 학년별, 교과 수록, 연계, 추천 도서 리스트

아이들에게 독서기록은 '하기 싫은 숙제를 끝냈다'는 마침표가 아니라 내일의 독서를 위한 계획표가 되어야 합니다. 그래서 이 책에 수록된 도서 리스트는 "여기에 있는 책은 다 읽어야만 해!"라고 앞으로 해야 할 숙제를 내 주는 것이 아니라 우리 아이들이 '다음에는 이 책들 중에서 어떤 책을 읽어볼까?'라고 생각하며 기대하게 만드는 것이기를 바랍니다.

만약 지금 우리 아이가 어떤 책을 읽고 있다면, 그 책을 읽고 매일의 기록을 〈1일 1페이지로 완성하는 66일 문해력 실천 스터디〉 즉, '1166' 양식에 남기도록 하세요. 그렇지 않고 우리 아이가 어떤 책을 읽어야 할지 모르겠다고 한다면, 여기 800여 권에 이르는 다양한 선택지에서 고르면 됩니다.

국어 교과서에 수록된 도서는 생각보다 양이 많습니다. 벌써부터 '이걸 다 읽혀야 하나?'라고 걱정하지 마세요. 제가 앞에서 말씀드렸듯이 이 책들은 다 읽을 수도, 또 읽을 필요도 없습니다. 다만, 이 리스트는 아이가 읽을 책을 선택하는 데 도움을 주는 가이드입니다.

이 리스트에는 초등 국어 교과서에 수록, 연계된 책의 제목이 실려 있는데요. 다음 4가지 내용을 통해, 국어 교과서 수록, 연계 도서를 읽는 이유와 방법을 잘 알고 우리 아이가 읽을 책을 선택해 보기

1. 교과서 수록, 연계 도서를 읽는 목적은 국어 교과서의 내용을 더 잘 이해하고 수업에 더 잘 참여하기 위함입니다. 무조건 전집처럼 구매하지 마시고, 우선 아이들의 국어 교과서 맨 뒤, '실린 작품' 페이지를 확인해 보세요.

2. 해당 작품이 교과서에 이미 완결된 글로 실려 있다면, 그 책을 꼭 읽을 필요는 없습니다. 예를 들어 2학년 2학기 국어 (나) 교과서의 '눈 내린 등굣길'이라는 동시는 《특별한 맞춤집》이라는 책에 수록되어 있는 동시입니다. 이미 교과서에 동시의 전문이 실렸기 때문에 아이가 '동시집'을 읽어야 하는 특별한 이유가 없고 이 책을 꼭 읽고 싶어 하지 않는다면, 굳이 이 책을 선택지에 넣지 않아도 된다는 것입니다.

3. 해당 작품이 교과서에서 '본문 및 수업 활동의 재료'로 다뤄진 글이 아니라면 그 책을 꼭 읽을 필요는 없습니다. 예를 들어 6학년 2학기 국어(나) 교과서 7단원의 도입 부분에 있는 글은 《아트와 맥스》라는 책의 일부입니다. 이 짤막한 글은 '그림을 고치듯 글을 고쳐보자'는 메시지를 전달하는 도구일 뿐 구체적으로 수업에 활용되는 부분은 아니기 때문에 이 책의 전체 내용을 반드시 읽을 필요는 없습니다.

4. 하지만, 국어 교과서와 연계하여 학습할 목적이 아니라 '순수한 독서'를 하고 싶다면 위에 예시를 든 동시집, 도입 부분에 글이 담긴 책 등 그 무엇이든 '국어 교과서 수록, 연계 도서'를 읽는 것은 좋은 선택입니다. 교과서에 실린 책은 반드시 그 책이 선택된 이유가 있는 '좋은 책'이기 때문입니다.

바랍니다.

국어, 수학, 사회, 과학 추천 도서는 각 학년군 아이들의 수준에 맞게 선정했습니다. 교과서 외에 각 과목과 연계하여 읽을 책이 필요하다면 이 리스트를 참고하세요.

이렇게 고른 책을 읽고 난 후, 어휘 학습은 2장에 있는 〈책 속 어휘의 단계별 학습법〉의 방법을 적용하시고요. 쓰기 교육도 2장에 있는 〈국영수 문해력을 극대화하는 글쓰기 실천 비법, 한 문장 쓰기부터〉를 읽고 활용해 보시기 바랍니다. 구체적인 독후 활동은 4장에 있는 '1166'에 도전하는 것에서부터 2장의 〈문해력을 키우는 독서 활동의 시작: 질문하기〉〈문해력을 키우는 독서 활동의 심화: 쓰기〉까지 방법과 깊이를 달리하여 실천해 볼 수 있습니다.

우선은 가장 쉽게 독서 습관을 만들 수 있는 '1166' 양식을 채우는 것부터 시작하세요. '오늘의 읽기 기록'부터 시작하여 '오늘의 어휘 3개 쓰기', '오늘의 세 문장 쓰기'에 이 책들을 활용해 보는 것입니다. 단, 국어, 사회, 과학 도서를 읽고 난 후에 작성하는 '1166'의 '오늘의 어휘 3개 쓰기', '오늘의 세 문장 쓰기' 옆 과목 선택 부분은 '국어'로 표시해 주세요. 사회, 과학 도서는, 아시죠? 국어의 '비문학' 지문이니까요.

우리 아이가 읽을 책을 고르기가 어렵다면 이 리스트에 있는 책 중에서 아이의 마음에 드는 책을 고르는 것부터 시작하세요. 그리고 난 후에는 2장에서 언급한 것처럼 'I형 독서와 T형 독서'로 방향성을 잡아 보시기 바랍니다. 학부모님과 아이의 독서 습관 만들기! 건투를 빕니다.

1학년 국어 교과서 수록, 연계 도서

순	서명	저자	출판사
1	숨바꼭질 ㅏㅑㅓㅕ	김재영	현북스
2	노란우산	류재수	보림
3	나무야 누워서 자거라	강소천	예림당
4	감자꽃	권태응	창비
5	(최승호 시인의) 말놀이 동시집 1: 모음	최승호	비룡소
6	구름놀이	한태희	아이세움
7	맛있는 건 맛있어	김양미	시공주니어
8	학교 가는 길	이보나	논장
9	모두 모두 안녕!	윤여림	웅진주니어
10	우리는 분명 연결된 거다	최명란	창비
11	꽃에서 나온 코끼리	황K	책읽는곰
12	도서관 고양이	최지혜	한울림어린이
13	모두 모두 한집에 살아요	마리안느 뒤비크	고래뱃속
14	내 마음을 보여줄까?	윤진현	웅진주니어
15	화내지 말고 예쁘게 말해요	안미연	상상스쿨
16	대단한 참외씨	임수정	한울림어린이
17	그래, 책이야!	레인 스미스	문학동네
18	나는 나는 1학년	신형건	끝없는이야기
19	괜찮아 아저씨	김경희	비룡소
20	진짜 일 학년 책가방을 지켜라!	신순재	천개의 바람
21	마음이 그랬어	박진아	노란돼지
22	낭송하고 싶은 우리 동시	문삼석, 전병호, 박정식	좋은꿈
23	브로콜리지만 사랑받고 싶어	별다름, 달다름	키다리
24	인사	김성미	책읽는곰
25	짝 바꾸는 날	이일숙	도토리숲
26	라면 맛있게 먹는 법	권오삼	문학동네
27	랄랄라 신나는 인기동요 60곡	애플비편집부	애플비북스
28	깊은 산 속 옹달샘 누가 와서 먹나요	윤석중	예림당
29	어머니 무명 치마	김종상	창비
30	이가 아파서 치과에 가요	한규호	받침없는 동화
31	인사할까, 말까?	허은미	웅진씽크빅
32	구름놀이	한태희	미래엔아이세움
33	글자동물원	이안	문학동네
34	동동아기오리	권태웅	다섯수레

35	아가 입은 앵두	서정숙	보물창고
36	강아지 복실이	한미호	국민서관
37	꿀 독에 빠진 여우	안선모	보물창고
38	까르르 깔깔	이상교	미세기
39	나는 책이 좋아요	앤서니브라운	책그릇
40	책이 꼼지락꼼지락	김성범	미래아이
41	구슬비	권오순	문학동네
42	콩 한 알과 송아지	한해숙	애플트리테일즈
43	1학년 동시 교실	김종상 외	주니어 김영사
44	몰라쟁이 엄마	이태준	통큰세상
45	몽몽 숲의 박쥐 두 마리	이혜옥	한국차일드 아카데미
46	도토리 삼 형제의 안녕하세요	이현주	길벗어린이
47	소금을 만드는 맷돌	홍윤희	예림아이
48	나는 자라요	김희경	창비
49	숲속 재봉사	최향랑	창비
50	엄마 내가 할래요	장선희, 박정섭	장영
51	초코파이 자전거	신현림	비룡소
52	아빠가 아플 때	한라경	리틀씨앤톡
53	내 마음의 동시 1학년	신현득 외	계림북스
54	역사를 바꾼 위대한 알갱이, 씨앗	서경석	미래아이
55	표지판이 말을 해요	장석봉	웅진다책
56	붉은 여우 아저씨	송정화	시공주니어

2학년 국어 교과서 수록, 연계도서

순	서명	저자	출판사
1	세상에 둘도 없는 반짝이 신발	제인 고드윈	모래알
2	뜨고 지고!	박남일	길벗어린이
3	깨롱깨롱 놀이 노래	편해문	보리
4	시원한 책	이수연	발견
5	식물은 어떻게 자랄까?	유다정	교원
6	누가 누가 잠자나(아기 시 그림책)	목일신	문학동네
7	잘 커다오, 꽝꽝나무야	권영상	문학동네
8	내가 채송화꽃처럼 조그마했을 때	이준관	푸른책들
9	아빠를 구하라!	송정양	아이세움
10	아홉 살 마음 사전	박성우	창비
11	두근두근 이 마음은 뭘까?	김세실	한빛에듀
12	아기 토끼와 채송화꽃	권정생	창비
13	누구를 보낼까요	이형래	국수
14	꿀 항아리	홍은순	보육사
15	알아서 해가 떴습니다	정연철	사계절
16	튀고 싶은 날	장세정	열린어린이
17	개구리와 두꺼비는 친구	아놀드 로벨	비룡소
18	정두리 동시선집	정두리	지식을만드는지식
19	난다 난다 신난다	이병승	푸른책들
20	이따 만나	김유진	사계절
21	할머니와 하얀 집	이윤우	비룡소
22	엉뚱한 수리점	차채혁	플라이쿠키
23	마술	조영수	청색종이
24	내 안에는 사자가 있어, 너는?	가브리엘레 클리마	그린북
25	언어 예절, 이것만은 알아 둬!	박현숙	팜파스
26	받침구조대	곽미영	만만한책방
27	우리 민속 놀이에는 어떤 이야기가 담겨 있을까?	서찬석, 한창수	채우리
28	동물 흔적 도감	박인주	보리
29	입맛 당기는 별별 세계 음식	윤은주	해와나무
30	사랑이 뭘까?	박은정	개암나무
31	아빠의 앞치마	이규희	교학사
32	행복한 사과나무 동화	김현태	아이앤북
33	그리는 대로	피터 H. 레이놀즈	나는별
34	오염물이 터졌다!	송수혜	미세기

35	제주에서 보물찾기1	팝콘스토리	아이세움
36	왜 책임이 필요하죠?	채화영	파란정원
37	시끌시끌 소음공해 이제 그만!	정연숙	와이즈만BOOKS
38	특별한 맞춤집	한국동시문학회	섬아이
39	빈 집에 온 손님	황선미	비룡소
40	쿵푸 아니고 똥푸	차영아	문학동네
41	숨어 있는 것들	김옥애	청개구리
42	망치를 이해하는 방식	염창권	상상아
43	밤에도 놀면 안 돼?	이주혜	노란돼지
44	내 별 잘 있나요	이화주	상상의 힘
45	딱지 따먹기	백창우	보리
46	아니, 방귀 뽕나무	김은영	사계절
47	아빠 얼굴이 더 빨갛다	김시민	리잼
48	우산 쓴 지렁이	오은영	현암사
49	윤동주 시집	윤동주	범우사
50	아주 무서운 날	탕무니우	찰리북
51	으악, 도깨비다!	손정원	느림보
52	기분을 말해봐요	디디에 레비	다림
53	내 꿈은 방울토마토 엄마	허윤	키위북스
54	오늘 내 기분은…	메리앤 코카 레플러	키즈엠
55	께롱께롱 놀이노래	편해문	보리
56	어린이가 정말 알아야 할 우리 전래 동요	신현득	현암사
57	선생님, 바보 의사 선생님	이상희	웅진주니어
58	큰턱 사슴벌레 vs 큰뿔 장수풍뎅이	장영철	위즈덤하우스
59	욕심쟁이 딸기 아저씨	김유경	노란돼지
60	치과의사 드소토 선생님	윌리엄 스타이그	비룡소
61	동무 동무 씨동무	편해문	창비
62	우리 동네 이야기	정두리	푸른책들
63	짝 바꾸는 날	이일숙	도토리숲
64	42가지 마음의 색깔	크리스티나 누녜스 페레이라	레드스톤
65	머리가 좋아지는 그림책 : 창의력편	우리누리	파란하늘
66	내가 조금 불편하면 세상은 초록이 돼요	김소희	토트북
67	내가 도와줄게:다른 사람을 존중하고 배려하는 법	테드오닐	비룡소
68	7년 동안의 잠	박완서	어린이 작가정신
69	감기 걸린 날	김동수	보림
70	김용택 선생님이 챙겨 주신 1학년 책가방 동화	이규희	파랑새어린이

71	나무는 즐거워	이기철	비룡소
72	수박씨	최명란	창비
73	참 좋은 짝	손동연	푸른책들
74	훨훨 간다	권정생	국민서관
75	신발 신은 강아지	고상미	위즈덤하우스
76	아홉 살 마음 사전	박성우	창비
77	크록텔레 가족	파트리샤 베르비	교학사
78	산새알 물새알	박목월	푸른책들
79	저 풀도 춥겠다	박선미	보리
80	호주머니 속 알사탕	이송현	문학과지성사
81	거인의 정원	한상남	웅진씽크하우스
82	불가사리를 기억해	유영소	사계절
83	종이봉지 공주	로버트 문치	비룡소
84	콩이네 옆집이 수상하다!	천효정	문학동네
85	나무들이 재잘거리는 숲 이야기	김남길	풀과바람
86	언제나 칭찬	류호선	사계절
87	팥죽 할멈과 호랑이	백희나	시공주니어
88	교과서 전래동화	조동호	거인
89	원숭이 오누이	채인선	한림출판사
90	개구리와 두꺼비는 친구	아놀드 로벨	비룡소
91	엄마를 잠깐 잃어버렸어요	크리스 호튼	보림qb
92	소가 된 게으름뱅이	한은선	지경사
93	밥상에 우리말이 가득하네	이미애	웅진주니어

3학년 국어 교과서 수록, 연계 도서

순	서명	저자	출판사
1	소똥 밟은 호랑이	박민호	알라딘북스
2	꽃 발걸음 소리	오순택	아침마중
3	너라면 가만있겠니?	우남희	청개구리
4	바람의 보물찾기	강현호	청개구리
5	바삭바삭 갈매기	전민걸	한림출판사
6	아! 깜짝 놀라는 소리	신형건	끝없는이야기
7	으악, 도깨비다!	손정원	느림보
8	삐뽀삐뽀 눈물이 달려 온다	김륭	문학동네
9	리디아의 정원	사라 스튜어트	시공주니어
10	플랑크톤의 비밀	김종문	예림당
11	한 눈에 반한 우리 미술관	장세현	사계절
12	명절 속에 숨은 우리 과학	오주영	시공주니어
13	아씨방 일곱 동무	이영경	비룡소
14	개구쟁이 수달은 무얼 하며 놀까	왕입분	재능교육
15	프린들 주세요	앤드루 클레먼츠	사계절
16	알고 보면 더 재미있는 곤충 이야기	김태우	뜨인돌어린이
17	짝 바꾸는 날	이일숙	도토리숲
18	축구부에 들고 싶다	성명진	창비
19	쥐눈이콩은 기죽지 않아	이준관	문학동네
20	만복이네 떡집	김리리	비룡소
21	감자꽃	권태응	보물창고
22	귀신보다 더 무서워	허은순	보리
23	아드님,진지 드세요	강민경	좋은책어린이
24	도토리 신랑	서정오	보리
25	식물이 좋아지는 식물책: 씨앗부터 나무까지	김진옥	궁리출판
26	하루와 미요	임정자	문학동네
27	바위나라와 아기별	마해송	길벗어린이
28	타임캡슐 속의 필통	남호섭	창비
29	거인 부벨라와 지렁이 친구	조 프리드먼	주니어RHK
30	까불고 싶은 날	정유경	창비
31	내 입은 불량 입	경북봉화분교 어린이들	크레용하우스
32	눈 코 귀 입 손!	김종상	위즈덤북

33	어쩌면 저기 저 나무에만 둥지를 틀었을까	이정환	푸른책들
34	지렁이 일기 예보	유강희	비룡소
35	진짜 투명인간	레미 쿠르종	씨드북
36	꼴찌라도 괜찮아!	유계영	휴이넘
37	온 세상 국기가 펄럭펄럭	서정훈	웅진주니어
38	이야기 할아버지의 이상한 밤	임혜령	한림출판사
39	무툴라는 못 말려!	베벌리 나이두	국민서관
40	귀신선생님과 진짜 아이들	남동윤	사계절
41	가자, 달팽이 과학관	윤구병	보리
42	꽃과 새,선비의 마음	고연희	보림
43	별난 양반 이 선달 표류기 1	김기정	웅진주니어
44	알리키 인성 교육 1:감정	알리키	미래아이
45	아인슈타인 아저씨네 탐정 사무소	김대조	주니어김영사
46	숨 쉬는 도시 꾸리찌바	안순혜	파란자전거
47	눈	박웅현	비룡소

4학년 국어 교과서 수록, 연계 도서

순	서명	저자	출판사
1	멋져 부러, 세발자전거	김남중	낮은산
2	100살 동시 내 친구	한국동시문학회	청개구리
3	가끔씩 비오는 날	이가을	창비
4	경주 최씨 부자 이야기	조은정	여원미디어
5	나비를 잡는 아버지	현덕	효리원
6	사과의 길	김철순	문학동네
7	우산 속 둘이서	장승련	푸른책들
8	피자의 힘	김자연	푸른사상
9	맛있는 과학 6: 소리와 파동	문희숙	주니어김영사
10	나무 그늘을 산 총각	권규헌	도서출판봄볕
11	경제의 핏줄,화폐	김성호	미래아이
12	무지개 도시를 만드는 초록 슈퍼맨	김영숙	위즈덤하우스
13	조선 사람들의 소망이 담겨 있는 신사임당 갤러리	이광표	그린북
14	지붕이 들려주는 건축 이야기	남궁담	현암주니어
15	쩌우 까우 이야기	김기태	창비
16	아름다운 꼴찌	이철환	주니어RHK
17	초록 고양이	위기철	사계절
18	생명, 알면 사랑하게 되지요	최재천	더큰아이
19	알고 보니 내 생활이 다 과학!	김해보,정원선	예림당
20	콩 한 쪽도 나누어요	고수산나	열다
21	세종 대왕, 세계 최고의 문자를 발명하다	이은서	보물창고
22	세계 속의 한글	석금호	박이정출판사
23	주시경	이은정	비룡소
24	나 좀 내버려 둬	박현진	길벗어린이
25	두근두근 탐험대 : 1부 모험의 시작	김홍모	보리
26	비빔툰 9	홍승우	문학과지성사
27	고래를 그리는 아이	윤수천	시공주니어
28	내 맘처럼	최종득	열린어린이
29	이솝 이야기	이솝	미래엔아이세움
30	꽃신	윤아해	사파리
31	아는 길도 물어 가는 안전 백과	이성률	풀과바람
32	신기한 그림족자	이영경	비룡소
33	가을이네 장 담그기	이규희	책읽는곰
34	오세암	정채봉	창비

35	매일매일 힘을 주는 말	박은정	개암나무
36	세상에서 가장 유명한 위인들의 편지	오주영	채우리
37	사라, 버스를 타다	윌리엄 밀러	사계절
38	젓가락 달인	유타루	바람의아이들
39	콩닥콩닥 짝 바꾸는 날	강정연	시공주니어
40	5000년 한국 여성 위인전 1	신현배	형설아이
41	사흘만 볼 수 있다면 그리고 헬렌켈러 이야기	헬렌켈러	두레아이들
42	어머니의 이슬 털이	이순원	북극곰
43	투발루에게 수영을 가르칠 걸 그랬어!	유다정	미래아이
44	멸치 대왕의 꿈	천미진	키즈엠
45	쉬는 시간에 똥 싸기 싫어	김개미	토토북
46	우리 속에 울이 있다	박방희	푸른책들
47	아들아, 너는 미래를 이렇게 준비하렴	필립 체스터필드	글고은
48	100년 후에도 읽고 싶은 한국 명작 동화 2	한국명작동화 선정위원회	예림당
49	두고두고 읽고 싶은 한국 대표 창작 동화 3	이원수 외	계림북스
50	함께 사는 다문화 왜 중요할까요?	홍명진	어린이나무생각
51	우리 조상들은 얼마나 책을 좋아했을까?	마술연필	보물창고
52	초희의 글방 동무	장성자	개암나무
53	멋진 사냥꾼 잠자리	안은영	길벗어린이
54	자유가 뭐예요?	오스카 브르니피에	상수리
55	고학년을 위한 동요 동시집	한국아동문학학회	상서각
56	기찬 딸	김진완	시공주니어

5학년 국어 교과서 수록, 연계 도서

순	서명	저자	출판사
1	어린이를 위한 시크릿	김현태,윤태익	살림어린이
2	참 좋은 풍경	박방희	청개구리
3	가랑비 가랑가랑 가랑파 가랑가랑	정완영	사계절
4	난 빨강	박성우	창비
5	마음의 온도는 몇 도일까요?	정여민	주니어김영사
6	별을 사랑하는 아이들아	윤동주	푸른책들
7	수일이와 수일이	김우경	우리교육
8	공룡 대백과	한상호 외	웅진주니어
9	브리태니커 만화 백과: 여러가지 식물	봄봄 스토리	미래엔아이세움
10	색깔 속에 숨은 세상 이야기	박영란,최유성	아이세움
11	여행자를 위한 나의 문화유산 답사기 2	유홍준	창비
12	바람 소리 물소리 자연을 닮은 우리 악기	청동말굽	문학동네
13	지켜라! 멸종 위기의 동식물	백은영	과학동아북스
14	잘못 뽑은 반장	이은재	주니어김영사
15	니 꿈은 뭐이가?	박은정	웅진주니어
16	바다가 튕겨 낸 해님	박희순	청개구리
17	어린이 문화재 박물관 2	문화재청	사계절
18	전통 속에 살아 숨 쉬는 첨단 과학 이야기	윤용현	교학사
19	세상을 보여줄께	김대희	한국헤밍웨이
20	악플 전쟁	이규희	별숲
21	뻥튀기는 속상해	한상순	푸른책들
22	존경합니다, 선생님	패트리샤 폴라코	미래엔아이세움
23	파브르 식물 이야기	장 앙리 파브르	사계절
24	한지돌이	이종철	보림

6학년 국어 교과서 수록, 연계 도서

순	서명	저자	출판사
1	내 마음의 동시 6: 6학년	김양순	계림닷컴
2	뻥튀기	고일	주니어이서원
3	황금 사과	송희진	뜨인돌어린이
4	속담 하나 이야기 하나	임덕연	산하
5	조선왕실의 보물 의궤	유지현	토토북
6	샘마을 몽당깨비	황선미	창비
7	아버지의 편지	정약용	함께읽는책
8	등대섬 아이들	주평	신아출판사(SINA)
9	말대꾸하면 안 돼요?	배봉기	창비
10	구멍 난 벼루	배유안	토토북
11	노래의 자연	정현종	시인생각
12	아낌없이 주는 나무	쉘 실버스타인	시공주니어
13	열두 사람의 아주 특별한 동화	송재찬 외	파랑새어린이
14	이모의 꿈꾸는 집	정옥	문학과지성사
15	의병장 윤희순	정종숙	한솔수북
16	주시경	이은정	비룡소
17	생각 깨우기	이어령	푸른숲주니어
18	지구촌 아름다운 거래 탐구 생활	한수정	파란자전거
19	쉽게 읽는 백범 일지	김구	돌베개
20	장복이, 창대와 함께하는 열하일기	강민경	현암주니어
21	아트&맥스	데이비드 위즈너	시공주니어
22	배낭을 멘 노인	박현경, 김운기	대교북스주니어

1~2학년군 추천 도서

1~2학년군 국어 추천 도서

순	서명	저자	출판사
1	가을 운동회	임광희	사계절
2	거짓말쟁이 마법사 안젤라	김우정	파란자전거
3	귀신 잡는 빨간 주머니	조영아	머스트비
4	그림자 극장	그림 형제	북스토리아이
5	까만 아기 양	엘리자베스 쇼	푸른그림책
6	꼬리 이모 나랑 놀자	박효미	미래엔아이세움
7	꿀떡을 꿀떡	윤여림	천개의바람
8	나무 늘보가 사는 숲에서	아누크 부아로베르	보림
9	나미타는 길을 찾고 있어요	마르 파본	풀과바람
10	내 말 좀 들어줘	김정신	위즈덤하우스
11	내가 좋아하는 곡식	이성실	호박꽃
12	딴 생각하지 말고 귀 기울여 들어요	서보현	상상스쿨
13	바람 부는 날	정순희	비룡소
14	밤 판 톨이 떽때굴	방정환 외	창비
15	별을 삼킨 괴물	민트래빗 플래닝	민트래빗
16	비밀 귀신	장수민	파란자전거
17	소리 산책	폴 쇼워스	불광출판사
18	숲 속의 모자	유우정	미래엔아이세움
19	쉬는 시간에 똥 싸기 싫어	김개미	토토북
20	신기한 독	홍영우	보리
21	신발 신은 강아지	고상미	위즈덤하우스
22	아빠는 내가 지킨다!	박현숙	살림어린이
23	아홉 살 마음 사전	박성우	창비
24	엄마가 너에 대해 책을 쓴다면	스테파니 올렌백	청어람아이
25	우당탕탕 아이쿠	김석주	서울문화사
26	원숭이 오누이	채인선, 배현주	한림출판사
27	유령 호텔에 놀러오세요	김혜정	위즈덤하우스
28	자전거 타고 로켓 타고	카트린 르 블랑	키즈엠
29	작은 집 이야기	버지니아 리 버튼	시공주니어
30	행운을 찾아서	세르히오 라이를라	살림어린이
31	호로로 히야, 그리는 대로	차나무	창비

1~2학년군 수학 추천 도서

순	영역		서명	저자	출판사
1	수와 연산	네 자리 이하의 수	처음만나는 수학 그림책	미야니시 타츠야	북뱅크
2			날아라 숫자 0	조앤 홀럽	봄나무
3			이상한 나라의 숫자들	마리아 데 라 루스 우리베	북뱅크
4			무슨 줄일까?	오무라 토모코	계림북스
5			수를 사랑한 늑대	김세실	아이세움
6			키키는 100까지 셀 수 있어! : 수 세기 편	이범규	비룡소
7			100층짜리 집	이와이 도시오	북뱅크
8			100 200 300 물레를 돌려요	채송화	을파소
9			백만은 얼마나 클까요?	데이비드 M. 슈워츠	토토북
10		두 자리 수 범위의 덧셈과 뺄셈	꼬끼오네 병아리들	이범규	비룡소
11			덧셈놀이	로렌 리디	미래아이
12			뺄셈놀이	로렌 리디	미래아이
13			숫자 전쟁	후안 다리엔	파란자전거
14			펭귄 365	장 뤽 프로망탈	보림
15			수학 너 재미있구나	그렉 탱	달리
16			즐거운 이사놀이	안노 미쓰마사	비룡소
17			세상에서 가장 재미있는 스파게티 수학	매릴린 번즈	청어람미디어
18		곱셈	호박에는 씨가 몇 개나 들어있을까?	마거릿 맥나마라	봄나무
19			떡 두 개 주면 안 잡아먹지	이범규	비룡소
20			신통방통 곱셈구구	서지원	좋은책어린이
21			곱셈 마법에 걸린 나라	팜 캘버트	주니어김영사
22			곱셈 구구가 이렇게 쉬웠다니!	정유리	파란정원
23	도형	입체도형의 모양	쌓기나무, 널 쓰러뜨리마!	강미선	북멘토
24		평면도형과 그 구성 요소	세상 밖으로 나온 모양	이재윤	아이세움
25			일곱 빛깔 요정들의 운동회	강혜숙	한울림어린이
26			내 방은 커다란 도형	조앤 라클린	청어람미디어
27			도형이 이렇게 쉬웠다니!	정유리	파란정원
28	측정	양의 비교	도깨비 얼굴이 가장 커!	이범규	비룡소
29			왜 내 것만 작아요?	박정선	시공주니어
30			비교쟁이 콧수염 임금님	서지원	나무 생각
31		시각과 시간	똑딱 똑딱!	제임스 덴버	그린북

32	측정	시각과 시간	딸꾹질 한번에 1초 : 시간이란 무엇일까?	헤이즐 허친스	북뱅크
33			시간이 뭐예요?	파스칼 에스텔롱	문학동네
34			시계 그림책1	마쓰이 노리코	길벗어린이
35			시계보기가 이렇게 쉬웠다니!	김지현	파란정원
36		길이	다시 재 볼까?	강성은	아이세움
37			길이 재는 신데렐라	이효진	을파소
38			수학이 정말 재밌어지는 책	미레이아 트리위스	그린북
39	규칙성	규칙찾기	수리수리마수리 암호 나라로!	고희정	토토북
40			수학식당2	김희남	명왕성은자유다
41			신통방통 문제 푸는 방법	서지원	좋은책어린이
42			괴물 나라 수학 놀이 규칙을 찾아라!	로리 커포티	키즈엠
43			피터, 그래서 규칙이 뭐냐고	서지원	나무생각
44	자료와 가능성	분류하기	걱정 많은 임금님	박정선	시공주니어
45			얼렁뚱땅 아가씨	박정선	시공주니어
46			귀가 크고 꼬리가 짧은 토끼를 찾아라!	김성은	을파소
47		표 만들기	궁금한 게 많은 악어 임금님 : 통계	이지현	아이세움
48		그래프 그리기	쉿! 우리끼리 그래프 놀이	서보현	아이세움
49			시골쥐는 그래프가 필요해!	이현주	을파소
50			그래프 놀이	로렌 리디	미래아이

3~4학년군 추천 도서

3~4학년군 국어 추천 도서

순	서명	저자	출판사
1	가방 들어주는 아이	고정욱	사계절
2	강아지똥	권정생	길벗어린이
3	공원을 헤엄치는 붉은 물고기	곤살로 모우레	북극곰
4	구름공항	데이비드 위즈너	시공주니어
5	들썩들썩 우리 놀이 한마당	서해경	현암사
6	마당을 나온 암탉	황선미	사계절
7	맴맴 노래하는 매미	유영진	한국톨스토이
8	비밀의 문	에런 베커	웅진주니어
9	송아지가 뚫어 준 울타리 구멍	손춘익	웅진주니어
10	신발 신은 강아지	고상미	위즈덤하우스
11	지각 중계석	김현욱	문학동네
12	행복한 비밀 하나	박성배	푸른책들
13	멍해졌다	최은수	렛츠북
14	피미 마을 짜이의 도전	이재풍	걸음동무
15	내가 먼저 사과할게요	홍종의	키위북스
16	평생 친구 인증서	임지형	꿈초
17	키가 작아지는 집	가브리엘라 루비오	담푸스
18	우리 반에 도둑이 있다	고수산나	잇츠북어린이
19	바람을 가르다	김혜온	샘터사
20	콧물끼리	여기	월천상회
21	소원 자판기	야마구치 다오	책과콩나무
22	한밤중에 찾아온 우편배달부	조태봉	청개구리
23	일기 먹는 일기장	송미경	사계절
24	미안해 미안해 미안해	케이세이	책과콩나무
25	제발 소원을 들어주지 마세요	김태호	꿈초
26	할머니가 창피해	왕대나무	예림당
27	일 년에 한 번은	김옥애	청개구리
28	엄마의 걱정 공장	이지훈	거북이북스
29	화분맨! 삼분이를 지켜줘	선자은	키위북스
30	구리구리 똥개구리	양정숙	청개구리
31	나무 그늘을 산 총각	권규현	봄별
32	도깨비가 슬금슬금	이가을	북극곰
33	세상에서 가장 슬픈 금메달	김해등	개암나무

34	녀석을 위한 백점 파티	백은하	푸른숲주니어
35	소년 의병과 비녀를 꽂은 할머니 장군	우리아	한마당
36	복실이와 고구마 도둑	허윤	거북이북스
37	거꾸로 걸리는 주문	고수산나	잇츠북어린이
38	바른 말이 왜 중요해?	최은순	크레용하우스
39	귀신 선생님과 고민 해결	남동윤	사계절
40	세상을 바꾼 아주 멋진 여성들	케이트 팽크허스트	머스트비
41	고양이 조문객	선안나	봄봄출판사
42	나, 진짜 사람이야!	엘렌 두티에	마루벌
43	엄마의 희망고문	최형미	잇츠북어린이
44	엄마 자판기	조경희	노란돼지
45	강아지 시험	이묘신	해와나무
46	호텔 파라다이스	소윤경	문학동네
47	여섯번째 바이올린	치에리 우에가키	청어람미디어
48	터널	헤게 시리	책빛
49	산으로 오르는 길	마리안느 뒤비크	고래뱃속
50	안 자라는 늑대와 안 보이는 빨간모자	베로니크 코시	천개의바람
51	기억나니?	조란 드르벤카르	미디어창비
52	웅덩이를 건너는 가장 멋진 방법	수산나, 이세른	트리앤북
53	너를 만난 날	리가오펑	미디어창비
54	아름다운 실수	코리나 루이켄	나는별

3~4학년군 수학 추천 도서

순	영역		서명	저자	출판사
1	수와 연산	다섯자리 이상의 수	동전이 열리는 나무	낸시 켈리 알렌	주니어김영사
2			마법의 숫자들	공지희	비룡소
3		세 자리 수의 덧셈과 뺄셈	덧셈 뺄셈, 꼼짝 마라!	조성실	북멘토
4			수학 바보	데이비드 루바	주니어 RHK
5		곱셈	수학아 수학아 나 좀 도와줘 2	조성실	삼성당
6			항아리 속 이야기	안노 마사이치로	비룡소
7			탤리캣과 마법의 수학나라 1	배소미	참돌어린이
8		나눗셈	모아모아, 똑같이 나누어요!	전지은	주니어 랜덤
9			수학 친구 3학년	서울교대 초등수학연구회	녹색지팡이
10			자꾸자꾸 초인종이 울리네	팻 허친스	보물창고
11			신통방통 나눗셈	서지원	좋은책어린이
12		분수와 소수	분수놀이	로렌 리디	미래아이
13			견우와 직녀가 분수 때문에 싸웠대 : 분수	이안	과학동아북스
14			소원 들어주는 음식점	서지원	와이즈만북스
15			가우스는 소수 대결로 마녀들을 물리쳤어	김정	뭉치
16		분수와 소수의 덧셈과 뺄셈	소원이 이루어지는 분수	도나 조 나폴리	주니어김영사
17			프랑스 원리수학1	안 시에티	청년사
18	도형	도형의 기초	각도나라의 기사	신디 누시원더	승산
19			탤리캣과 마법의 수학나라 2	배소미	참돌어린이
20			선	게리 베일리	미래아이
21			오일러와 피노키오는 도형춤 대회 1등을 했어	이안	뭉치
22		평면도형의 이동	숲속 동물들의 평형 놀이	필로메나 오닐	주니어김영사
23			수학에 번쩍 눈뜨게 한 비밀 친구들 4	황문숙	가나출판사
24		원의 구성 요소	원의 비밀을 찾아라	남호영	작은 숲
25			우리 대결하자	권재원	그레이트북스
26		여러 가지 삼각형	성형외과에 간 삼각형	마릴린 번스	보물창고
27			천재들이 만든 수학퍼즐 30	선종민	자음과모음
28			신기하고 놀라운 삼각형	정완상	이치사이언스
29		여러 가지 사각형	사각사각정사각 도형나라로!	고희정	토토북
30			사각형	게리 베일리	미래아이
31		다각형	반원의 도형나라 모험	안소정	창비
32			파라오의 정사각형	안나 체라솔리	봄나무

33	도형	다각형	우주목수를 이긴 돼지 : 다각형	백명식	내인생의책
34			유클리드가 들려주는 기본도형과 다각형 이야기	김남준	자음과모음
35		시각과 시간	눈물을 모으는 악어	아나 알론소	영림카디널
36			세상에서 가장 아슬아슬한 자동차 습격 사건	펠리시아 로	푸른 숲 주니어
37			시간을 재는 눈금 시계	김향금	미래엔아이세움
38	측정	길이	신통방통 플러스 길이의 덧셈과 뺄셈	서지원	좋은책어린이
39			고양이가 맨 처음 cm를 배우던 날	김성화, 권수진	미래엔아이세움
40			커졌다 작아졌다 콩나무와 거인	앤 매캘럼	주니어김영사
41		들이	알쏭달쏭 알라딘은 단위가 헷갈려	황근기	과학동아북스
42		무게	세상에서 가장 황당한 올림픽 대회	펠리시아 로	푸른숲주니어
43			우리 수학놀이 하자! 4 : 길이와 무게	크리스틴 달	주니어김영사
44		각도	사방팔방 각도를 찾아라!	전지은	주니어 랜덤
45			각도로 밝혀라 빛!	강선화	자음과모음
46	규칙성	규칙 찾기	천재들이 만든 수학퍼즐 25	신미정	자음과모음
47			피타고라스가 만든 규칙 찾기	홍선호	자음과모음
48	자료와 가능성	자료의 정리	툴툴 마녀는 수학을 싫어해!	김정신	진선아이
49			파스칼은 통계 정리로 나쁜 왕을 혼내줬어	서지원	뭉치
50			손으로 따라 그려봐 : 그래프	한정혜	뜨인돌어린이

3~4학년군 사회 추천 도서

순	서명	저자	출판사
1	괜찮아 괜찮아 자신감을 가져도 괜찮아!	웬디 L. 모스	길벗스쿨
2	거짓말	나카가와 히로타카	길벗어린이
3	거짓말 손수건, 포포피포	디디에 레비	이마주
4	그 시절, 경성에는 무슨일이?	최형미	꿈초
5	금화 한 닢은 어디로 갔을까?	로제 쥐덴	개암나무
6	급식 안 먹을래요	최형미	좋은책어린이
7	길 이름 따라 역사 한 바퀴	김은의	꿈초
8	꼬마 사서 두보	양연주	키다리
9	나 먼저 할래	최형미	스콜라
10	나도 끝까지 할 거야!	김정신	스콜라

11	나라 꽃, 무궁화를 찾아서	김숙분	가문비어린이
12	내가 마을 만들었어!	서보현	개암나무
13	달라도 괜찮아 더불어 사는 다문화 사회	스트로베리	뭉치
14	동화 쓰는 고양이 똥꼬	서성자	꿈초
15	두고 보라지!	클레르 클레망	고래이야기
16	딜쿠샤의 추억	김세미, 이미진	찰리북
17	무엇에 쓰는 물건인고?	김온유	엠앤케이
18	문이 들려주는 이야기 한국사	청동말굽	조선북스
19	미미네 점방으로 놀러 오세요! : 생활 속 사회 이야기	서해경, 이소영	아르볼
20	밀리의 판타스틱 모자	기타무라 사토시	불광출판사
21	빨간불과 초록불은 왜 싸웠을까?	가브리엘 게	개암나무
22	삶과 죽음에 대한 커다란 책	실비 보시에	톡
23	서로 다른 우리가 좋아	김경화	위즈덤하우스
24	세상을 아프게 하는 말, 이렇게 바꿔요!	오승현	토토북
25	스티커별	오카다 준	보림
26	신기하고 조금은 슬픈 역사 속 낙타 이야기	설흔	스콜라
27	아홉살 독서왕	서지원	예림당
28	어른들은 하루 종일 어떤 일을 할까?	비르지니 모르간	주니어RHK
29	어른이 되어야 알 수 있는 것들	조아라	꿈꾸는사람들
30	어린 노동자와 희귀 금속 탄탈	앙드레 마르와	한울림어린이
31	엄마의 가짜 일기	이미영	꿈꾸는사람들
32	여자와 남자는 같아요	플란텔 팀	풀빛
33	왜 돈을 낭비하면 안 되나요?	김세정	참돌어린이
34	우리 가족의 특별한 직업	알라 구트니첸코	스푼북
35	우리 동네 경제 한 바퀴	아르고 마르티나슈	책속물고기
36	우리 모두 왕 : 존재에 관한 스무 가지 이야기	하인츠 야니쉬	베틀북
37	우리 집 뒤에는 누가 있을까?	라우라 발테르	주니어김영사
38	우리가 꿈꾸는 자유	아웅산 수지 외	사파리
39	우리는 모두 인권이 있어요	잔나 카리올리	푸른숲주니어
40	우리는 반대 합니다! : 의견이 다를 때 어떻게 해야 할까?	클라우디오 푸엔테스	초록개구리
41	이 집 사람들	장지혜	가문비어린이
42	인증샷 전쟁	임지형	꿈초
43	잘 자라라 내 마음	윤아해	위즈덤하우스
44	지도로 볼 수 없는 우리 땅을 알려 줄게	홍민정	해와나무
45	최초사 박물관	김영숙	파란자전거

3~4학년군 과학 추천 도서

순	서명	저자	출판사
1	(깜짝 놀랄) 이유가 있어서 진화했습니다	이마이즈미 다다아키	북라이프
2	(에디슨이 포드에게 알려 준) 발명가의 비밀	수잔 슬레이드	위즈덤하우스
3	(장순근 박사가 들려주는) 바다 쓰레기의 비밀	장순근	리젬
4	(황제펭귄) 펭이와 솜이	MBC 남극의 눈물 제작팀	밝은미래
5	공학은 세상을 어떻게 바꾸었을까?	황진규	나무생각
6	과학탐험대 신기한 스쿨버스2 화산 속으로 출동!	조애너 콜	비룡소
7	꼬마 철새 딱딱이의 위험한 지구 여행	이수정	종이책
8	꼬질 꼬질 우리 몸의 비밀	폴 메이슨	종이책
9	나누면서 채워지는 이상한 여행	디디에 레비	고래이야기
10	나무 심으러 몽골에 간다고요?	김단비	웃는돌고래
11	네 손 안의 우주	소니아 페르난데스-비달 외	찰리북
12	닥터 홀의 싱크홀 연구소	최영희	와이즈만Books
13	라면을 먹으면 숲이 사라져	최원형	책읽는곰
14	로봇 일레븐	데니스 홍, 홍이산	인플루엔셜
15	물에서 생명이 태어났어요	게리 베일리	매직사이언스
16	미래를 위한 지구 한 바퀴	마르크 그라뇨	청어람아이
17	미생물을 먹은 돼지	백명식	내인생의책
18	바나나가 정말 없어진다고?	김은의	풀과바람
19	발명, 발견 꼬리잡기 101	한태현	북멘토
20	버섯 팬클럽	엘리즈 그라벨	씨드북
21	참 잘했어요 과학 2	김원섭	아르볼
22	별보다 오래된 우리 : 빅뱅 우주 이야기	캐런 폭스	내인생의책
23	북극곰	제니 데스몬드	고래뱃속
24	불끈불끈 에너지는 어디서 생길까?	게리 베일리	매직사이언스
25	비 너머	페르난도 빌렐라	스푼북
26	뼈만 남았네! 공룡과 화석	함석진	아르볼
27	사소한 구별법	김은정	한권의책
28	생태 통로 : 인간이 만든 동물의 길	김황	논장
29	세상에서 두 번째로 신기한 일	이성실	밝은미래
30	소금아, 정말 고마워	나탈리 토르지만	풀과바람
31	시간의 섬 : 식물의 조상을 찾아서	마르타 반디니 마찬티, 조반나 보시	다섯수레

32	식물은 어떻게 겨울나기를 하나요?	한영식	다섯수레
33	안녕 자두야 과학 일기 14 질병과 바이러스	오주영, 최호정	채우리
34	약이야? 독이야? 화학제품	김희정	아르볼
35	오염물이 터졌다!	송수혜	미세기
36	왜 물고기들은 물에 빠져 죽지 않을까요?	안나 클레이보른	생각하는책상
37	우리 별 지구는 살아 있어요	게리 베일리	매직사이언스
38	우리 아이 창의력을 키워주는 놀라운 발명 백과	정미금	글송이
39	우리 집 전기 도둑 : 지구를 살리는 에너지 절약	임덕연	휴이넘
40	우리는 물이야 : 빅 히스토리로 시작하는 화학 공부	이정모	아이들은자연이다
41	우리는 슈퍼히어로즈	릴리앙 튀랑	키위북스
42	우리는 우주 어디쯤 있을까?	제이슨 친	봄의정원
43	이제 나는 없어요	아리아나 파피니	분홍고래
44	자전거로 달에 가서 해바라기 심는 법	모디캐이 저스타인	스콜라
45	지렁이 똥을 훔쳐라	김은의	위즈덤하우스
46	지진은 위험해	주디스 허버드	매직사이언스
47	쿵타 아저씨는 해결사	김은숙	알라딘북스
48	퀴즈! 과학상식:빅데이터 과학	도기성	글송이
49	큰 그림으로 펼쳐 보는 놀라운 자연책	토마시 사모이리크	개암나무
50	태평양 구석구석 해저 탐험	김대철	청개구리
51	흔들흔들 뒤흔드는 지진	미셀 프란체스코니	개암나무

5~6학년군 추천 도서

5~6학년군 국어 추천 도서

순	서명	저자	출판사
1	가족을 주문해 드립니다!	한영미	살림어린이
2	고래바위	이순원	북극곰
3	권민 장민 표민	문미영	프른책들
4	그림자 실종사건	정현정	살림어린이
5	꽃섬 고양이	김중미	창비
6	나는 비단길로 간다	이현	푸른숲주니어
7	나무도장	권윤덕	평화를품은책
8	너를 빌려줘	박현숙	파랑새
9	닐과 순다리	미탈리 퍼킨스	도토리숲
10	다섯 손가락 수호대	홍종의	살림어린이
11	달빛 마신 소녀	캘리 반힐	양철북
12	도서관을 훔친 아이	알프레도 고메스 세르다	풀빛미디어
13	떠돌이 별	원유순	파란자전거
14	뚱보 개 광칠이	유순희	좋은책어린이
15	말랄라의 일기	이미애	보물창고
16	맞구나 맞다	이선영	청개구리
17	무덤가의 비밀	문성희	바람의아이들
18	미안해, 고마워	신정민 외	파란자전거
19	불편한 선물	조성자	잇츠북어린이
20	빛나라, 어기 스타	홀리 쉰들러	문학과지성사
21	사라진 조우관	정명섭	사계절
22	수상한 친구집	박현숙	북멘토
23	슈거맨 늪지를 지키는 비밀 수비대	캐티 아펠트	사파리
24	시리동동 거미동동	권윤덕	창비
25	쓸 만한 아이	이금이	푸른책들
26	아름다운 가치 사전	채인선	한울림어린이
27	아빠 얼굴이 더 빨갛다	김시민	리잼
28	얘, 내 옆에 앉아!	연필시 동인	푸른책들
29	열두 살, 사랑하는 나	이나영	해와나무
30	열세살의 콘서트	전은희	책읽는곰
31	오로라 원정대	최은영	우리교육
32	완희와 털복숭이 괴물	수잔지더	연극놀이그리고교육

33	용의 미래	최양선	문학과지성사
34	우리 손잡고 갈래?	이인호	문학과지성사
35	우리들의 빛나는	박현정	북멘토
36	우주 호텔	유순희	해와나무
37	이웃집 발명가	최우근	북극곰
38	인어소녀	차율이	고래가 숨쉬는 도서관
39	재주 많은 내 친구	권지영	가문비어린이
40	쥐 둔갑 타령	박윤규	시공주니어
41	춤추는 이불	이미옥	문학과지성사
42	큰일날 뻔했다	이재순	청개구리
43	터널	앤서니 브라운	논장
44	팥죽 할머니	권정생 외	우리교육
45	피노키오가 묻는 말	김미조 외	톡
46	하마가 사라졌다	우성희	가문비
47	해결책을 찾아라	가수북	키위북스

5~6학년군 수학 추천 도서

순	영역		서명	저자	출판사
1	수와 연산	약수와 배수	두근두근 수학섬의 비밀	사쿠라이 스스무	진선출판사
2			로지아 논리 공주를 구출하라	정완상	쿠폰북
3			수학에 푹 빠지다 : 약수와 배수	김정순	경문사
4			페르마가 만든 약수와 배수	장명숙	자음과모음
5		분수와 소수의 연산	분수, 넌 내 밥이야!	강미선	북멘토
6			수학 유령 베이커리 : 골고루 분수와 맛있는 소수	김선희	살림어린이
7			행복한 수학 초등학교2 : 연산의 세계	강미선	휴먼어린이
8			수학유령 대소동	정완상	쿠폰북
9	도형	합동과 대칭	가르쳐주세요! 합동과 닮음에 대해서	채병하	지브레인
10			사라진 수학 거울을 찾아라	정완상	쿠폰북
11			프랑스 원리 수학2 : 도형과 친해지기	안 시에티	청년사
12			탈레스가 만든 합동과 닮음	채병하	자음과모음
13		직육면체와 정육면체	양말을 꿀꺽 삼켜버린 수학2 : 도형과 퍼즐	김선희	생각을담는 어린이
14			과학공화국 수학법정3-도형	정완상	자음과모음
15			반원의 도형나라 모험	안소정	창비

16	도형	직육면체와 정육면체	수학탐정 매키와 누팡의 대결2	정완상	두리미디어
17		기둥과 뿔	도형, 놀이터로 나와!	조성실	북멘토
18			바빌로고스와 이각형의 비밀	정완상	쿠폰북
19			10일간의 보물찾기	권재원	창비
20			아르키메데스가 들려주는 다면체 이야기	권현직	자음과모음
21		입체도형의 공간 감각	쌓기나무, 널 쓰러뜨리마!	강미선	북멘토
22			피에트 하인이 만든 쌓기나무	김태완	자음과모음
23	측정	어림하기	잃어버린 단위로 크기를 구하라	장혜원 외	자음과모음
24			피타고라스가 만든 규칙 찾기	홍선호	자음과모음
25		평면도형의 둘레와 넓이	피타고라스 구출작전	김성수	주니어김영사
26			수학탐정 매키와 누팡의 대결2	정완상	두리미디어
27			탈레스 박사와 수학영재들의 미로게임	김성수	주니어김영사
28		원주율과 원의 넓이	파이의 비밀	신디 누시원더	승산
29			아르키메데스가 만든 원과 직선	김종영	자음과모음
30			조충지가 들려주는 원1 이야기	권혁진	자음과모음
31		입체도형의 겉넓이와 부피	프랑스 원리 수학2 : 도형과 친해지기	안 시에티	청년사
32			매스 히어로와 다각형 파괴자	카렌 퍼럴	조선북스
33			아르키메데스가 들려주는 다면체 이야기	권현직	자음과모음
34	규칙성	비와 비율	가르쳐주세요! 백분율에 대해서	김준호	지브레인
35			비, 비율 거기 섯!	홍선호	북멘토
36			알쏭달쏭 이퀘이션 수학대회	정완상	쿠폰북
37		비례식과 비례배분	수학공화국 수학법정1	정완상	자음과모음
38			매쓰톤의 위치좌표를 찾아라	정완상	쿠폰북
39	자료와 가능성	자료의 정리	어린이를 위한 통계란 무엇인가	신지영	주니어김영사
40			천재들이 만든 수학퍼즐 27 오일러가 만든 그래프	김은영	자음과모음
41		가능성	속담 속에 숨은 수학2 : 확률과 통계	송은영	봄나무
42			세상에서 가장 오래된 수학책	정완상	쿠폰북
43			과학 공화국 수학법정5 : 확률과 통계	정완상	자음과모음
44			이상한 게임 사이트	정완상	쿠폰북
45	초등 전과정 통합		수학빵	김용세	와이즈만북스
46			수학식당	김희남	명왕성은자유다
47			수학에 번쩍 눈뜨게 한 비밀 친구들	황문숙	가나출판사
48			수학특성화중학교	이윤원 외	뜨인돌출판사

49	초등 전과정 통합	리틀 수학 천재가 꼭 알아야 할 수학이야기	신경애	교학사
50		수학 귀신	H.M 엔첸스베르거	비룡소

5~6학년군 사회 추천 도서

순	서명	저자	출판사
1	(10대를 위한) 경제학 수첩	이완배	아르볼
2	(5학년 2반 오마리) 외교관 되다	김유리	주니어 김영사
3	(강치가 들려주는) 우리 땅, 독도 이야기	신현배	가문비
4	(난감한 철학적 질문을 명쾌하게 풀어 주는) 어린이 윤리학	율리아 크놉	명진출판
5	(옛날옛날에) 탑 따라 돌고 돌아	심재은	파란자전거
6	(오천 년 한반도 역사 속을 달리는) 한국사버스	박찬구	니케주니어
7	(중학생이 되기 전에 꼭 알아야 할) 동양 철학자 18명의 이야기	이종란	그린북
8	(초등학생을 위한 똑똑한) 돈 설명서	라슈미 시르데슈판드	솔빛길
9	개혁의 정몽주냐 혁명의 정도전이냐	별드는 마루	마들
10	거꾸로 판사 똑바로 판결	루치아나 브레지아	파랑새
11	고대 이집트 : 내 손으로 뚝딱뚝딱 배우는 역사	카멜라 밴 블릿	우리교육
12	공부가 되는 유럽 이야기	글공작소	아름다운사람들
13	공자 아저씨네 빵가게	김선희	주니어 김영사
14	공정 무역, 행복한 카카오 농장 이야기	신동경	사계절
15	그래서 이런 지명이 생겼대요	우리누리	길벗스쿨
16	그러니까 역사가 필요해	앙투안 사바	노란상상
17	그럼 안 되는 걸까?	왕대나무	예림당
18	그림 잔치를 벌여 보자	조정육	대교북스주니어
19	나눔대장	고정욱	북스토리아이
20	나는 조선의 외교관이다 : 세종시대 문화외교를 이끈 전설적 외교관 이예 이야기	최정희	북비
21	난 왼손잡이야, 그게 어때서?	미셸 파크말	톡
22	내가 먼저 사과할게요	홍종의	키위북스
23	다빈치 대 잡스 : 세상을 바꾼 20명의 인물, 일대일로 만나다	바티스트 코르나바스	노란돼지
24	돈이 자라는 나무 : 학교에서 돈을 배우자!	박정현	한겨레아이들
25	돌고 도는 경제 : 인물로 보는 경제 이야기	서지원 외	상상의집
26	떠돌이 별	원유순	파란자전거
27	마녀 이모와 피렌체를 가다	조성자	현암사

28	모두가 행복할 권리 인권	바바라피크자 도라씨스니	봄볕
29	무적 수첩	김미애	꿈초(키즈엠)
30	뭐, 돌멩이가 보물이라고?	신창수, 황은주	그린북
31	미래를 이끄는 어린이를 위한 소셜 미디어 이야기	한현주	팜파스
32	법은 왜 필요할까요?	정수현	어린이나무생각
33	부와 가난은 어떻게 만들어지나요?	모니크 팽송-샤를로 외	레디앙 어린이
34	베트남에서 온 우리 엄마	신동일	가문비
35	삼국유사 어디까지 읽어 봤니?	이강엽	나무를심는사람들
36	세계 지도를 바꾼 탐험가	햇살과 나무꾼	아이세움
37	세계사를 바꾼 7가지 결정적 순간들	필립 윌킨슨	다른
38	세계와 만난 우리 역사 : 재미있는 문명 교류 이야기	정수일 외	창비
39	세계의 시장 구경, 다녀오겠습니다!	이형준	시공주니어
40	세상을 뒤흔든 25인의 개혁가들	프랑시 미지오, 안 블랑샤르	녹색지팡이
41	소녀와 소년 : 멋진 사람이 되는 법	윤은주	사계절
42	소로 씨, 삶엔 무엇이 있나요?	권은미	눈이깊은아이
43	싫어요! : 흑인 민권 운동의 역사를 새로 쓴 한마디	파올라 카프리올로	초록개구리
44	안녕하세요 장자 : 장자에게 배우는 큰 생각 큰 마음 이야기	김정빈	처음주니어
45	열하일기로 떠나는 세상 구경	이강엽	나무를심는사람들
46	왕할아버지 오신 날	이영미	느림보
47	용선생의 시끌벅적 한국사	금현진 외	사회평론
48	위대한 인물들의 결정적인 순간	정제광	아주좋은날
49	위인들의 책상	강량원	산수야
50	장애란 뭘까?	엘렌드레스니데르 외	톡
51	조선의 선비 정신	황근기	토토북
52	조선의 왕자는 무얼 공부했을까?	곽영미	살림어린이
53	진실의 힘이 세다	필립 드레이	북비
54	착한 소비가 뭐예요? : 어린이가 꼭 알아야 할 윤리적 소비	서지원 외	상상의집
55	채소할아버지의 끝나지 않는 전쟁	함영연	청개구리
56	철이, 가출을 결심하다 : 마음을 보는 책 장자	김선희	학고재
57	할머니, 왜 하필 열두 동물이에요?	배유안	책과함께어린이
58	행복마트 구양순 여사는 오늘도 스마일	조경희	어린이나무생각

5~6학년군 과학 추천 도서

순	서명	저자	출판사
1	(과학선생님이 들려주는) 원자력과 방사능 이야기	윤창주	일진사
2	(과학선생님이 들려주는) 지구온난화 이야기	이광렬	일진사
3	(재미있는) 날씨와 기후변화 이야기	김병춘, 박일환	가나출판사
4	(지도 없이 떠나는 101일간의) 우주 한 바퀴	박영수	영교출판
5	(초등학생을 위한) 빅 히스토리 : 한 권으로 읽는 138억 년의 역사	김서형	해나무
6	(쿵!) 소리로 깨우는 과학	안토니오 피세티	다림
7	EBS 과학 땡 Q	EBS 과학 땡 Q 제작팀, EBS 미디어	꿈결
8	Why? 과학 기후 변화	강주현	예림당
9	고래가 삼킨 플라스틱	김남길	풀과바람
10	고릴라에게서 평화를 배우다	김황	논장
11	꿀벌이 사라지고 있다 : 꿀벌이 전하는 지구 환경 보고서	로리 그리핀 번스	보물창고
12	나무를 껴안아 숲을 지킨 사람들 : 유네스코와 함께 만나는 아시아의 자연과 문화	김웅서 외	웅진주니어
13	날씨 이야기	브리타 테크트럽	북뱅크
14	냉장고 속 화학	이경윤	꿈결
15	닭답게 살 권리 소송 사건	예영	뜨인돌어린이
16	대지진이 나던 날	고정욱	자유로운상상
17	돋보기군, 우리 집에서 과학을 찾아줘!	우에타니 부부	더숲
18	똑똑한 물의 비밀	프티데브루야르협회	파란자전거
19	똑똑한 우리 몸 설명서	황근기	살림어린이
20	라면을 먹으면 숲이 사라져	최원형	책읽는곰
21	명왕성을 통해 본 행성 이야기 : 우주세대를 위한 천문학 입문서	일레인 스콧	내인생의책
22	묘한 밤하늘에 별자리가 냥냥 : 별난 고양이와 떠나는 천문학 여행	스튜어트 앳킨스	청어람아이
23	미래 생태학자를 위한 장수풍뎅이 탐험북	국립생태원	국립생태원
24	미생물과 감염병 이야기	천명선	가나출판사
25	변화무쌍 공기의 비밀	프티데브루야르협회	파란자전거
26	불을 끄면 별이 떠요	서지원 외	상상의집
27	사람들의 생명을 위협하는 전염병이야기	신협배	가문비어린이
28	생명 윤리 논쟁	장성익	풀빛
29	생물 다양성 : 초록별 지구가 꿈꾸는 행복한 생태계	카트린 스테른	다림
30	역병이 돈다, 조선을 구하라!	한미경	현암주니어

31	오르락내리락 온도를 바꾸는 열	임수현	웅진주니어
32	오스트레일리아가 우리나라 가까이 오고 있다고?	좌용주	나무를 심는 사람들
33	와! 물맴이다 : 새벽들 아저씨와 떠나는 물속 생물 관찰 여행	손윤한	지성사
34	왜, 독감은 전쟁보다 독할까 : 세계사를 바꾼 전염병들	브린 바너드	다른
35	우리가 꼭 지켜야할 벼	노정임	철수와영희
36	우리는 물이야	이정모	아이들은 자연이다
37	우리역사와 함께하는 과학이야기	곽수근 외	생각음담는어린이
38	우주가 나랑 무슨 상관이야	콜린 스튜어트	키즈엠
39	의사 어벤저스 1 (어린이 의학 동화, 응급 센터를 폐쇄하라!, 전염병)	고희정	가나출판사
40	이것저것들의 하루	마이크 바필드	위즈덤하우스
41	지구에서 계속 살래요	게바 실라	책속물고기
42	지구온난화와 탄소배출권	스토리베리	뭉치
43	첨단과학이 번쩍번쩍 : 미래를 여는 신기술 이야기	발레리오 로시 알베르티니 외	청어람미디어
44	최고다! 호기심 딱지1	박유림 외	해나무
45	플랑크톤의 비밀	김종문	예림당

초등 주요 과목, 과목별 필수 어휘 리스트

이 리스트에는 주요 교과목 중 교과서나 수업의 내용을 이해하기 위해서 용어(어휘)를 미리 알아야 할 필요성이 상대적으로 더 높은 사회, 과학 교과의 필수 어휘가 담겨 있습니다. (수학 개념 어휘는 뒤에서 따로 다룹니다.) 특히 두 교과는 용어와 관련된 배경지식의 깊이가 학습 역량에 직접적인 영향을 미치는 과목인데요. 사회, 과학 용어를 익히는 방법으로 교과서를 예습 차원에서 읽어보면서 새로 알게 된 용어를 하나씩 추가하며 학습하는 것은 좋은 방법입니다. 하지만 직전 방학이나 수업 전에 어휘들을 '한 번에 집중적으로' 익힌다면 그 후 교과서 읽기나 교과 연계 도서를 읽는 것이 더욱 수월해지겠죠?

이 리스트에 포함된 어휘는 초등 3~4학년군, 5~6학년군 사회, 과학에서 배우는 주요 핵심 어휘를 기본으로 하여 확장된 범위까지 포함하고 있습니다. 검정 교과서의 종류가 다양해도 교육부의 정해진 지침에 따라 각 학년군의 아이들이 꼭 배워야 할 내용은 같기 때문에 어떤 출판사의 교과서로 배우든 크게 다르지 않습니다. 그러므로 이 리스트의 어휘를 중심으로 학습하셔도 큰 무리가 없어요. 하지만 이 리스트에 담긴 어휘를 미리 학습했다 해도 만약 이후에 교과서를 읽을 때 리스트에 포함되지 않은 어휘가 등장한다면(비중은 적겠지만) 그것도 추가하여 학습할 수 있도록 지도해 주시기 바랍니다.

4장의 '1166: 오늘의 어휘 3개 쓰기' 칸에 특별히 적을 것이 없다면 이 리스트를 참고하여 해당 학년의 사회, 과학 어휘 중 모르는 것을 찾아서 적어 보아도 좋습니다. 새로 알게 된 어휘는 우선 여러 번 읽게 함으로 용어 자체가 소리로도 익숙하게 해주시고요. 2장의 〈어휘력을 높이는 사전 활용법〉을 참고하여 뜻을 직접 찾아 기록하고, 예문도 작성해 보면 좋습니다. 또는 리스트 속 오늘 공부한 어휘를 '1166' 양식에 테스트하듯이 적게 해서 그것에 대한 복습 여부를 판단해 볼 수도 있습니다.

혹시 하루에 어휘 3개를 학습하는 것이 좀 적다고 생각하시나요? 절대 그렇지 않습니다. 이렇게 하루에 3개씩 꾸준히만 익혀도 그것이 쌓이면 양이 엄청나게 많아지거든요. '1166'을 계기 삼아 바로 실천한다면 아이의 학습 강점이 '어휘'가 되는 날은 멀지 않을 것입니다.

3~4학년군 필수 어휘 리스트

3~4학년군 사회 필수 어휘

영역	핵심 개념	기본 어휘
정치	민주주의와 국가, 정치 과정과 제도	• 지역 주민, 지방 자치, 의원, 대표자, 선거, 시민 단체, 공공사업, 공공시설, 예산, 지방의회, 민주주의, 공정, 정당, 공약, 후보자, 개표, 선거의 4원칙(보통 선거/평등 선거/직접 선거/비밀 선거), 임기, 주민 참여, 지역 발전, 대화, 타협, 다수결의 원칙
경제	경제생활과 선택, 시장과 자원의 배분	• 소득, 재산, 농산물/축산물/수산물, 소비자/판매자/생산자, 도매/소매, 소비, 구입, 비용, 수입/수출, 지출, 저축, 이자, 예금, 손해, 기업, 투자, 가계부, 통장, 낭비/절약, 피해 보상, 과소비, 소비자 단체
사회, 문화	개인과 사회, 문화, 현대의 사회 변동	• 성 역할, 성 차별, 양성평등, 사회적 약자, 저출산, 고령화, 성비 불균형, 복지 정책, 보육 시설, 경로석, 대가족, 핵가족, 확대가족, 구성원, 입양, 다문화가족, 한부모 가족, 북한이탈가족(주민), 외국인 근로자, 문화적 편견, 다양성
지리인식	지리적 속성, 공간 분석	• 고장, 위치, 시·도, 시·군·구, 구·읍·면, 주소, 자연 환경/인문환경, 지형, 지형도, 경계, 축척 등고선, 분지, 월평균 기온, 방파제, 양식, 채취, 산림욕장, 농공 단지, 분지, 간척지, 목축, 자매결연, 상호협력, 친선 관계, 자원, 물자, 상호 의존
장소와 지역	장소, 지역, 공간관계	• 중심지, 이동수단, 기차역, 버스 터미널, 운하, 열차, 터널, 재래시장, 교류, 도시, 분포, 교통시설, 문화시설, 교육여건, 인구 집중, 사회문제, 도시 문제, 주택 부족, 교통 체증
인문 환경과 인간 생활	생활공간의 체계, 경제 활동의 지역 구조	• 이동 수단, 의사소통, 소식, 택배, 봉수, 가마, 파발, 촌락, 농촌, 어촌, 산지촌, 기우제, 풍물놀이, 귀농인구, 친환경 농업, 생태 마을 조성, 촌락 문제, 일손 부족
정치문화사	선사시대와 고조선의 등장	• 의생활/식생활/주생활, 옷차림, 한복, 양복, 모시, 비단, 저고리, 짚신, 한옥 양옥, 전통음식, 가마솥, 여가생활, 명절, 민속놀이, 유물
사회 경제사	가족제도, 전통문화	• 문화, 종교, 전통의례, 돌잔치, 결혼식, 장례식, 제사, 혼인, 상투, 궁중 의식, 제례, 상복, 묘소, 장례식장, 정월대보름, 한가위, 동지, 차례, 한식, 현충일, 광복절, 단오

3~4학년군 과학 필수 어휘

영역	핵심 개념	기본 어휘
힘과 운동	힘	• 무게, 용수철, 저울, 수평, 윗접시 저울, 양팔 저울, 추, 받침점, 영점
전기와 자기	자기	• 자석, 막대자석, 자기력, 극, N극, S극, 방향, 나침반, 철심, 철가루, 마그네틱선
파동	파동의 종류, 파동의 성질	• 소리의 세기, 높낮이, 떨림, 광원, 불빛, 유도등, 조명, 반사, 태양, 전기, 백열전구, 필라멘트, 빛의 직진, 엑스(X)선 사진
물질의 성질	물리적 성질과 화학적 성질	• 물질, 물체, 소재, 플라스틱, 스티로폼, 유리, 철, 나무, 고무, 천, 실, 스펀지, 상태, 고체/액체/기체, 공기, 가루, 혼합물, 분리, 광산, 체, 사금, 철골, 철광석, 알루미늄, 광석, 덩어리, 염전, 거름, 그물, 틀, 찌꺼기, 거름종이, 식용유, 기름, 페트리접시, 시험관
물질의 변화	물질의 상태 변화	• 얼음, 수증기, 김, 물방울, 가습기, 실내 습도, 고드름, 증발, 응결, 물의 순환
생명의 연속성	생식, 진화와 다양성	• 뿌리/줄기/잎, 한해살이 식물/여러해살이 식물, 홑잎/겹잎, 가지, 원뿌리/곁뿌리/수염뿌리, 잔뿌리, 다년생, 동물의 한살이, 껍데기, 부화, 부리, 솜털, 깃털, 일생, 암수, 아가미, 피부, 번데기, 성충, 채집, 사육 상자, 허물, 마디, 머리, 가슴, 배, 더듬이, 곤충, 식물의 한살이, 잎자루, 싹, 떡잎/본잎, 양분
고체 지구	지구계와 역장, 판구조론, 지구 구성 물질, 지구의 역사	• 암석, 지층, 층리, 퇴적물, 퇴적암, 이암, 셰일, 사암, 역암, 석회암, 줄무늬, 운석, 화석, 화석 연료, 석유와 석탄, 삼엽충, 흔적, 고사리, 호박, 매머드, 몸체, 공룡, 발자국, 지각변동, 석탄, 화산, 용암, 마그마, 현무암, 화강암, 화산가스, 화산재, 촉감, 현미경, 탐사, 지진, 습곡, 단층, 규모, 지진대, 화산대, 부식물, 풍화작용, 흙, 모래, 자갈, 강물, 강, 파도, 빙하, 바위 틈새, 유실, 산사태, 침식작용, 운반작용, 퇴적작용, 지표, 상류/중류/하류

5~6학년군 필수 어휘 리스트

5~6학년군 사회 필수 어휘

영역	핵심 개념	기본 어휘
정치	민주주의와 국가, 정치과정과 제도, 국제 정치	• 정치, 제도, 갈등, 조정, 민주주의, 인간 존엄성, 자유, 평등, 투표, 정당, 분단, 이산가족, 문화의 이질화, 분쟁, 국제 기구, 남북 교류 협력, 평화 통일, 정치적 대립, 비정부 기구(NGO), 국제 연합(UN), 한국 국제 협력단(KOICA), 문화적 충돌, 쟁점, 고유성, 세계화, 국제 사회
법	헌법과 우리 생활, 개인 생활과 법, 사회생활과 법	• 삼권 분립, 국회, 정부, 법원, 입법, 국정, 재정, 정책, 헌법, 정의, 인권
경제	경제생활과 선택, 시장과 자원 배분, 국가 경제, 세계 경제	• 경제적 자유, 경쟁, 경매, 이윤, 사유 재산 제도, 불공정 거래, 공정 거래 위원회, 무역, 교역, 재화, 의존도, 경쟁력, 원자재, 무역 마찰, 세계 무역 기구(WTO), 자유 무역 협정(FTA), 경제 성장, 경제적 불평등
지리 인식, 장소와 지역	지리적 속성, 공간 분석, 지역, 공간관계	• 관계적 위치, 주권, 영토/영해/영공, 해리, 독도, 위도, 강수량, 자연재해, 해안선, 고랭지 농업, 1차 산업(농업, 임업, 어업), 2차 산업(경공업, 중화학 공업), 3차 산업(서비스업), 입지 조건, 관광 산업, 산업화, 도시화
자연환경과 인간 생활	기후 환경, 지형 환경, 자연-인간 상호 작용	• 경선, 위선, 적도, 극지방, 한대/냉대/온대/건조/열대기후, 해발 고도, 기후, 고산 기후, 험준한 산맥, 대평원, 고원, 아시아, 유럽, 북아메리카, 북극권, 남아메리카, 아프리카, 오세아니아, 남극 대륙, 북극해/대서양/지중해, 유럽연합(EU), 북미 자유 무역 협정(NAFTA), 자원 고갈, 지속 가능, 터전, 지구 온난화, 기후 변화, 재생 가능한 자원, 생태 발자국, 석유, 해수면 상승, 대체 에너지, 환경 단체, 기후 변화 협약, 개발도상국, 국토 개발, 저탄소 녹색 성장, 환경 기초 시설, 쓰레기 매립장, 소각장, 납골당, 님비(NIMBY)현상, 핌피(PIMFY)현상

영역		기본 어휘
정치 문화사	삼국의 성장과 통일, 통일신라와 발해, 고려 문벌 귀족 사회의 형성과 변화, 조선의 건국과 유교 문화의 성숙, 전란과 조선 후기 사회의 변동, 개항과 개화파, 일제 식민 지배와 광복을 위한 노력, 대한민국의 발전	• 삼국 시대, 고구려/백제/신라, 가야, 근초고왕, 광개토대왕, 장수왕, 진흥왕, 당나라, 연합, 삼국통일, 발해, 통일신라, 석굴암, 불국사, 계승, 세력, 고려, 불교, 유교, 정치 이념, 제도, 정비, 귀족 사회, 문신, 무신, 차별 대우, 무신 정변, 천민, 신분 해방 운동, 귀족, 백성, 팔관회, 연등회, 팔만대장경, 서희, 강감찬, 활약, 거란, 침입, 여진, 동북9성, 몽골, 개경, 강화도, 삼별초, 고려 청자, 금속활자, 화포, 목화, 건국, 태조 이성계, 조선, 한양, 세종대왕, 훈민정음 창제, 성종, 경국대전, 신분질서, 충효, 신분, 양반, 중인, 상민, 천민, 임진왜란, 의병, 청나라, 병자호란, 효종, 북벌 정책, 영조, 탕평책, 정조, 규장각, 학문 장려, 화성, 화폐, 농사법, 신분질서 변화, 판소리, 탈놀이, 사설시조, 한글 소설, 민화, 사신, 서양문물, 천주교, 서학, 실학, 조세 제도, 농민 봉기, 흥선 대원군, 외세 침략, 척화비, 운요호 사건, 불평등 조약, 강화도 조약, 개항, 구식 군대/신식 군대, 임오군란, 개화파, 갑신정변, 부패, 동학농민운동, 갑오개혁, 대한제국, 자주독립, 을사조약, 외교권, 경제 수탈 정책, 침략 전쟁 동원, 항일 의병 운동, 3·1운동, 대한민국 임시정부 수립, 무장독립운동, 광복, 모스크바 3국 외상회의, 미·소 공동 위원회, 총선거, 제헌절, 제헌 국회, 헌법 공포, 이승만, 6·25전쟁, 휴전 협정, 이산가족, 부정선거, 4·19혁명, 5·18민주화 운동, 6월 민주항쟁, 남북 정상 회의, 경제 협력

5~6학년군 과학 필수 어휘

영역	핵심 개념	기본 어휘
전기와 자기	전기, 자기	전지, 전구, 전선, 전기회로, 전류, 전자석
열과 에너지	열평형	온도, 열, 온도계, 구두, 수은주
파동	파동의 성질	돋보기, 굴절, 확대
물질의 성질	물리적 성질과 화학적 성질	용질, 용매, 용액, 산, 염기, 지시약
물질의 상태	물질의 상태	기체, 입자, 산소, 이산화탄소, 압력, 부피
물질의 변화	화학 반응	연소, 연소의 조건(탈 물질, 산소, 발화점 이상의 온도), 소화, 화재
생명과학과 인간의 생활	생명공학 기술	버섯, 짚신벌레, 곰팡이, 해캄, 세균, 바이러스
생명의 구조와 에너지	동물의 구조와 기능, 식물의 구조와 기능, 광합성과 호흡	소화, 순환, 배설, 호흡, 감각, 기관, 뼈, 근육, 뿌리, 줄기, 잎, 꽃, 열매, 현미경, 흡수작용, 지지작용, 증산작용, 광합성

환경과 생태계	생태계와 상호 작용	환경적 요인(빛, 온도, 물), 생산자, 소비자, 분해자, 생태계
대기와 해양	대기의 운동과 순환	이슬, 안개, 구름, 비, 바람, 일기예보, 기상청
우주	태양계의 구성과 운동, 별의 특성과 진화	공전, 자전, 달의 위상, 태양의 고도, 남중고도, 지구본, 자전축, 공전, 행성, 별, 별자리, 북극성, 카시오페아

교육부 지정 초등 필수 기본 600 영단어장

초등학생 때 어떤 영단어부터 공부해야 할지 몰라서 수준에 맞지 않는 단어를 공부하는 아이가 많습니다. 수준에 맞지 않은 단어 공부는 영어 학습의 효율뿐만 아니라 자신감까지도 떨어뜨리는 '가장 안 좋은 영어 공부'인데도 말이죠. 그래서 초등학생 때는 특히 더 '영단어 학습'에 신경을 써야 합니다.

영단어에도 진짜 우선순위가 있습니다. 바로 교육부에서 지정해 놓은 필수 영단어가 그것인데요. 교육부 지정 초등 필수 800 단어 중, 기본 수준의 600 단어를 따로 선정하여 품사와 뜻을 달아 단어장으로 만들었습니다.

이 영단어장의 활용 방법은 다음과 같습니다. 영단어 학습의 시작 단계에 있는 아이들은 알파벳 순서대로 학습해도 좋고요, 알파벳 순으로 돌아가며 몇 개씩 뽑아서 학습해도 좋습니다.

1. 초등 고학년은 이 단어장을 현재 영단어 공부 수준을 가늠할 수 있는 테스트 용도로 활용하거나 복습 용도로 이용할 수 있습니다.
2. 매일 학습을 기반으로 실천해야 하는 영단어 공부의 재료로 활용하면 좋습니다. 영단어 공부를 시작하는 아이라면 매일 1~2개로 시작해 보세요. 한꺼번에 많이 공부하고 띄엄띄엄하는 것보다는 조금씩이라도 매일 꾸준히 하는 것이 훨씬 효율적인 영단어 학습임을 명심하시기 바랍니다.
3. 4장의 '1166: 오늘의 어휘 3개 쓰기' 칸을 채우는 영단어 어휘 학습의

재료로 활용하면 좋습니다. 자세한 활용법은 2장에 있는 〈영어 어휘 학습법〉과 스터디북의 설명을 참고해 주세요.

교육부 지정 필수 기본 600 영단어

순	단어	품사	뜻
1	a	부정관사	(처음 언급되는 단수형 명사 앞에 쓰임) 어떤 하나 (사람)의
2	academy	명사	(특수 분야) 학교
3	accent	명사	(사람의 출신 지역 등을 보여 주는) 말씨
4	accident	명사	(특히 자동차의) 사고, 재해
4	accident	명사	우연, 실수
5	act	명사	(특정한) 행동, 행위
5	act	동사	행동하다
6	add	동사	첨가/추가하다, 덧붙이다
7	address	명사	주소
8	adult	명사	성인, 어른
9	adventure	명사	모험
10	afraid	형용사	두려워하는, 무서워 하는
11	after	전치사	(시간순서상으로) 뒤에, 후에
12	afternoon	명사	오후
13	again	부사	한 번 더, 다시
14	age	명사	나이, 연령
15	air	명사	공기, 대기
16	airplane	명사	비행기
17	airline	명사	항공사
18	airport	명사	공항
19	all	형용사	모든
19	all	대명사	모든 것
20	alone	형용사, 부사	혼자, 다른 사람 없이
21	aloud	부사	(들을 수 있게) 소리 내어
22	alright	형용사, 부사	괜찮은, 받아들일 만한
23	always	부사	항상, 언제나
24	A.M. / a.m.	약어	오전 (라틴어 ante meridiem)의 약어

25	and	접속사	~와/과, 그리고
26	angel	명사	천사, 천사 같은 사람
27	anger	명사	화, 분노
28	animal	명사	동물
29	answer	명사	대답
		동사	대답하다, 대응하다
30	ant	명사	개미
31	apple	명사	사과
32	area	명사	지역
33	arm	명사	팔
		동사	무장하다, 무장시키다
34	arrive	동사	도착하다
35	art	명사	미술, 예술(행위)
36	aunt	명사	고모, 이모
37	baby	명사	아기
38	background	명사	배경
39	bad	형용사	안 좋은, 불쾌한, 나쁜
40	bake	동사	(음식을) 굽다, 구워 지다
41	ball	명사	공, 무도회
42	balloon	명사	풍선
		동사	부풀다
43	band	명사	(가수를 중심으로 한) 밴드
		동사	띠를 두르다
44	bank	명사	은행
		동사	통장에 돈을 넣다, 예금하다
45	base	명사	(사물의) 맨 아래 부분
		동사	~에 본부를 두다
46	baseball	명사	야구
47	basket	명사	바구니
48	basketball	명사	농구
49	bat	명사	방망이, 배트
		동사	공을 배트로 치다
50	bath	명사	욕조
		동사	목욕시키다
51	bathroom	명사	욕실
52	battery	명사	건전지, 배터리

53	battle	명사	전투
		동사	싸우다, 투쟁하다
54	be	동사	있다, 존재하다
55	beach	명사	해변, 바닷가
56	bean	명사	콩
57	bear	명사	곰
58	bed	명사	침대
59	bedroom	명사	침실, 방
60	bee	명사	벌
61	beef	명사	소고기
62	bell	명사	종, 종소리
63	bicycle	명사	자전거
64	big	형용사	큰
		부사	크게
65	bill	명사	고지서, 청구서
66	bird	명사	새
67	birth	명사	출생, 출산
68	birthday	명사	생일
69	bite	동사	물다
70	black	형용사	검은
		명사	검은색
71	block	명사	사각형 덩어리
		동사	(지나가지 못하게) 막다, 차단하다
72	blood	명사	피, 혈액
73	blue	형용사	파란, 푸른
		명사	파란색
74	board	명사	판자
		동사	승선하다, 탑승하다
75	boat	명사	배, 보트
76	body	명사	몸, 신체
77	bomb	명사	폭탄
		동사	폭탄으로 공격하다
78	bone	명사	뼈
79	book	명사	책
		동사	(식당/호텔 등에) 예약하다

80	boot	명사	목이 긴 신발, 부츠
		동사	세게 차다
81	borrow	동사	빌리다
82	boss	명사	(직장의) 상사
		동사	보스 행세를 하다
83	both	형용사, 대명사	양쪽의, 양쪽 다
84	bottle	명사	병
		동사	병에 담다
85	bottom	명사	맨 아래 (부분)
86	bowl	명사	(우묵한) 그릇
87	boy	명사	소년, 남자 아이
88	brain	명사	뇌
89	brake	명사	브레이크, 제동 장치
		동사	브레이크를 밟다, 속도를 줄이다
90	branch	명사	나뭇가지
91	brand	명사	상표, 브랜드
92	bread	명사	빵
93	break	동사	부서지다, 부수다
		명사	(작업 중의) 휴식 시간
94	breakfast	명사	아침 식사
95	bridge	명사	다리
		동사	다리를 놓다
96	bright	형용사	밝은, 눈부신, 똑똑한
97	brother	명사	형, 오빠, 남동생
98	brown	형용사	갈색의
		명사	갈색
99	brush	명사	붓, 솔
		동사	솔질(비질/칫솔질)을 하다
100	bubble	명사	거품
101	bug	명사	벌레, 작은 곤충
102	burn	동사	(불이) 타오르다
		명사	화상, 덴 상처
103	business	명사	사업, 장사, 일, 업무
104	button	명사	(옷의) 단추, (작동) 버튼
		명사	(기계를 작동시키기 위해 누르는) 버튼
105	buy	동사	사다, 사 주다

106	by	전치사	옆에, 가에
107	cage	명사	(짐승의) 우리, 새장
108	calendar	명사	달력, 일정표
109	call	동사	전화하다, 부르다
110	can	조동사	<능력>~할 수 있다
111	candy	명사	사탕, 초콜릿류, 캔디
112	cap	명사	모자
		동사	(끝을) 덮다
113	captain	명사	선장, (항공기의) 기장
114	car	명사	승용차, 자동차
115	carrot	명사	당근
		명사	(무엇을 하도록 설득하기 위한) 보상
116	cart	명사	수레, 우마차
117	case	명사	(특정한 상황의) 경우, 상자, 용기
118	cash	명사	현금, 현찰
119	castle	명사	성
120	cat	명사	고양이
121	catch	동사	(움직이는 물체를) 잡다
122	chain	명사	사슬, 쇠줄
		동사	(사슬로) 묶다
123	chair	명사	의자
124	chance	명사	(일이 일어날) 가능성
125	change	동사	변하다, 달라지다, 바꾸다
		명사	잔돈
126	cheap	형용사	(값이) 싼
		부사	싸게
127	child	명사	아이, 어린이, 자식
128	church	명사	교회
129	cinema	명사	영화관, 극장
130	circle	명사	원형
		동사	빙빙 돌다
131	city	명사	도시
132	class	명사	학급/반, 수업
133	classroom	명사	교실
134	clean	형용사	깨끗한
		동사	닦다, 청소하다

135	clear	형용사	알아듣기 쉬운, 분명한
136	clerk	명사	사무원, 점원
137	climb	동사	오르다, 올라가다
138	clip	명사	핀, 클립
		동사	클립으로 고정하다
139	clock	명사	시계
140	cloth	명사	옷감, 직물
141	cloud	명사	구름
		동사	(기억력·판단력 등을) 흐리다
142	club	명사	(특정한 활동 등을 위한) 클럽, 동호회
143	coin	명사	동전
		동사	(새로운 낱말/어구를) 만들다
144	cold	형용사	추운, 차가운
		명사	추위, 추운 환경
145	college	명사	(학위과정) 대학교
146	color/colour	명사	색깔, 빛깔
		동사	~색칠하다
147	come	동사	(~쪽으로) 오다
148	comedy	명사	코미디, 희극
149	concert	명사	연주회, 콘서트
150	congratulate	동사	축하하다
151	cook	동사	요리하다, 밥을 짓다
		명사	요리사
152	cookie/cooky	명사	쿠키
153	cool	형용사	시원한, 서늘한
		동사	식히다, 식다
154	corner	명사	모서리, 모퉁이
		동사	(구석에) 몰리다, 궁지에 몰아넣다
155	cotton	명사	목화
156	country	명사	국가, 나라
157	countryside	명사	시골 지역, 전원 지대
158	couple	명사	두 사람, 두 개
		동사	두 개를 연결하다
159	cousin	명사	사촌
160	cow	명사	암소, 젖소
161	crown	명사	왕관

162	cry	동사	울다, 외치다
		명사	비명
163	curtain	명사	커튼
164	customer	명사	손님, 고객
165	cut	동사	베다, 자르다, 절개하다
		명사	베인 상처, 자상
166	cute	형용사	귀여운
167	cycle	명사	자전거, 오토바이
		명사	순환
168	dad	명사	아빠
169	dance	명사	춤
		동사	춤을 추다
170	dark	형용사	어두운, 캄캄한
		명사	어둠, 캄캄함
171	date	명사	날짜
172	daughter	명사	딸
173	day	명사	하루, 날, 요일
174	delicious	형용사	아주 맛있는, 냄새가 좋은
175	dentist	명사	치과, 치과의사
176	desk	명사	책상, (호텔, 공항 등의) 프런트/접수처
177	dialogue/dialog	명사	대화, 대사
178	diary	명사	일기, 수첩, 메모장
179	dinner	명사	저녁 식사
180	dirty	형용사	더러운, 지저분한
		동사	더럽히다
181	dish	명사	접시
182	doctor	명사	의사
183	dog	명사	개
184	doll	명사	인형
185	dolphin	명사	돌고래
186	door	명사	문
187	dream	명사	꿈
		동사	꿈을 꾸다, 희망을 갖다
188	drink	명사	음료, 마실 것
		동사	마시다

189	drive	동사	운전하다, 몰다
		명사	드라이브, 자동차 여행
190	duck	명사	오리
		동사	(머리나 몸을) 숙이다, 수그리다
191	ear	명사	귀
192	east	명사	동쪽
193	easy	형용사	쉬운, 수월한, 용이한
194	eat	동사	먹다
195	egg	명사	계란, 알
196	elephant	명사	코끼리
197	end	명사	끝, 가장자리, 모서리
		동사	끝을 맺다, 끝내다
198	engine	명사	엔진
199	engineer	명사	기사, 수리공
200	enjoy	동사	즐기다
201	enter	동사	들어가다, 들어오다
202	eraser	명사	지우개
203	evening	명사	저녁, 밤, 야간
204	every	형용사	(단수 명사와 함께 쓰여) 모든, 하나하나 다
205	exit	명사	출구
		동사	나가다, 퇴장하다
206	eye	명사	눈
207	face	명사	얼굴
		동사	~을 마주보다
208	fact	명사	~라는 점, 실상, 사실
209	factory	명사	공장
210	fail	동사	실패하다, 하지 못하다
		명사	낙제, 불합격
211	fall	동사	떨어지다, 빠지다, 내리다
		명사	가을
212	family	명사	가족, 가정, 가구
213	famous	형용사	유명한
214	fan	명사	팬, 선풍기
		동사	부채질을 하다
215	farm	명사	농장, 농원
		동사	농사를 짓다, 경작하다

#	단어	품사	뜻
216	fast	형용사	빠른
		명사	단식
217	fat	형용사	뚱뚱한, 살찐, 비만의
		명사	지방, 비계
218	father	명사	아버지
		동사	아버지가 되다, 키우다
219	feel	동사	느끼다, ~기분이 들다
		명사	촉감, 감촉
220	field	명사	들판, 밭
221	fight	동사	싸우다, 전투하다
		명사	싸움
222	file	명사	파일, 서류철
		동사	(문서 등을 정리하여) 보관하다
223	find	동사	찾다, 발견하다
		명사	발견물
224	fine	형용사	질 높은, 좋은
		명사	벌금
225	finger	명사	손가락
226	fire	명사	불, 화재
		동사	사격하다, 발포하다
227	fish	명사	물고기, 생선, 어류
		동사	낚시하다
228	flag	명사	기, 깃발
229	floor	명사	바닥
230	flower	명사	꽃
231	fly	동사	날다
		명사	파리
232	fog	명사	안개
		동사	수증기가 서리다
233	food	명사	식량, 음식, 먹이
234	fool	명사	바보
		동사	속이다, 기만하다
235	foot	명사	발
236	football	명사	축구, 축구공
237	forest	명사	숲, 삼림
238	forever	부사	영원히

239	fox	명사	여우
		동사	속이다, 혼란스럽게 만들다
240	free	형용사	자유로운, 자기 하고 싶은 대로 하는
		동사	석방하다, 풀어주다
241	friend	명사	친구
242	frog	명사	개구리
243	fruit	명사	과일
244	fry	동사	(기름에) 굽다, 튀기다
245	full	형용사	가득한, 빈 공간이 없는
246	fun	명사	재미, 즐거움
		형용사	재미있는, 즐거운
247	garden	명사	뜰, 정원
		동사	정원 가꾸기를 하다
248	gate	명사	문, 정문, 대문
249	gentleman	명사	신사, 양반
250	gesture	명사	몸짓, 제스처
		동사	가리키다, 손짓을 하다
251	ghost	명사	귀신, 유령
252	giant	명사	거인
		형용사	거대한, 위대한
253	gift	명사	선물, 기증품
		동사	선물하다, 내주다
254	giraffe	명사	기린
255	girl	명사	소녀
256	give	동사	주다
257	glad	형용사	기쁜, 반가운, 고마운
258	glass	명사	유리
259	glove	명사	장갑
260	glue	명사	접착제
		동사	(접착제로) 붙이다
261	go	동사	가다
		명사	(경기/활동 등의) 차례
262	goal	명사	목표
		명사	골, 득점
263	god	명사	신

264	gold	명사	금
		형용사	금색의
265	good	형용사	좋은, 괜찮은
		명사	선함
266	goodbye	감탄사, 명사	안녕히 가세요, 안녕히 계세요, 작별인사
267	grandfather	명사	할아버지, 외할아버지
268	grape	명사	포도
269	grass	명사	풀, 잔디
270	great	형용사	큰, 많은, 엄청난
271	green	형용사	녹색의, 파란
		명사	초록색, 녹색
272	grey/gray	형용사	회색의
		명사	회색, 잿빛
273	ground	명사	땅바닥, 지면
		형용사	가루가 되게 간, 빻은
274	group	명사	무리, 집단
		동사	무리를 지어 모으다, 모이다
275	grow	동사	커지다, 증가하다, 자라다
276	guide	명사	안내(서), 관광 안내 책자, 안내자
		동사	안내하여 데려가다, 보여주다
277	guy	명사	남자, 녀석, 사내
278	habit	명사	습관, 버릇
279	hair	명사	머리, 털
280	hand	명사	손
		동사	건네 주다, 넘겨주다
281	handsome	형용사	멋진, 잘생긴
282	happy	형용사	행복한, 기쁜
283	hard	형용사	단단한, 딱딱한, 여려운
284	hat	명사	모자
285	he	대명사	그, 그분(남자)
286	head	명사	머리, 고개
		동사	(특정 방향으로) 가다, 향하다
287	headache	명사	두통, 머리가 아픔
288	heart	명사	심장, 가슴
289	heaven	명사	천국, 천당, 하늘나라
290	heavy	형용사	무거운, 육중한

291	helicopter	명사	헬리콥터
292	hello/hey/hi	감탄사, 명사	인사, 여보세요, 만났을 때의 인사
293	help	동사	돕다, 거들다
		명사	도움
294	here	부사	여기에, 이리
		명사	여기, 지금
295	hero	명사	영웅
296	high	형용사	높은
297	hill	명사	언덕, 나지막한 산
298	hit	동사	때리다, 치다
299	hobby	명사	취미
300	holiday	명사	휴가, 방학
		동사	휴가를 보내다
301	home	명사	집, 가정
302	homework	명사	숙제, 과제
303	honest	형용사	정직한, 솔직한
304	honey	명사	꿀, 벌꿀, 여보(애칭)
305	hope	명사	희망, 기대
		동사	바라다, 희망하다
306	horse	명사	말, 경마
307	hospital	명사	병원
308	hot	형용사	더운, 뜨거운
309	hour	명사	시간
310	house	명사	집, 주택
311	human	명사	인간, 사람
312	hundred	수사	백, 100
313	hungry	형용사	배고픈, 굶주리는
314	hunt	동사	사냥하다
315	husband	명사	남편
316	I	대명사	나는, 내가
317	ice	명사	얼음
318	idea	명사	발상, 생각, 방안
319	it	대명사	그것
320	jeans	명사	청바지
321	job	명사	직장, 일, 일자리
322	join	동사	연결하다, 잇다, 합쳐지다

323	joy	명사	기쁨, 환희
324	key	명사	열쇠
		형용사	가장 중요한, 핵심적인, 필수적인
325	kick	동사	발로 차다
		명사	차기, 킥, 발길질
326	kid	명사	아이, 청소년
327	kill	동사	죽이다, 목숨을 빼앗다
328	kind	형용사	친절한, 다정한
		명사	종류, 유형
329	king	명사	왕, 국왕
330	kitchen	명사	주방, 부엌
331	knife	명사	칼, 나이프
332	know	동사	알다, 알고 있다
333	lady	명사	여자 분, 여성, 숙녀
334	lake	명사	호수
335	land	명사	육지, 뭍 땅
		동사	(땅 표면에) 내려앉다, 착륙하다
336	large	형용사	큰, 많은, 엄청난
337	late	형용사	늦은, 지각, 만년의
338	lazy	형용사	게으른
339	leaf	명사	(나뭇) 잎
340	learn	동사	배우다, 학습하다
341	left	형용사	왼쪽의, 좌측의
		명사	~의 왼쪽
342	leg	명사	다리
343	lesson	명사	수업, 교습
344	letter	명사	편지, 글자, 문자
345	library	명사	도서관, 서재
346	light	명사	빛, 광선, 빛살
		형용사	가벼운
347	line	명사	선, 줄
348	lion	명사	사자
349	lip	명사	입술
350	listen	동사	듣다, 귀를 기울이다
351	little	형용사	작은, 소규모의

352	live	동사	살다, 거주하다, 지내다
		형용사	생방송의, 생중계의
353	livingroom	명사	거실
354	look	동사	보다, 바라보다
355	love	명사	사랑
		동사	사랑하다
356	low	형용사	(높이/위치 등이) 낮은
357	luck	명사	좋은 운, 행운
358	lunch	명사	점심
		동사	점심 식사를 하다
359	mail	명사	우편
		동사	우편으로 보내다, 발송하다
360	man	명사	남자, 사람
361	many	형용사, 대명사	많은, 다수
362	map	명사	지도, 약도
		동사	지도를 만들다, 지도를 그리다
363	marry	동사	결혼하다
364	mathematics/ math's/math	명사	수학
365	meat	명사	고기
366	meet	동사	만나다
367	memory	명사	기억(력)
368	middle	명사	중앙, 가운데, 중간
		형용사	한가운데, 중간의
369	milk	명사	우유
		동사	젖을 짜다, 우유를 짜다
370	mirror	명사	거울
		동사	반영하다, (거울처럼) 잘 보여주다
371	money	명사	돈, 금전
372	monkey	명사	원숭이
373	month	명사	달, 월
374	moon	명사	달
375	morning	명사	아침, 오전
376	mother	명사	어머니
		동사	(어머니처럼) 보살피다
377	mountain	명사	산, 산더미

378	mouse	명사	쥐, 생쥐
379	mouth	명사	입
380	move	동사	움직이다, 움직이게 하다, 옮기다
		동사	이사하다
381	movie	명사	영화
382	much	형용사, 대명사	많은, 많음
383	museum	명사	박물관, 미술관
384	music	명사	음악, 곡
385	name	명사	이름, 성명, 성함
		동사	이름을 지어주다, 명명하다
386	nation	명사	국가
387	nature	명사	자연
388	neck	명사	목
389	new	형용사	새, 새로운
390	newspaper	명사	신문, 신문지
391	next	형용사	다음, 뒤의, 옆의
392	nice	형용사	좋은, 즐거운, 멋진
393	night	명사	밤, 야간
394	no/nope/nay	감탄사	아니, 안 돼
395	noon	명사	정오, 낮 12시, 한낮
396	north	명사	북쪽, 북
		형용사	북쪽에 있는, 북쪽으로 향하는
397	nose	명사	코
398	nothing	대명사	아무것도 아님, 단 하나도 없음
399	now	부사	지금, 이제
400	number	명사	수, 숫자
		동사	번호를 매기다, 번호를 붙이다
401	nurse	명사	간호사
		동사	간호하다
402	ocean	명사	바다, 대양
403	office	명사	근무처, 사무실
404	oil	명사	기름, 석유
405	old	형용사	나이가 많은, 오래 된
406	one	명사, 형용사	하나, 하나의
407	open	형용사	열려 있는
		동사	열다

408	paint	명사	페인트
		동사	페인트를 칠하다
409	palace	명사	궁전
410	pants	명사	바지
411	paper	명사	종이, 신문
412	parent	명사	부모
413	park	명사	공원
		동사	주차하다
414	pass	동사	지나가다, 통과하다
		명사	합격, 통과
415	peace	명사	평화
416	pear	명사	배(과일)
417	pencil	명사	연필
		동사	연필로 쓰다, 그리다
418	people	명사	사람들
419	picnic	명사	소풍, 피크닉
420	picture	명사	그림
		동사	상상하다, 마음속에 그리다
421	pig	명사	돼지
422	pink	형용사	분홍색의
		명사	분홍색
423	place	명사	장소, 곳
		동사	놓다, 두다, 설치하다
424	play	동사	놀다, 게임 등을 하다
		명사	연극
425	please	부사	부디, 제발
		동사	남을 기쁘게 하다
426	P.M./p.m.	약어	(라틴어 post meridiem) 오후
427	pocket	명사	주머니, 포켓
		동사	호주머니에 넣다
428	point	명사	의견, 주장
		동사	(손가락 등으로) 가리키다
429	police	명사	경찰
430	potato	명사	감자
431	power	명사	힘, 세력
		동사	동력을 공급하다, 작동시키다

432	prince	명사	왕자
433	print	동사	인쇄하다, 프린트를 하다
		명사	활자, 활자체
434	prize	명사	상, 상품, 경품
		동사	소중하게 여기다
435	puppy	명사	강아지
436	push	동사	밀다
437	puzzle	명사	퍼즐, (머리를 써서) 알아맞히기
		동사	어리둥절하게 만들다
438	queen	명사	여왕, 왕비, 왕후
439	quick	형용사	빠른, 신속한
440	quiet	형용사	조용한, 한산한
		명사	고요
441	rabbit	명사	토끼
442	race	명사	경주, 달리기 시합, 레이스
		명사	인종, 민족
443	rain	명사	비, 빗물
		동사	비가 오다
444	rainbow	명사	무지개
445	read	동사	읽다, 판독하다
446	red	형용사	빨간, 붉은
		명사	빨간색
447	restaurant	명사	식당, 레스토랑
448	restroom	명사	화장실
449	rich	형용사	보유한, 돈 많은, 부자인
450	ring	동사	전화하다, 전화를 걸다
		명사	반지
451	river	명사	강
452	road	명사	도로, 길
453	rock	명사	돌, 암석
		동사	흔들리다, 흔들다
454	roof	명사	지붕
455	room	명사	방, ~실
456	run	동사	달리다, 뛰다
		명사	달리기
457	sad	형용사	슬픈, 애석한

458	sale	명사	판매
459	salt	명사	소금
		동사	소금을 치다
460	sand	명사	모래
461	school	명사	학교
		동사	훈련시키다, 가르치다
462	science	명사	과학
463	scissors	명사	가위
464	score	명사	득점, 스코어
		동사	득점을 하다
465	sea	명사	바다
466	season	명사	계절
		동사	양념을 하다, 간을 맞추다
467	see	동사	보다, 목격하다
468	sell	동사	팔다, 매도하다
469	she	대명사	그녀
470	ship	명사	배, 선박, 함선
		동사	(배나 다른 수단으로) 실어 나르다, 수송하다
471	shoe	명사	신발
472	shop	명사	가게, 상점
		동사	사다, 쇼핑하다
473	show	동사	보여 주다
		명사	(극장에서 하는) 쇼, 공연물
474	sing	동사	노래하다
475	sister	명사	언니, 누나, 여동생
476	sit	동사	앉다, 앉아 있다
477	size	명사	(사람/사물의) 크기
478	skin	명사	피부, 껍질
479	skirt	명사	치마
480	sky	명사	하늘
481	sleep	동사	잠을 자다
		명사	잠, 수면
482	slow	형용사	느린, 더딘, 천천히 움직이는
		동사	천천히 가다, 속도를 줄이다
483	small	형용사	작은, 소규모의

484	smell	동사	냄새가 나다, 냄새를 맡다
		명사	냄새, 향
485	smile	동사	소리를 내지 않고 웃다, 미소 짓다
		명사	미소
486	snow	명사	눈
		동사	눈이 오다, 눈이 내리다
487	soccer	명사	축구
488	sock	명사	양말
489	soft	형용사	부드러운, 폭신한
490	son	명사	아들
491	song	명사	노래, 가곡
492	sorry	형용사	안된, 안쓰러운, 애석한
493	sound	명사	소리
		동사	~처럼 들리다
494	south	명사	남쪽, 남부
		형용사	남쪽에 있는, 남쪽으로 향하는
495	speak	동사	말을 주고 받다, 이야기하다
496	speed	명사	(물체의 이동) 속도
497	spoon	명사	숟가락
498	stand	동사	서다, 서 있다
499	start	동사	시작하다
		명사	시작, 시작점
500	stone	명사	돌, 석조
		동사	돌을 던지다
501	stop	동사	멈추다, 서다, 정지하다
502	store	명사	백화점, 상점
		동사	저장하다, 보관하다
503	story	명사	이야기(말)
504	strawberry	명사	딸기
505	street	명사	거리, 도로
506	strong	형용사	튼튼한, 강한, 힘센
507	student	명사	학생, 제자
508	study	동사	공부하다, 배우다
		명사	공부, 학습, 학문
509	subway	명사	지하철, 지하도

510	sugar	명사	설탕
		동사	설탕을 넣다, 뿌리다
511	sun	명사	해, 태양
512	supper	명사	저녁 식사
513	swim	동사	수영하다, 헤엄치다
514	table	명사	식탁, 테이블, 탁자, 상
515	tail	명사	(동물의) 꼬리
		동사	미행하다
516	talk	동사	말하다, 이야기하다
		명사	이야기, 대화, 논의
517	tall	형용사	키가 큰, 높은
518	tape	명사	(접착용) 테이프
		명사	(영상을 기록하는) 테이프
519	taste	명사	맛
		동사	맛을 보다, 맛이 ~하다
520	teach	동사	가르치다, 가르쳐주다
521	teen	명사	10대 청소년
522	telephone	명사	전화, 전화기
523	tell	동사	말하다, 전하다
524	test	명사	시험, 검사
		동사	시험을 치게 하다, 검사하다
525	textbook	명사	교과서
		형용사	교과서적인
526	thank	동사	감사하다, 고마워하다, 감사를 표하다
527	that	형용사, 대명사	저, 그, 저것, 그것
528	there	부사	거기에
529	they	대명사	그들, 그것들
530	thing	명사	(사물을 가리키는) 것, 물건
531	this	형용사, 대명사	(가까이 있는 것을 가리켜) 이, 이것
532	tiger	명사	호랑이
533	time	명사	시간
534	today	부사	오늘, 오늘날에, 현재
		명사	오늘
535	tomorrow	부사, 명사	내일
536	tonight	부사	오늘 밤에
		명사	오늘 밤

537	tooth	명사	이빨, 이, 치아
538	top	명사	맨 위 부분, 꼭대기, 정상
539	touch	동사	만지다, 건드리다, 손을 대다
540	tour	명사	(여러 도시국가를 방문하는) 여행, 관광
540	tour	동사	순회하다, 순방하다, 관광하다
541	tower	명사	탑
542	town	명사	(소)도시, 읍
543	toy	명사	장난감
544	train	명사	기차, 열차
544	train	동사	훈련하다, 연습하다
545	travel	동사	여행하다, 이동하다
545	travel	명사	여행, 출장, 이동
546	tree	명사	나무
547	triangle	명사	삼각형
548	trip	명사	여행, 이동
549	true	형용사	사실인, 참인, 맞는
550	type	명사	형태, 유형, 종류
550	type	동사	타자를 치다, 입력하다
551	ugly	형용사	못생긴, 추한, 보기 싫은
552	umbrella	명사	우산, 양산
553	uncle	명사	삼촌, 외삼촌, 고모부, 이모부
554	understand	동사	이해하다, 알아듣다, 알다
555	use	동사	사용하다, 쓰다, 이용하다
555	use	명사	사용, 이용
556	vegetable	명사	채소, 야채
557	visit	동사	방문하다, 찾아가다
557	visit	명사	방문
558	voice	명사	목소리, 음성
558	voice	동사	(말로) 나타내다, 표하다
559	wait	동사	기다리다
560	walk	동사	걷다, 걸어가다
560	walk	명사	걷기, 산책
561	wall	명사	벽, 담
562	war	명사	전쟁
563	warm	형용사	따듯한, 따스한, 훈훈한
563	warm	동사	데우다, 따뜻하게 하다

564	wash	동사	씻다
565	watch	동사	보다, 지켜보다, 주시하다
		명사	시계
566	water	명사	물
		동사	(화초 등에) 물을 주다
567	watermelon	명사	수박
568	way	명사	방법, 방식, 식 투
		명사	길, 도로
569	we	대명사	우리, 저희
570	weather	명사	날씨, 기상, 일기
571	wedding	명사	결혼식, 혼례식
572	week	명사	주, 일주일
573	weekend	명사	주말
574	weight	명사	무게, 체중
575	welcome	동사	맞이하다, 환영하다
576	well	부사	잘, 좋게, 제대로
577	west	명사	서쪽
578	wet	형용사	젖은
579	what	대명사, 형용사	무엇, 무슨
580	when	부사, 대명사	언제
581	where	부사, 대명사	어디에, 어디
582	white	형용사	흰, 흰색의, 하얀
		명사	흰색, 백색
583	who	대명사	누구
584	why	부사	왜, 어째서
585	wife	명사	아내, 부인
586	win	동사	이기다
		명사	승리
587	wind	명사	바람
588	window	명사	창문
589	woman	명사	(성인) 여성, 여자, 여인
590	wood	명사	나무, 목재
591	word	명사	단어, 낱말, 말
592	work	동사	일하다, 작업을 하다, 근무하다
		명사	직장, 직업, 일
593	world	명사	세계

594	year	명사	년, 해
595	yellow	형용사	노란, 노란색의
		명사	노란색
596	yes/yeah/yep	감탄사	네, 응, 그래요
597	yesterday	부사, 명사	어제
598	you	대명사	너, 당신
599	zebra	명사	얼룩말
600	zoo	명사	동물원

교육부 지정 초등 필수 심화 200 영단어장
중고등 필수 영단어 중 초등 고학년 학습용 300 영단어장

교육부 지정 필수 영단어 중에서 추상 어휘와 필수 동사, 중요 어휘 등 상대적으로 어려운 초등 어휘 200개와 중고등 어휘 300개를 선정하여 뜻을 달아 단어장으로 만들었습니다.

이 영단어장의 활용 방법은 다음과 같습니다.

1. 이 단어장으로, 초등 고학년부터 특히 더 신경 써야 하는 추상적 의미의 영단어를 좀 더 집중적으로 학습할 수 있습니다. 추상 어휘란, 눈으로 볼 수 없고 손으로 만질 수 없는 막연한 의미를 지닌 어휘인데요. 초등 고학년 수준 이상의 실력을 갖춘 아이가 영단어 학습용으로 활용하면 좋습니다.

2. 학년에 상관없이 초등 영단어에 자신 있는 학생이라면 우선 자신의 초등 영단어 수준을 가늠해 보는 테스트용으로 활용해 보세요. 특히 예비 중학생이라면 초등 영단어 점검용으로 심화 200 단어 중 모르는 단어가 얼마나 되는지 한번에 파악해 보는 용도로 활용하게 하시면 됩니다.

3. 매일 학습을 기반으로 실천해야 하는 영단어 공부의 재료로 활용해 보세요. 이 단어장은 교육부 필수 초등 영단어로 구성되어 있으므로 가장 우선적인 학습교재로 삼아 학습하기를 추천합니다. 그 이후에 중고등 어휘를 순차적으로 학습하면 좋습니다. 영단어 학습 계획과 실력에 따라 공부량을 매일 2~10개로 잡아 주세요. 한꺼번에 많이 공부하고 띄엄띄엄하는 것보다는 조금씩이라도 매일 꾸준히 하는 것이 훨씬 효율적인 영단어 학습

입니다. 자세한 영단어 학습 방법은 2장의 〈영어 어휘 학습법〉을 참고하세요.

4. 4장의 '1166: 오늘의 어휘 3개 쓰기' 칸을 채우는 영단어 어휘 학습의 재료로 활용하면 좋습니다. 자세한 활용법은 2장에 있는 〈영어 어휘 학습법〉과 스터디북의 설명을 참고해 주세요.

교육부 지정 초등 필수 심화 200 영단어

순	단어	품사	뜻
1	about	부사	약, -쯤, -경
		전치사	~에 관하여
2	above	전치사	(위치나 지위 면에서) 보다 위에
3	across	부사, 전치사	건너서, 가로질러
4	advise	동사	조언하다, 충고하다, 권고하다
5	against	전치사	(무엇에) 반대하여, 맞서
6	ago	부사	(얼마의 시간) 전에
7	agree	동사	동의하다
8	ahead	부사	(공간, 시간상으로) 앞으로, 앞에
9	almost	부사	거의
10	along	전치사	~을 따라
11	already	부사	이미, 벌써
12	also	부사	또한, 게다가
13	another	형용사	또 하나의
		대명사	또 하나의 것
14	any	형용사	얼마간의, 어느 것이든, 누구든
15	around	부사	약, 쯤
		전치사	둘레에, 주위에
16	as	전치사	~처럼, ~같이
17	ask	동사	묻다, 물어 보다, 부탁하다
18	at	전치사	(장소 또는 시간) ~에
19	away	부사	(시간적/공간적으로) 떨어진 곳에

20	back	명사	등, 허리
		부사, 동사	뒤로, 뒤로 물러서다
21	basic	형용사, 명사	기초적인, 기초, 기본
22	beauty	명사	아름다움, 미
23	because	접속사	~때문에
24	become	동사	~(해)지다, ~이 되다
25	before	전치사	(시간상으로) 전에, 앞에
		접속사	~하기 전에
26	begin	동사	시작하다, 시작되다
27	behind	전치사, 부사	뒤에
28	believe	동사	(무엇이나 누구의 말을) 믿다
29	below	전치사	(위치가) 아래에
30	beside	전치사	옆에
31	between	전치사	(위치가) 사이에, 중간에
32	brave	형용사	용감한, 대담한
33	bring	동사	가져오다, 데려오다
34	build	동사	(건물을) 짓다, 건설하다
35	busy	형용사	바쁜
36	but	접속사	그러나(~이나), 하지만(~지만)
37	calm	형용사	침착한, 차분한
		동사	진정시키다
38	care	명사	걱정, 돌봄, 주의
		동사	걱정하다, 돌보다
39	carry	동사	나르다, 운반하다
40	certain	형용사	확실한, 틀림없는
41	check	명사, 동사	점검, 점검하다
42	choose	동사	선택하다, 고르다
43	clever	형용사	영리한, 똑똑한
44	close	형용사	(시간적공간적으로) 가까운
		동사	닫다, 닫히다
45	collect	동사	모으다, 수집하다
46	company	명사	회사, 동료, 교제
47	condition	명사	상태, 조건
		동사	조건을 붙이다
48	contest	명사	대회, 시합
		동사	(어떤 것을 차지하기 위해) 경쟁을 벌이다

49	control	명사	지배권
		동사	지배하다, 통제하다
50	copy	명사	복사/복제본
		동사	복사하다, 베끼다
51	cost	명사	값, 비용
		동사	비용이 들다
52	could	조동사	CAN의 과거형, ~할 수가 있었다
53	cover	동사	(감추거나 보호하기 위해) 씌우다, 가리다
		명사	덮개, 커버
54	crazy	형용사	미친, 정상이 아닌, 말도 안 되는
55	cross	명사	X 표, 십자, +기호
		동사	건너다, 가로지르다, 횡단하다
56	crowd	명사	사람들, 군중 무리
		동사	(어떤 장소를) 가득 메우다
57	culture	명사	문화
		동사	(미생물/조직 등을) 배양하다
58	curious	형용사	궁금한, 호기심이 많은, 특이한, 별난
59	danger	명사	(사망, 부상 등의) 위험
60	dead	형용사	죽은
		명사	죽은 사람들
61	death	명사	죽는 것, 죽음, 사망
62	decide	동사	결정하다, 판결을 내리다
63	deep	형용사	(위에서 아래까지) 깊은
64	design	명사	(건물/책/기계 등의) 디자인
		동사	설계/도안하다
65	die	동사	죽다, 사망하다
66	different	형용사	다른, 차이가 나는
67	difficult	형용사	어려운, 힘든, 곤란한
68	discuss	동사	상의하다, 논의하다
69	divide	동사	나누다, 가르다
70	do	동사	(어떤 동작을) 하다
71	double	형용사	두 배의, 갑절의
		동사	두 배로 되다, 두 배로 만들다
72	down	부사	아래로, 아래에
		전치사	높은 데서 아래로
73	draw	동사	그리다

74	drop	동사	떨어지다, 떨어뜨리다
		명사	방울
75	dry	형용사	마른, 건조한
		동사	마르다, 말리다
76	during	전치사	~동안, ~하는 중에
77	early	형용사	초(창)기의, 이른
78	earth	명사	세상, 땅, 지면, 흙
79	elementary	형용사	초보의, 초급의, 근본적인
80	enough	형용사	필요한 만큼의, 충분한
81	error	명사	실수, 오류
82	exam (examination)	명사	시험, 검사
83	example	명사	예, 사례
84	exercise	명사	운동
		동사	(권리·역량 등을) 행사하다
85	fantastic	형용사	기막히게 좋은, 환상적인
86	far	부사	멀리
87	favorite	형용사	매우 좋아하는
88	fever	명사	열, 열병
89	fill	동사	채우다, 채워지다
90	finish	동사	끝내다, 마무리 짓다
91	fix	동사	고정시키다, 박다
92	focus	동사	집중하다, 집중시키다
		명사	초점, 주목
93	for	전치사	~을 위해, ~의
94	forget	동사	(과거의 일을) 잊다, 잊어버리다
95	form	명사	종류, 유형
		동사	형성되다, 형성시키다
96	fresh	형용사	신선한 것
97	from	전치사	~에서 부터
98	front	명사	(사물의) 앞면, 앞부분
99	future	명사	미래
100	get	동사	받다, 구하다, 얻다
101	guess	동사	추측하다, 짐작하다
		명사	추측, 짐작
102	hang	동사	걸다, 매달다, 걸리다 매달리다

103	hate	동사	몹시 싫어하다, 질색하다
		명사	(사람에 대한) 증오
104	have	동사	가지다, 있다, 소유하다
105	heat	명사	열기, 열
		동사	뜨겁게 만들다, 뜨거워지다
106	history	명사	역사
107	hold	동사	잡고 있다
		명사	쥐기, 잡기
108	how	부사	어떻게
109	however	부사	그렇지만, 아무리 ~해도
110	humor (humour)	명사	유머, 익살, 해학
111	hurry	동사	서두르다, 급히 하다
		명사	서두름, 급함
112	if	접속사	만약, ~면
113	important	형용사	중요한
114	in	전치사	(지역/공간 내의)~에, ~에서
115	inside	전치사	~의 안에, 속에, 내부에
		명사	안쪽, 속, 내부
116	into	전치사	안으로, 속으로
117	introduce	동사	소개하다
118	invite	동사	초대하다, 초청하다
		명사	초대
119	just	부사	(정확히라는 의미의) 딱
		형용사	공정한
120	keep	동사	유지하다, 계속 하다, 계속 있게 하다
121	last	형용사	마지막의, 최종적인, 지난
		동사	계속되다
122	lie	동사	누워있다, 눕다
		명사,동사	거짓말(하다)
123	like	전치사	~와 비슷한
		동사	좋아하다, 즐기다
124	long	형용사	긴
		동사	간절히 바라다
125	mad	형용사	미친, 정신 이상인, 화가 난
126	make	동사	만들다, 제조하다
127	may	조동사	(가능성을 나타내어)~일지도 모른다, ~일 수도 있다

128	might	조동사	may의 과거형, ~해도 좋다, ~일지도 모른다
129	mind	명사	마음, 정신
		동사	언짢아 하다, 상관하다
130	miss	동사	놓치다, 빗나가다
		명사	(결혼하지 않은 여자에게)~양
131	must	조동사	(중요성을 나타내어)~해야 하다
132	near	형용사	(거리상으로) 가까운
		동사	가까워지다, 다가오다
133	need	동사	필요로 하다, 해야 하다
134	never	부사	결코, 절대, 한번도~않다
		감탄사	설마, 그럴 리가
135	not	부사	~아니다, ~않다
136	note	명사	메모, 쪽지
		동사	~에 주목하다, 주의하다
137	of	전치사	~의(어떤 사람/사물에게 속한 또는 그/그것과 관련된)
138	off	전치사, 부사	~에서 떨어져
139	often	부사	자주, 흔히, 보통
140	on	전치사	~위에
141	only	형용사	유일한, 오직 ~만의
142	or	접속사	그것이 아니면, 또는, 혹은
143	out	부사, 전치사	밖에, 밖으로
144	over	부사	넘어지게, 쓰러지게
		전치사	(다른 사람/사물이 덮이도록) ~위에
145	part	명사	일부, 약간
		동사	~와 헤어지다
146	pay	동사	지불하다, 내다, 결제하다
		명사	급료, 보수
147	pick	동사	고르다, 선택하다, 뽑다
148	plan	명사	계획
		동사	계획을 세우다, 계획하다
149	poor	형용사	가난한, 빈곤한
150	present	형용사	현재의, 출석한, 참석한
		명사	선물
151	pretty	형용사	매력적인, 예쁜, 귀여운
		부사	어느 정도, 꽤

152	problem	명사	문제
153	put	동사	(특정한 장소에) 놓다, 두다, 얹다
154	question	명사	질문, 의문, 문제
		동사	질문하다, 심문하다
155	ready	형용사	준비가 된
156	remember	동사	기억하다, 기억나다
157	return	동사	돌아오다, 반납하다
158	right	형용사	올바른, 오른쪽의
159	safe	형용사	안전한
		명사	금고
160	same	형용사	똑같은, 동일한
161	save	동사	구하다, 구조하다, 저축하다
162	say	동사	말하다, ~라고 하다
163	send	동사	보내다, 발송하다
164	shock	명사	(심리적) 충격
		동사	놀라게 하다
165	short	형용사	짧은, 키가 작은
166	should	조동사	~을 해야 한다(특히 남의 행동을 비판 할 때)
167	shy	형용사	수줍음 많이 타는, 부끄러워 하는
168	sick	형용사	아픈, 병든
169	side	명사	(어떤 것의 중심을 기준으로 한 좌우 중 한) 쪽, 측
170	smart	형용사	영리한, 솜씨 좋은
171	so	부사	그렇게, 매우
		접속사	그래서, 그러므로
172	some	형용사, 대명사	얼마간의, 조금의, 얼마간, 어떤 사람들
173	sour	형용사	신, 시큼한
174	space	명사	우주, 공간
175	stay	동사	계속 그대로 있다, 머무르다, 남다
176	stress	명사	스트레스, 압박, 긴장
		동사	강조하다
177	take	동사	잡다, 획득하다, 가지고 가다, 받아들이다
178	than	전치사, 접속사	~보다(비교의 대상이 되는 것을 나타냄)
179	the	정관사	그 (이미 언급되었거나 쉽게 알 수 있는 사람/사물 앞에 붙임)
180	think	동사	생각하다, 일 것 같다, 사고하다

181	thirst	명사	갈증, 목마름
		동사	목마르다, 갈망하다
182	to	전치사	(이동 방향을 나타내어) ~로, ~쪽으로
183	together	부사	함께, 같이
184	too	부사	너무, ~도, ~또한
185	try	동사	노력하다, 애를 쓰다, 이루려고 하다
		명사	시도
186	turn	동사	돌다, 돌리다
187	twice	부사	두 번, 두 배로
188	under	전치사	~아래에, ~속에
189	up	부사	위쪽으로
190	very	부사	매우, 아주, 정말
191	wake	동사	(잠에서) 깨다, 일어나다, 깨우다
192	want	동사	원하다, 바라다, 하고 싶어 하다
193	wear	동사	입다, 입고 있다
194	will	조동사	~일 것이다, ~할 것이다
		명사	의지, 의견
195	wish	동사	원하다, 바라다
		명사	바람, 의도, 소망
196	with	전치사	~와 함께
197	worry	동사	걱정하다, 걱정하게 만들다
		명사	걱정, 우려
198	write	동사	쓰다, 집필하다, 작성하다
199	wrong	형용사	틀린, 잘못된
		명사	나쁜 행동
200	young	형용사	어린, 신생의, 덜 성숙한
		명사	젊은이들

교육부 지정 중고등 필수 영단어 중 초등 고학년 학습용 300 영단어

순	단어	품사	뜻
1	able	형용사	할 수 있는
2	absolute	형용사	완전한, 완벽한
3	accept	동사	(기꺼이) 받아들이다
4	admit	동사	인정하다, 들어가게 하다
5	absent	형용사	결석한, 결근한
6	absolute	형용사	완전한, 완벽한
7	aim	명사	목표
8	aisle	명사	통로
9	alive	형용사	살아 있는
10	amaze	동사	(대단히) 놀라게 하다
11	army	명사	군대
12	attend	동사	출석하다, 참석하다
13	balance	명사	균형
13	balance	동사	균형을 잡다
14	ban	동사	금지하다
14	ban	명사	금지
15	beast	명사	짐승, 야수
16	bend	동사	굽히다, 숙이다
17	blanket	명사	담요
18	blind	형용사	눈이 안보이는
19	blink	동사	눈을 깜박이다
20	bold	형용사	대담한, (선 등이) 굵은
21	boost	동사	북돋우다, 밀어올리다
21	boost	명사	밀어올림, 격려
22	border	명사	국경, 경계, 가장자리
23	broadcast	동사	방송하다, 널리 알리다
24	bully	명사	(약한 사람을) 괴롭히는 사람
24	bully	동사	괴롭히다, 왕따시키다
25	cancel	동사	취소하다
26	capable	형용사	~ 할 능력이 있는, 유능한
27	capital	명사	수도, 자금, 대문자
28	cave	명사	동굴

29	ceiling	명사	천장
30	century	명사	100년, 세기
31	challenge	명사	도전
		동사	도전하다
32	chaos	명사	혼돈, 혼란
33	chase	명사	추적
		동사	추적하다
34	complain	동사	불평하다, 항의하다
35	connect	동사	연결하다, 이어지다
36	custom	명사	관습, 풍습
37	damage	동사	손상시키다, 훼손하다
		명사	훼손
38	dawn	명사	새벽
39	deal	동사	거래하다
40	debate	동사	토론하다
		명사	토론
41	debt	명사	빚, 부채
42	decision	명사	결정, 판단
43	decorate	동사	장식하다, 꾸미다
44	defend	동사	수비하다, 방어하다
45	deliver	동사	배달하다
46	depend	동사	의존하다, 의지하다
47	desert	명사	사막
48	destroy	동사	파괴하다
49	educate	동사	교육하다, 가르치다
50	effort	명사	노력, 수고
51	elect	동사	(선거로) 선출하다, 선택하다
52	emotion	명사	감정
53	empty	형용사	비어 있는
54	enemy	명사	적, 반대자
55	entertain	동사	즐겁게 하다, 대접하다
56	entry	명사	입장, 등장
57	environment	명사	환경
58	exist	동사	존재하다
59	expert	명사	전문가

60	express	동사	(감정/의견 등을) 표현하다
61	fade	동사	(색깔이) 바래다, 희미해지다
62	faith	명사	믿음, 신뢰, 신앙
63	false	형용사	틀린, 사실이 아닌
64	fame	명사	명성
65	familiar	형용사	익숙한, 친숙한
66	fasten	동사	매다, 채우다, 잠그다
67	fate	명사	운명, 숙명
68	fear	명사	공포, 두려움
68	fear	동사	두려워하다, 무서워하다
69	feed	동사	먹이를 주다
70	fist	명사	주먹
71	flight	명사	비행, 여행
72	furniture	명사	가구
73	gain	동사	얻다, 갖게 되다
74	gap	명사	틈, 공백, 격차
75	general	형용사	일반적인, 보편적인
76	generous	형용사	너그러운, 관대한
77	genius	명사	천재
78	global	형용사	세계적인, 지구의
79	grade	명사	등급, 품질
79	grade	동사	등급을 나누다
80	gradual	형용사	점진적인, 단계적인, 서서히 하는
81	grand	형용사	웅장한, 위대한
82	grateful	형용사	고마워하는, 감사하는
83	guest	명사	손님, 하객
84	guilty	형용사	죄책감이 드는, 유죄의
85	half	명사	반, 절반
86	happen	동사	(일이) 발생하다, 벌어지다
87	harvest	동사	수확하다, 거둬들이다
87	harvest	명사	수확
88	haste	명사	서두름, 급함
89	heal	동사	치유하다, 낫다
90	height	명사	높이, 키
91	hide	동사	숨기다, 감추다

92	holy	형용사	신성한, 경건한
93	horror	명사	공포, 경악
94	hug	동사	막대한, 거대한
95	huge	형용사	껴안다, 포옹하다, 끌어안다
96	hurt	동사	다치게 하다, 아프다
97	ignore	동사	무시하다
98	ill	형용사	아픈, 병 든, 몸이 안 좋은
99	imagine	동사	모방하다, 본뜨다, 흉내 내다
100	imitate	동사	마련하다, (일을) 주선하다
101	import	동사	수입하다
		명사	수입품
102	income	명사	수입, 소득
103	incredible	형용사	믿을 수 없는, 놀라운
104	independent	형용사	독립된, 독립적인
105	industry	명사	산업, 공업
106	insect	명사	곤충
107	international	형용사	국제적인
108	invent	동사	발명하다, 지어내다
109	jail	명사	교도소, 감옥
110	jaw	명사	턱
111	joke	동사	농담하다, 재미있는 이야기를 하다
		명사	농담
112	judge	명사	판사
		동사	판단하다
113	justice	명사	정의
114	knee	명사	무릎
115	knight	명사	(중세의) 기사
116	knock	동사	두드리다, 노크하다
		명사	노크 소리
117	lack	명사	부족, 결핍
118	language	명사	언어
119	laugh	동사	웃다
		명사	웃음, 웃음소리
120	law	명사	법
121	lawyer	명사	변호사

122	lead	동사	앞장서서 안내하다, 이끌다
123	leather	명사	가죽
124	leave	동사	떠나다, 출발하다
		명사	휴가
125	legend	명사	전설
126	lend	동사	빌려주다, 대출하다
127	level	명사	정도, 수준, 단계
128	limit	명사	한계, 한도
		동사	제한하다
129	list	명사	목록, 명단
130	literature	명사	문학
131	lock	동사	잠그다
		명사	자물쇠
132	luxury	명사	사치, 호화로움
133	machine	명사	기계
134	main	형용사	주된, 중요한, 가장 큰
135	major	형용사	주요한, 중대한
136	manner	명사	방식, 태도
137	marine	형용사	바다의, 해양의
138	master	명사	주인
		동사	숙달하다, 완전히 익히다
139	mate	명사	친구
140	matter	명사	문제, 사안
		동사	중요하다
141	maximum	형용사	최대의, 최고의
142	maybe	부사	어쩌면, 아마
143	method	명사	방법
144	mistake	명사	실수, 잘못
		동사	실수하다
145	naked	형용사	벌거벗은
146	narrow	형용사	좁은
147	neat	형용사	정돈된, 단정한, 말쑥한
148	necessary	형용사	필요한, 필연적인
149	needle	명사	바늘
150	negative	형용사	부정적인, 나쁜

151	nervous	형용사	긴장하는, 불안해하는
152	nest	명사	(새의) 둥지
153	nevertheless	부사	그렇기는 하지만, 그럼에도 불구하고
154	nightmare	명사	악몽
155	noble	형용사	고결한, 고귀한, 숭고한
		명사	귀족, 상류층
156	novel	명사	소설
157	obey	동사	시키는 대로 하다, 따르다, 순종하다
158	object	명사	물건, 물체
		동사	반대하다
159	observe	동사	관찰하다, 주시하다
160	obvious	형용사	분명한, 명백한, 확실한
161	occupation	명사	직업
162	offer	동사	제의하다, 제안하다, (기꺼이) 해 주겠다고 하다
		명사	제의, 제안
163	opinion	명사	(개인의) 의견, 견해, 생각
164	opportunity	명사	기회
165	order	동사	명령하다, 지시하다
		명사	순서, 질서
166	outcome	명사	결과
167	owe	동사	빚지고 있다
168	own	동사	소유하다
		형용사	자기 자신의, 스스로 하는
169	pack	동사	(짐을) 싸다, 챙기다
170	pain	명사	아픔, 통증, 고통
171	pair	명사	같은 종류의 두 물건, 함께 사용하는 두 물건
		동사	(둘씩) 짝을 짓다
172	palm	명사	손바닥
173	pan	명사	냄비
174	passenger	명사	승객
175	passion	명사	열정, 격정
176	passport	명사	여권
177	past	형용사	지나간(시간상으로 과거에 해당하는)
		명사	과거, 지난 날
178	path	명사	길

179	prey	명사	먹이, 사냥감
180	privacy	명사	혼자 있는 상태, 사생활
181	quality	명사	질, 품질
182	quantity	명사	양, 수량
183	quit	동사	그만두다, 포기하다
184	quite	부사	꽤, 상당히
185	random	형용사	무작위의, 닥치는 대로 하는
186	range	동사	범위, 다양성
187	rank	명사	지위, 계급
188	rare	형용사	드문, 보기 힘든, 희귀한
189	raw	형용사	익히지 않은, 날것의
190	reach	동사	~에 이르다, 닿다, 도달하다
191	react	동사	반응하다, 반응을 보이다
192	receipt	명사	영수증
193	recipe	명사	조리법, 요리법
194	recover	동사	회복하다
195	recycle	동사	재활용하다, 재사용하다
196	regret	동사	후회하다
		명사	유감, 후회
197	religion	명사	종교
198	rescue	동사	구하다, 구조하다
199	resemble	동사	닮다, 비슷하다
200	reserve	동사	예약하다
201	responsible	형용사	책임지고 있는, 책임 맡고 있는
202	role	명사	역할, 역
203	root	명사	뿌리
		동사	뿌리를 내리다
204	rule	동사	통치하다, 다스리다, 지배하다
		명사	규칙
205	sail	동사	항해하다
206	salary	명사	급여, 봉급, 월급
207	scare	동사	겁주다, 겁먹게 하다, 놀라게 하다
208	scene	명사	현장, 장면, 광경
209	scold	동사	야단치다, 꾸짖다

210	scratch	동사	긁다, 할퀴다
		명사	긁힌 자국, 할퀸 상처
211	search	동사	검색하다, 찾다, 수색하다
212	seat	명사	자리, 좌석
		동사	앉히다
213	secret	명사	비밀, 기밀
214	seed	명사	씨, 씨앗, 종자
215	seem	동사	(~인 것처럼) 보이다, ~인 것 같다
216	self	명사	모습, 본 모습, 자신
217	sense	명사	감각, 느낌
		동사	감지하다, 느끼다
218	sentence	명사	문장
219	serious	형용사	심각한, 진지한
220	several	형용사	몇몇의
		대명사	몇몇
221	sew	동사	바느질하다, 깁다
222	shade	명사	그늘, 빛 가리개
223	shadow	명사	그림자
224	shake	동사	흔들리다, 흔들다
225	summary	명사	요약, 개요
226	super	형용사	대단한, 굉장히 좋은
227	sweet	형용사	달콤한, 단
228	system	명사	제도, 체제
229	tag	명사	꼬리표, 태그, 술래잡기
230	tale	명사	이야기, 소설
231	talent	명사	재주, 재능, 장기
232	tax	명사	세금
233	temple	명사	신전, 사원, 절 사찰, 회당
234	tender	형용사	상냥한, 다정한, 부드러운
235	terrible	형용사	끔찍한, 소름 끼치는
236	text	명사	(책/잡지의) 본문
		동사	문자를 보내다
237	theater/theatre	명사	극장, 공연장
238	theme	명사	주제, 테마
239	thief	명사	도둑, 절도범

#	단어	품사	뜻
240	thin	형용사	얇은, 가는
241	thousand	명사	1000, 천
242	throat	명사	목구멍, 목
243	throw	동사	던지다, 내던지다
244	thumb	명사	엄지손가락
245	tie	동사	(끈 등으로) 묶다
245	tie	명사	넥타이
246	tight	형용사	(고정된 상태 등이) 단단한, 꽉 조여 있는
247	tiny	형용사	아주 작은, 적은
248	toe	명사	발가락
249	toilet	명사	변기, 변기통, 화장실
250	tool	명사	연장, 도구, 공구
251	tradition	명사	전통
252	typical	형용사	전형적인, 대표적인, 보통의
253	ultimate	형용사	궁극적인, 최후의, 최종적인
254	uniform	명사	제복, 군복, 교복, 유니폼
254	uniform	형용사	획일적인, 균일한, 한결같은
255	unify	동사	통합하다, 통일하다
256	unique	형용사	유일무이한, 독특한
257	universe	명사	우주, 은하계
258	university	명사	대학
259	unless	접속사	~하지 않는 한, ~이 아닌 한
260	until	접속사, 전치사	~때 까지
261	update	동사	최신의 것으로 하다, 갱신하다
262	upper	형용사	더 위에 있는, 상부의
263	upset	동사	속상하게 만들다
263	upset	형용사	속상한, 마음이 상한
264	upward / upwards	형용사	위쪽을 향한, (양/가격이) 증가하고 있는
265	urban	형용사	도시의, 도회지의
266	urge	동사	~하도록 촉구하다, 설득하려 하다
267	urgent	형용사	긴급한, 시급한
268	usual	형용사	뒤쫓다, 흔히 있는, 평상시의, 보통의
269	vacation	명사	방학, 휴가

270	vacuum	명사	진공
		동사	진공청소기로 청소하다
271	valley	명사	계곡, 골짜기
272	value	명사	가치, 훌륭함
		동사	소중하게 생각하다, 가치 있게 여기다
273	various	형용사	여러 가지의, 각양각색의, 다양한
274	vary	동사	(크기, 모양 등에서) 서로 다르다, 각기 다르다
275	vehicle	명사	차량, 탈것, 운송 수단
276	venture	명사	벤처 사업, (사업상의) 모험
277	version	명사	(비슷한 종류의 다른 것들과 약간 다른) 판, 형태, 버전
278	versus	전치사	스포츠 경기 등에서) vs, ~대, ~대하여
279	via	전치사	(어떤 장소를) 경유하여, 거쳐
280	victim	명사	피해자, 희생자, 환자
281	victory	명사	승리
282	view	동사	보다, ~라고 여기다
		명사	(개인적인) 견해, 생각, 의견
283	village	명사	마을, 부락, 촌락
284	violent	형용사	폭력적인, 난폭한
285	visible	형용사	눈에 보이는, 알아볼 수 있는
286	visual	형용사	시각의, 눈으로 보는
287	vocabulary	명사	어휘
288	voluntary	형용사	자발적인, 임의적인, 자진한
289	vote	명사	(선거 등에서의) 표
		동사	투표하다
290	wage	명사	임금, 급료
291	warn	동사	경고하다, 주의를 주다, 충고하다
292	waste	동사	낭비하다
		명사	폐기물
293	wave	명사	파도, 물결
		동사	(손/팔을) 흔들다
294	weak	형용사	(신체적으로) 약한, 힘이 없는
295	weapon	명사	무기
296	whisper	동사	속삭이다, 소곤거리다, 귓속말을 하다
		명사	속삭임

297	wise	형용사	지혜로운, 현명한, 슬기로운
298	without	전치사	~없이
299	yell	동사	소리 지르다, 외치다
300	zone	명사	지역, 지구, 구역

초등 필수 수학 개념 어휘 리스트

　이 리스트에는 2장의 〈수학 어휘 학습법〉에서 제시한 학년별로 꼭 익혀야 하는 수학 용어 리스트에다가 수학 문제 풀이 시, 자칫 이해하지 못할 가능성이 있는 수학적 표현을 추가하고 아이들이 자주 궁금해하거나 헷갈리는 '개념 질문'도 함께 수록했습니다.

　수학 어휘는 한자어 및 사전적인 의미는 물론이고 정의와 성질 또는 개념을 포함하는 예도 있기 때문에 일반 국어사전만으로는 부족합니다. 그래서 수학 개념 학습을 할 때는 항상 '수학 사전'을 옆에 두고 찾아보는 것이 좋습니다. 수학 사전은 각 어휘에 따라 이해를 돕기 위한 그림, 어원, 관련 연결 개념, 배경지식 등이 함께 실려 있기 때문이죠.

　초등 수학 사전은 《개념연결 초등 수학 사전》, 《정리 끝! 교과서 수학 비교 사전》, 《와이즈만 수학 사전》, 《교과서 옆 개념 잡는 초등 수학 사전》 등 종류가 다양하고, 사전마다 특징과 강점이 있습니다. 그러므로 아이와 함께 도서관이나 서점에 나가셔서 아이가 즐겨볼 수 있는 구성인지, 내용 설명은 어렵지 않은지 등을 고려하면서 직접 보고 선택하시기 바랍니다.

　수학 어휘는 우선 각 학년의 예습이나 선행학습 시, 즉 가장 먼저 '개념을 배울 때' 적극적으로 활용해야 합니다. 뒤 이어 소개하는 방법을 잘 읽어보고 계획성있게 실천하시기 바랍니다.

수학 어휘 리스트

구분	영역	수학 어휘
1~2학년군	수와 연산	덧셈, 뺄셈, 곱셈, 짝수, 홀수, +, -, ×, =, >, <
		순서, 세다, 수, 숫자, 낱개, 묶음, 한/두/세, 십, 백, 큰 수, 작은 수, 자릿수, 뛰어 세다, 빠진 수, 다음의 수, 값, 가르다, 바꾸다, 모으다, 더하기, 합, 빼기, 차, 잃다, 남다, 받아올림, 받아내림, 곱하기, 곱, 곱하다, 곱셈구구표, 곱셈표, 배
	도형	삼각형, 사각형, 원, 꼭짓점, 변, 오각형, 육각형
		상자 모양, 둥근 기둥 모양, 공 모양, 네모/세모/동그라미 모양
	측정	시, 분, 약, cm, m
		양, 많다/적다, 크기, 크다/작다, 무게, 무겁다/가볍다, 길이, 길다/짧다, 높이, 높다/낮다, 넓이, 넓다/좁다, 단위, 단위길이, 시계, 짧은 바늘, 긴 바늘, 시각, 시간, 오전, 오후, 요일, 날짜, 달력, 년/개월/주일/일, 며칠, 기간
	자료와 가능성	표, 그래프
3~4학년군	수와 연산	나눗셈, 몫, 나머지, 나누어 떨어진다, 분수, 분모, 분자, 단위분수, 진분수, 가분수, 대분수, 자연수, 소수, 소수점(.), ÷
		천, 만(십만/백만/천만), 억, 조, 전체, 남다, 부분, 나누다, 나누기, 만큼, 분수의 크기, 소수의 크기
	도형	직선, 선분, 반직선, 각, (각의) 꼭짓점, (각의) 변, 직각, 예각, 둔각, 수직, 수선, 평행, 평행선, 원의 중심, 반지름, 지름, 이등변삼각형, 정삼각형, 직각삼각형, 예각삼각형, 둔각삼각형, 직사각형, 정사각형, 사다리꼴, 평행사변형, 마름모, 다각형, 정다각형, 대각선
		모눈종이, 밀다, 겹치다, 돌리다, 변(화)하다, 덮다, 그리다, 방향(왼/오른/위/아래/가운데), 컴퍼스, 벌리다, 긋다, 둘레, 이웃하다
	측정	초, 도(°), mm, km, L, mL, g, kg, t
		자, 재다, 거리, 출발, 도착, 끝, 시점, 기록, 초침, 분침, 시침, 순서, 차례, 단위 넓이, 들이, 옮겨 담다, 채우다, 저울, (무게를)달다, 사선, 각도, 각, 투명종이, 본뜨다, 직각, 각도기, 각의 크기, 예각, 둔각, 수직
	자료와 가능성	그림그래프, 막대그래프, 꺾은선그래프
5~6학년군	수와 연산	약수, 공약수, 최대공약수, 배수, 공배수, 최소공배수, 약분, 통분, 기약분수
		혼합계산, 섞여 있는, 계산 순서, 차례로, 괄호
	도형	합동, 대칭, 대응점, 대응변, 대응각, 선대칭도형, 점대칭도형, 대칭축, 대칭의 중심, 직육면체, 정육면체, 면, 모서리, 밑면, 옆면, 겨냥도, 전개도, 각기둥, 각뿔, 원기둥, 원뿔, 구, 모선
		포개다, 접다, 실선, 점선, 펼치다, 단면

5~6학년군	측정	이상, 이하, 초과, 미만, 올림, 버림, 반올림, 가로, 세로, 밑변, 높이, 원주, 원주율, cm^2, m^2, km^2, cm^3, m^3
		같다, 범위, 어림, 겉넓이, 부피, 치수, 안치수
	규칙성	비, 기준량, 비교하는 양, 비율, 백분율, 비례식, 비례배분, :, %
		전항/후항/내항/외항
	자료와 가능성	평균, 띠그래프, 원그래프, 가능성

※ 수학 문제 풀이 시, 자칫 이해하지 못할 가능성이 있는 수학적 표현을 추가하였습니다.

1. 하나의 개념이 아니라 '자연수의 사칙연산'처럼 특정 영역 전체를 다루는 수학 동화를 읽었다면 책 속에 등장하는 수학 어휘와 이 리스트의 어휘를 비교하는 독후활동을 지도해 주세요. 아마도 특정 영역을 아우르는 새로운 수학 어휘들이 많이 등장하겠죠? 우선 새로 알게 된 어휘를 리스트에 추가해주세요. 초보 단계에서는 전부가 아니라 일부 어휘와 개념만 기억해도 충분히 의미 있는 독서입니다. 대신 우리 아이는 책 한권으로 나중에 공부해야 할 업그레이드 수학 어휘 리스트를 얻었습니다.

수학공부를 절로 하게 만드는 수학 공부의 끝판왕
QR코드를 스캔하거나 유튜브에서 위 제목을 검색하세요.

2. 이 리스트에 있는 어휘의 뜻과 개념을 사전에서 먼저 찾지 말고, 교과서를 읽으면서 파악해 보도록 지도해 주세요. 아이가 어렴풋이 아는 것 같아도 "어떤 뜻인 것 같니?"와 같은 질문을 해서 아이가 이해한 내용을 끌어내 주신 다음에 수학 사전으로 함께 재확인하시면 됩니다.

3. 쓰는 수학 공부를 병행하기 위해 이 리스트에 있는 어휘를 재료로 삼아 2장의 〈수학 어휘 학습법〉 안의 '개념 카드 만들기'의 방법으로 수학 어휘 학습을 지도해 주세요. QR코드를 통해 제공하는 개념 카드 양식을 다운로

드받아 활용하면 더 편리합니다.

아이들이 자주 궁금해하거나 헷갈리는 '개념 질문'은 각 단원 공부를 모두 마무리한 후, '수학 어휘 리스트'와 함께 학부모님이 질문하고 아이가 답하는 문답형식으로 공부하는 것을 추천합니다. 만약 답을 모르겠다면 답을 찾기 위해 '교과서 읽기', '수학 개념 카드 보기', '수학 사전 찾기' 외 관련된 수학 동화를 보거나, 필요하다면 포털사이트와 유튜브 영상을 찾아볼 수도 있습니다. 이 '질문'이 수학 개념과 어휘 이해력을 높이는 '탐구 활동'의 계기가 되는 것이죠. 만약 부모님과의 문답이 사정상 어렵다면 아이가 스스로 질문의 답을 찾아 말해보거나 적어보아도 좋습니다.

마지막으로 이 리스트를 4장의 '1166: 오늘의 어휘 3개 쓰기' 칸에 수학 어휘 학습의 재료로 활용해 보시기 바랍니다. '오늘의 어휘 3개 쓰기' 칸에 특별히 적을 것이 없는 날, 리스트 속 해당 학년의 수학 어휘 중 모르는 것을 찾아 적어보도록 지도해 주세요. 새로 알게 된 어휘는 우선 여러 번 읽게 하여 용어 자체가 소리로도 익숙하게 해주시고요. 2장의 〈어휘력을 높이는 사전 활용법〉을 참고하여 뜻을 직접 찾아 기록하면 좋습니다. 또는 오늘 공부한 어휘를 보지 않은 상태에서 '1166' 양식에 적도록 하여 이를 테스트 기회로 삼아도 좋습니다.

이와 같은 방법으로 꾸준하게 익힌 수학 어휘는 아이가 수학 공부를 훨씬 쉽게 할 수 있도록 도와줄 것입니다.

아이들이 자주 궁금해하거나 헷갈리는 수학 "개념질문"

구분	영역	수학 어휘
1~2학년군	수와 연산	• 물건을 셀 때 네(4) 개라고 말해요? 아니면 사(4) 개라고 말해요? • 문제에 '모두'라는 말이 있으면 모든 수를 더해서 구하는 거죠? • 숫자에 0을 더하거나 빼면 어떻게 돼요? • 37과 73은 같은 숫자 아닌가요? • 왜 자꾸 숫자를 모아서 10을 만들었다가 다시 10을 갈라요? • 왜 항상 일의 자리부터 계산해야 해요? • 올림, 내림이 어려워요.
	측정	• 모양이 다른 그릇에 옮겨 담을 때마다 물이 줄어들고 늘어나요! • 시간과 시각이 뭐가 다른지 모르겠어요. • cm만 알면 되는데 왜 m를 배워요? • 자로 재면 되는데 왜 어림을 해요?
	자료와 가능성	• 표는 왜 만들어요?
3~4학년군	수와 연산	• 몫이랑 나머지가 뭐예요? • 6-2-2-2=0 이랑 6÷2=3이 같다는 것을 믿을 수가 없어요. • 분모가 같은 분수를 더하거나 뺄 때 왜 분모는 가만히 있고 분자끼리만 계산해요?
	도형	• 선을 긋기만 하면 직선 아닌가요? • 직각이 있는 사각형을 왜 직각사각형이라고 하지 않아요? • 원의 지름은 1개 아닌가요? • 예각과 둔각이 헷갈려요. • 삼각형의 세 각의 합이 왜 180도예요? • 두 개의 평행선 사이의 길이가 잴 때마다 다르게 나와요
	측정	• 1시 45분의 30분 뒤가 왜 1시 75분이 아니에요?
5~6학년군	수와 연산	• 20+15÷3을 풀 때마다 답이 다르게 나와요. • 최대공약수는 최소공배수보다 항상 큰 수죠? • 분수를 곱할 때는 분모끼리 곱하고 분자끼리 곱하면 되는 거죠? • 분수의 나눗셈을 구할 때 왜 나눗셈을 곱셈으로 고쳐요? • 약분은 꼭 해야 하나요? • 소수를 곱하거나 나눌 때 소수점을 위치는 왜 바뀌나요?
	도형	• 선대칭과 점대칭 도형이 뭐가 달라요? • 정육면체의 전개도가 여러 개라고요? • 쌓기나무를 잘하는 방법은 없나요? • 원주율이 뭐예요?
	측정	• 이상/이하/초과/미만이 헷갈려요. • 올림/버림/반올림도 어려워요. • 둘레와 넓이 구하는 방법이 계속 헷갈려요.
	규칙성	• 기준량, 비교하는 양이 계속 어려워요. • 백분율을 다양하게 써보고 싶어요. • 비례식은 왜 그렇게 계산해요?
	자료와 가능성	• 왜 일어나지도 않을 가능성을 계산해요?

초등학생이 가장 많이 틀리는 맞춤법 리스트

어른들도, 중요한 메시지 대화나 문서를 작성할 때 꼭 찾아보아야만 하는 맞춤법. 이 맞춤법은 글쓰기를 처음 본격적으로 시작하는 초등학생 때 제대로 학습해야 합니다. 초등학생 때는 맞춤법의 원리를 문법적으로 정확히 설명하기는 어려워도 '그냥 그런 것 같아서'라고 직관적으로 느껴서 자연스럽게 쓸 수 있도록 몸에 배어야 하는 때인데요.

2장에서는 맞춤법을 공부하는 방법을 여러 가지로 설명했습니다. 그 방법 중, 아이가 가장 재미있게 할 만한 (지금 바로, 앱을 켜서) 게임으로 맞춤법 공부를 시작할 수도 있지만, 그보다는 기본적인 원칙을 학습한 후에 앱은 확인하는 용도로 사용하는 것이 효과적입니다.

그래서 그 '기본적인 맞춤법 학습'을 위해 이 리스트에 초등학생이 가장 많이 틀리는 맞춤법을 실었습니다. 항목을 하나하나 보면 사실 학부모님도 헷갈리는 것이 많을 거예요. 만약 2장의 〈초등학생이 가장 자주 틀리는 맞춤법〉의 간단한 맞춤법 테스트에서 15문항 중 5개 이상을 틀린 학부모님이라면 아이와 함께 순서를 바꾸어 가며 퀴즈 형식으로 이 맞춤법 리스트를 일주일 내로 끝내 보세요.

그러고서 아이는 4장의 '1166: 오늘의 맞춤법 퀴즈'를 매일매일 풀며 자신의 실력을 셀프 테스트해 보고, 또 기억을 되새기면서 공부한 맞춤법이 장기기억으로 넘어갈 수 있도록 학습해야 합니다. 동시에 이 맞춤법을 활용한 글쓰기를 매일 한 문장씩만 써보도록 지도해 주세요.

'1166'을 잘 따라오기만 해도 66일이 지나면 아이는 헷갈렸던, 자주 틀렸던 맞춤법을 3번 복습 테스트하게 될 거고요. 이 정도의 노력이면 앞으로 글쓰기에서 적어도 맞춤법이 우리 아이의 발목을 잡을 일은 없을 것입니다.

'1166'의 '오늘의 맞춤법 퀴즈' 정답은 이 리스트의 '정답이 있는 맞춤법'을 보고 파악하면 됩니다. 앞 단어가 정답이에요.

정답을 확인하기 전 학부모님은 아이와 일주일 동안 맞춤법 공부를 했던 기억을 되살려서, 답을 보지말고 아이의 답이 정답인지 오답인지를 맞춰보세요. 그리고 리스트로 아이와 엄마의 답이 정답인지를 최종 확인하는 거죠. 아주 간단한 방법이지만 이 리스트는 아이의 맞춤법과 학부모님의 맞춤법이 동반 성장할 기회를 만들어줍니다. 망설이지 말고 지금 바로 시작하세요.

정답이 있는 맞춤법	
정답	오답
가르다	갈르다
개구쟁이	개구장이
개수	갯수
거야	꺼야
건더기	건데기
게시판	계시판
고마워	고마와
고요	구요
곰곰이	곰곰히
굳이	구지
그러고 나서	그리고 나서

	금세	금새
	기다란	길다란
	깎다	깍다
	나가려면	나갈려면
	나는	날으는
	남녀	남여
	납작하다	납짝하다
	낯설다	낮설다
	네가	니가
	눈곱	눈꼽
	눈살	눈쌀
	덥석	덥썩
	돌	돐
	되다	돼다
	떡볶이	떡볶기
	띄어쓰기	띠어쓰기
	마라	말아라
	며칠	몇일
	무릅쓰다	무릎쓰다
바라다 바라요	*의미: 생각이나 바람대로 어떤 일이나 상태가 이루어지거나 그렇게 되었으면 하고 생각하다	바래다 바래요
	바람	바램
	방귀	방구
	벚꽃	벗꽃
	베개	배게
	베끼다	배끼다
	봬요	뵈요
	분란	불란
	비로소	비로서
	빨간색	빨강색
	설거지	설겆이
	설레다	설레이다
	성장률	성장율
	수놈	숫놈
	숟가락	숫가락
	십상	쉽상

안 돼요	안 되요
안 하다	않 하다
안성맞춤	안성마춤
안팎	안밖
어떡해	어떻해
어이없다	어의없다
얼마큼	얼만큼
역할	역활
열심히	열심이
오랜만에	오랫만에
요새	요세
우리나라	저희나라
육개장	육계장
으레	으례
으스대다	으시대다
이었다	이였다
익숙지	익숙치
자그마치	자그만치
장맛비	장마비
줄게	줄께
창피	챙피
트림	트름
폭발	폭팔
희한하다	희안하다

뜻이 다른 어휘	
가르다	가리키다
개발	계발
결제	결재
낫다	낳다
너머	넘어
늘리다	늘이다
다르다	틀리다
다치다	닫히다
대로	데로

들어내다	드러내다
들리다	들르다
맞히다	맞추다
문안	무난
반듯이	반드시
붙이다	부치다
빚다	빗다
세우다	새우다
어떻게	어떡해
웬지	왠지
있다가	이따가
체	채
햇볕	햇빛
~꺼야	~거야
~구요	~고요
~대	~데
~던	~든
~로써	~로서
~이에요	~이예요
~쟁이	~장이

따라 쓰며 생각을 키우는 초등 필사 100문장

잘 쓰기 위해서는 많이 읽어야 합니다. 그래서 글다운 글쓰기의 방법으로 다양한 책 읽기를 권하지요. 만일 우리 아이가 특정 책 안에서 인상적이고 따라 쓰고 싶은 문장을 만난다면 독서로 인해 글쓰기가 한 뼘 이상 성장하게 됩니다. 하지만 아이들이 어떤 문장을 인상적이라고 느끼기는 쉽지 않죠. 특정 책이나 특정 부분을 좋아할 수는 있어도 '이 문장이 좋다'고 알아차리는 것은 꽤 성숙한 독서 단계에서 나오는 것이기 때문입니다. 좋은 문장을 찾는 능력은 읽기와 글쓰기 단계가 지금보다 월등히 성장한 후에 기대해 봐야겠습니다.

대신 지금 초보 글쓰기를 하는 아이에게는 '글쓰기의 재료'가 될 문장을 필사하는 것을 추천합니다. 문장을 필사해 보는 자체가 아이에게는 새로운 경험이 될 거고요. 이 단계가 익숙해지면 자신이 읽는 책에서 한 문장을 뽑아서 따라 써 보도록 지도해 주세요. 이런 초등학생 때의 경험은 성숙한 단계의 독서에서 '문장 수집'의 기초가 됩니다.

다양한 초등 수준의 글 100문장을 엄선한 필사 재료는 문장 구조, 어휘의 쓰임, 맞춤법 등을 고려하여 실었습니다. 이 글 중에는 일상적으로 사용하는 쉬운 문장도 있고요. 올바른 맞춤법으로 쓰인 문장, 속담 또 감동을 담은 좋은 문장도 포함되어 있습니다. 이 100문장은 하루에 한 문장씩만 따라 쓰면서 그 문장의 의미를 파악해보고 여기서 파생된 다양한 생각을 글쓰기의 '주제 문장'으로 활용해도 좋습니다.

만약 '1166'의 '오늘의 세 문장 쓰기'에 어떤 것을 써야 할지 모르겠다는 아이가 있다면, 이 100문장은 좋은 재료가 될 수 있습니다.

1. 아주 초보 단계의 글쓰기를 하는 아이는 이 문장 중 하나를 정해 세 번 반복해서 써보고, 어떤 의미인지, 어떤 생각이 들었는지, 이 문장 뒤에 어떤 문장이 왔으면 좋겠는지 등으로 아이와 다양한 대화를 나눌 수 있습니다.
2. 앞 단계가 익숙해지면 그다음부터는 100문장 중에 두 문장을 정해서 두 문장을 연결하는 중간 문장을 아이가 직접 써보는 일종의 놀이를 해 보아도 좋아요.
3. 최종적으로는 한 문장을 베껴 쓰고 나머지는 자기 생각을 이어 쓰는 세 문장 쓰기를 하도록 지도해 주시기 바랍니다.

물론 필사 100문장 가이드 없이 아이가 '1166'의 오늘의 세 문장 쓰기를 잘 해낸다면 얼마나 좋을까요! 그렇다면 이제 정말 우리 아이에게 '작가'라는 칭호를 붙여 주셔도 좋겠습니다.

알맞은 어휘가 사용된 필사 35문장

- 공부는 엄마가 시켜서 하는 것이 아니라, 자발적으로 하는 것이다. (자발적 - 남이 시키지 않아도 스스로 하는)

- 그 범인은 마지막 순간에 자신의 범행을 자백하였다. (자백하다 - 자기가 저지른 죄를 남들 앞에서 스스로 고백하다)

- 그녀의 말은 항상 추상적이고 애매하다. (추상적 - 구체성이 없고 막연한)

- 그들은 층간 소음을 줄여달라는 내 요구를 묵살하였다. (묵살하다 - 의견이나 제안을 듣고도 못 들은척하다)

- 나는 문해력 공부 계획을 잘 실천하고 있다. (실천하다 - 생각한 바를 실제로 행하다)

- 나는 아직 나의 실력에 필적할 만한 사람을 본 적이 없다. (필적하다 - 능력이 엇비슷하다)

- 나는 우리 반 아이들의 싸움에 중립적인 태도를 보였다. (중립적 - 어느 편에도 치우치지 않는)

- 날씨에 따라 실내 온도를 조절하고 있다. (조절하다 - 적당하게 맞추어 나가다)

- 남의 예술 작품을 모방하는 것은 범죄이다. (모방하다 - 다른 것을 그대로 본떠서 만들다)

- 내 이름을 도용하여 그는 범죄를 저질렀다. (도용하다 - 남의 물건이나 이름을 몰래 쓰다)

- 내 친구들은 마지막까지 나를 옹호해 주었다. (옹호하다 - 편들어 지켜주다)

- 다시 한번 내 부모님을 모욕하면 가만두지 않을 것이다. (모욕하다 - 깔보고 욕되게 하다)

- 다음 사항에 유의하여 문제를 풀어 보세요. (유의하다 - 마음에 새겨 조심하며 관심을 가지다)

- 대한민국의 자랑스러운 보물인 숭례문이 훼손되었다. (훼손되다 - 손상되다)
- 마음의 여유가 있으면 다른 사람의 잘못에 관대해진다. (관대하다 - 마음이 너그럽고 크다)
- 목표를 성취하기 위해 나는 오늘도 노력한다. (성취하다 - 목적한 바를 이루다)
- 바쁠 때는 사소한 일에 시간을 소모해서는 안 된다. (소모하다 - 써서 없애다)
- 사계절이 1년을 주기로 순환한다. (순환하다 - 주기적으로 되풀이하여 돌다)
- 선악을 구별하다. (구별하다 - 성질이나 종류에 따라 갈라놓다)
- 소방서는 어제 발생한 화재의 원인을 고장 난 난로로 추정하고 있다. (추정하다 - 미루어 생각하다)
- 스파이더맨은 몸을 기민하게 움직였다. (기민하다 - 눈치가 빠르고 동작이 빠르다)
- 어제 주문했던 물건이 오늘 아침에 발송되었다. (발송되다 - 물건, 편지 등이 운송 수단을 통해 보내지다)
- 올해도 우리 가족 모두가 더욱 건강하고 행복하기를 염원한다. (염원하다 - 마음에 간절히 생각하고 기원하다)
- 외로운 사람들을 위해 내가 소개팅을 주선해 줄 생각이다. (주선하다 - 일이 잘 되도록 여러 가지 방법으로 힘쓰다)
- 우리 부모님은 낙천적인 생활 태도를 갖고 계신다. (낙천적 - 세상과 인생을 즐겁고 좋은 것으로 여기는)
- 우리는 학교에서 발생한 문제를 해결하기 위해 여러 가지 방법을 시도해 보았다. (시도하다 - 어떤 것을 이루어 보려고 계획하거나 행동하다)
- 이번 게임에서는 나의 승리를 장담한다. (장담하다 - 확신을 가지고 자신 있게 말하다)

- 이번 시험은 망쳤지만 아직 체념하기에는 이르다. (체념하다 - 희망을 버리다)
- 이집트 피라미드에서 발견된 미라는 거의 영구적으로 보존되어 있다. (영구적 - 오래도록 변하지 않는)
- 전염병을 예방하기 위해 우리는 손을 잘 씻어야 한다. (예방하다 - 질병이나 재해 등이 일어나기 전에 미리 대처하여 막다)
- 지구는 일정하게 태양의 주위를 돌고 있다. (일정하다 - 한결같거나 규칙적이다)
- 지민이는 선생님의 질문에 적절하게 대답했다. (적절하다 - 꼭 알맞다)
- 피곤한 친구에게 기력을 북돋워 주려고 맛있는 음식을 대접하였다. (북돋우다 - 기운이나 정신 따위를 더욱 높여 주다)
- 현실을 고려한 독서 계획을 세워야 한다. (고려하다 - 생각하고 헤아려 보다)
- 66일이 지나면 너의 문해력은 많이 향상되어 있을 거야! (향상되다 - 실력이 나아지다)

맞춤법 필사 25문장

- 감기에 걸려 많이 아팠는데 이제 다 나았어요
- 과자든 빵이든 먹고 싶으면 먹어도 돼
- 그렇게 앞을 보지 않고 걷다간 넘어지기 십상이다
- 기준이가 이번 학기 연극 수업에서 주인공 역할을 맡았어
- 깜빡하고 숙제를 집에 두고 왔어. 어떡해
- 끝나지 않을 것 같았던 겨울 방학이 금세 가 버렸다
- 내 책상 위는 내가 깨끗이 청소할게요.
- 네가 그렇게 말하다니 난 정말 어이가 없어

- 동현이는 문이 바람에 쾅 닫히는 바람에 손을 다쳤다
- 마트에서 카드 결제를 하면 영수증을 준다
- 며칠 뒤면 크리스마스다!
- 빼빼로 데이에는 으레 빼빼로를 주고받는다
- 산이는 왠지 김치를 싫어해요
- 선생님, 내일 봬요!
- 선생님은 수학책을 가리키시며 분수의 의미를 가르쳐 주셨다
- 선주는 김치찌개를 제일 좋아한다
- 오랜만에 날씨가 참 좋다
- 요새 제일 인기 많은 동화책이 뭐야?
- 우리나라는 사계절이 뚜렷해서 참 좋아요
- 이따가 만나요
- 이번 단원 평가에서 수학 만점을 받는 것이 나의 바람이야
- 주영이는 아무도 못 풀어낸 그 문제를 알아맞혔다
- 준호가 가지고 있는 구슬의 개수를 세어 보자
- 편지를 부치려면 여기에 우표를 붙여야 해
- 희지는 가방을 메고 학교에 갔다

속담 필사 20문장

- 가는 말이 고와야 오는 말이 곱다
- 가지 많은 나무 바람 잘 날 없다
- 같은 값이면 다홍치마
- 고양이 목에 방울 달기
- 구슬이 서 말이라도 꿰어야 보배

- 굼벵이도 구르는 재주가 있다
- 낫 놓고 기역 자도 모른다
- 내 코가 석 자
- 똥 누러 갈 적 마음 다르고 올 적 마음 다르다
- 마른하늘에 날벼락
- 말로 온 동네를 다 겪는다
- 망건 쓰다 장 파한다
- 발 없는 말이 천 리 간다
- 벼룩의 간을 내먹는다
- 소 잃고 외양간 고친다
- 열 번 찍어 아니 넘어가는 나무 없다
- 원수는 외나무다리에서 만난다
- 윗물이 맑아야 아랫물도 맑다
- 콩 심은 데 콩 나고 팥 심은 데 팥 난다
- 호랑이는 죽어서 가죽을 남기고 사람은 죽어서 이름을 남긴다

좋은 문구 필사 20문장

- 궁금해하지 않는다면 아무것도 알 수 없어
- 너는 그저 너인 것만으로도 충분해
- 넌 네 생각보다 훨씬 더 용감하단다
- 네가 겪은 모든 일에는 반드시 교훈이 있어
- 네가 내 친구라는 사실 자체가 굉장한 일이야
- 모두를 감동을 주는 사람이 가장 위대한 사람이야
- 서로에게 좀 더 관심을 기울여주자

- 세상에는 재미있는 일이 참 많아요
- 세상에서 가장 값진 일은 사람의 마음을 얻는 것이다
- 세상에서 가장 소중한 건 바로 가족이에요
- 세상을 훨훨 날다가 지치면 언제든 돌아와
- 아주 멀리까지 가 보고 싶어
- 언제나 네 곁에 있을 거야
- 오늘 내 기분은 '기쁨'으로 정할래
- 이 길이 아니라도 너는 곧 길을 찾게 될 거야
- 작은 것에서 얻는 기쁨이 더 소중한 법이야
- 즐거운 여행처럼 살아요
- 처음으로 나도 엄마 아빠에게 선물 같은 사람이 되고 싶다고 생각했어
- 친구란 함께 하는 것
- 친절은 누구에게나 참 간단한 일이야

4장

1일 1페이지로 완성하는 66일 문해력 실천 스터디

1일 1페이지로 완성하는
66일 문해력 실천 스터디

66일 동안 〈문해력 실천 스터디〉에 참여하게 된 여러분 그리고 학부모님 반갑습니다. 스터디에 앞서 우선 66일 동안 도전하게 될 1일 1페이지를 활용하는 방법을 이해하는 시간을 가져보려고 합니다. 문해력 스터디는 이 매뉴얼을 제대로 이해하는 것부터 시작됩니다. 그러니 자세히 읽고, 1일 차부터 도전해 보세요!

$$66 = (7 \times 8) + 8 + 2$$
66일 = 56일의 "새로운 글쓰기" + 8번의 "1차 복습" + 2번의 "2차 복습"

도전 66일 중 56일은 '새로운 글쓰기'를 하는 날입니다. 다음 장부터 소개되는 1166 양식에 맞게 하루 1페이지를 완성하면 돼요. 과학적 원리에 따른 누적 반복 학습을 위해 새로운 글을 쓰는 7일째마다 지난 7일 동안 학습한 내용을 복습하는 '1차 복습 Day'가 있습니다. 33일 차와 66일 차에는 각각 지난 32일간의 학습한 내용을 2차 복습하게 되지요. 우리 아이들이 이 스터디에 참여하게 되면 자연스럽게 56일 분량의 새로운 글쓰기 내용을 최소 2번씩 복습하게 되는 것입니다.

1166 양식은 '오늘의 맞춤법과 활용 문장 쓰기', '오늘의 어휘 3개와 각각의 의미 쓰기', '오늘의 세 문장 쓰기', '엄마와 아이의 오늘의 읽기 기록과 소감'으로 구성되어 있습니다. 각 항목에 대한 설명과 활용 방법은 다음 페이지부터 소개하니 꼼꼼히 읽어보세요. 또한 뒤에 소개되는 1166 양식의 활용 예시도 참고하시기를 바랍니다.

프로젝트 진행 중 주의할 점은, 첫날부터 양식을 너무 빡빡하게 채우도록 지도하지 않는 것입니다. 처음 며칠은 아이도 도전 방식을 이해하고, 무엇을 쓸 것인지 고민하는 시간을 가져봐야 합니다. 쓰는 양이 조금 부족해도 실망한 내색을 보이거나 다그치지 말고 아이의 반응을 보며 조금씩 글쓰기 분량을 늘려주세요.

그리고 아이들의 글쓰기 독려에 가장 효과적인 방법은 엄마가 러닝메이트로서 참여하는 것입니다. 아이를 위해 하루 몇 페이지씩 책을 같이 읽는 엄마, 일단 이 책부터 정독하시고요. 조금씩 엄마 스스로를 위한 독서 습관을 이참에 만드시면 좋겠습니다. 그런 엄마의 자연스러운 참여를 위해서 저희가 1166에 일부러 엄마의 공간을 만들어 두었으니, 아이와 함께 꼭 66일 도전을 시작해 보시기 바랍니다.

새로운 글쓰기

① ○/○   DAY 1

① 오늘의 날짜를 기입합니다.

② 오늘의 맞춤법 퀴즈   (답은 본책의 304~306p에 있어요)

② 초등 아이들이 가장 많이 틀리는 맞춤법을 하루에 한 개씩 퀴즈 형식으로 실었습니다. 정답은 319~321쪽에서 확인하세요.

③ 활용 예문을 써보세요

③ 오늘의 맞춤법의 정답을 이용하여 활용 예문을 써 보도록 지도하세요. 맞춤법을 단순하게 외우는 것은 전혀 효과가 없습니다. 직접 활용해 봐야 쓰임도 알고, 또 오래도록 기억할 수 있어요. 쓰는 곳이 원고지 형식으로 만들어진 데에는 이유가 있습니다. 맞춤법에 맞는 문장 쓰기와 띄어쓰기에도 최대한 주의하게 하세요. 제대로 썼는지는 225쪽에 소개된 것처럼 온라인 맞춤법 검사기를 통해 확인하시기 바랍니다.

④ 오늘의 어휘 3개 쓰기   어휘 도우미

국/영/수

국/영/수

국/영/수

④ 오늘 하루 공부한 내용 중, 새롭게 알게 되었거나 인상적인 어휘를 3개 쓰고 각각의 뜻을 종이 사전이나 온라인 사전에서 찾아 적어 보세요.

이때, '국/영/수' 부분에 해당 어휘의 종류를 표시해 두면, 1차 복습 때 과목별 어휘로 구분하여 〈국어/영어 단어장〉, 〈수학 개념 카드〉 등을 만드는 데 활용할 수 있습니다. (이 부분은 1차 복습 매뉴얼에서 다시 설명드리겠습니다.)

따로 어휘 학습을 해서 이 부분을 채우고 싶다는 생각이 든다면, 3장의 〈초등 주요 과목, 과목별 필수 어휘 리스트〉 〈교육부 지정 초등 필수 기본 600 영단어장〉 〈교육부 지정 초등 필수 심화 200 영단어장〉 〈초등 필수 수학 개념 어휘 리스트〉를 활용해 보세요. 초등에서 배워야 할 필수 어휘들이니 이 기회에 확실하게 학습해 두자고요.

⑤ 오늘 공부할 영단어가 딱히 떠오르지 않는다고요? 그럼 〈어휘 도우미〉에 적혀 있는 영단어 중에서 수준에 맞는 단어를 골라서 공부해 보세요!

이 영단어들은 그냥 영단어가 아니랍니다. 무려 교육부 필수 3000 영단어 중에서 초등 필수 기본 어휘, 초등 필수 심화 어휘 그리고 중고등 필수 어휘 中 초등 고학년 학습용 어휘로 분류하여 추려 놓은 단어들이니 참고해서 영단어 공부에 활용해 보세요!

⑥ 오늘의 세 문장 쓰기

국/영/수

국/영/수

국/영/수

⑥ 오늘 하루의 글쓰기, 딱 세 문장으로 시작해 보세요.

이 칸에는 우리 아이가 오늘 하루 공부한 모든 과목의 내용, 새로 읽거나 배워서 알게 된 것, 읽은 글의 내용 및 소감, (그냥) 일기 등을 국어(한글), 영어, 수학 과목으로 구분하여 적어봅니다. 과목별로 따로따로 한 문장씩 써도 좋고요. 국어(한글)로만 세 문장 쓰기, 영어로만 세 문장 쓰기, 수학 내용으로만 세 문장 쓰기도 가능합니다. 다음 예시를 보고, 과목별 문장 쓰기의 소재를 떠올려보세요.

국어와 영어 예시

- 오늘 배운 한글 단어, 영단어로 한 문장 쓰기 (예문도 좋고, 문장을 만들어 써도 좋음)
- 오늘 읽은 글 중에서 한 문장 필사
- 한글 일기, 영어 일기, 오늘 하루 가장 재밌었던 일 한 문장 쓰기
- 오늘 가장 맛있게 먹은 음식으로 한 문장 쓰기
- 오늘 리스닝한 영어 문장 중 한 문장 따라 쓰기

수학 예시

- 오늘 읽은 수학 동화(도서)에서 새롭게 알게 된 것 한 문장 쓰기
- 오늘 읽은 수학 동화(도서) 중에서 가장 기억에 남는 것 한 문장 쓰기
- 수학 동화(도서)를 읽고 난 후 나의 감상(느낌) 한 문장 쓰기

- 오늘 공부한 수학 교과서, 문제집에서 새로 알게 된 수학 용어의 의미를 설명하는 한 문장 쓰기
- 오늘 공부한 수학 개념을 설명하는 1문장 쓰기 (그림을 그려도 좋고, 수학 용어를 적절하게 사용해도 좋음)
- 오늘 풀었던 인상적인 문제나 어려웠던 문제를 옮겨 적기, 직접 풀어보기

그리고 3장의 〈따라 쓰며 생각을 키우는 초등 필사 100문장〉에 있는 문장을 오늘의 문장에 옮겨 써 보아도 좋습니다. 그 문장을 옮겨 적으면 어휘 활용과 맞춤법을 자연스럽게 익힐 수 있고, 좋은 문장으로 좋은 생각을 하는 긍정적인 영향도 받을 수 있습니다.

오늘의 읽기 기록 ⑦
⑧ 페이지   한 줄 쓰기

⑦ 오늘 하루 아이가 읽은 책의 제목을 써보세요.

⑧ 오늘 하루 아이가 읽은 책의 분량(페이지 수)을 적고, 그 내용과 관련된 사실, 감정 등을 자유롭게 적어봅니다. 책의 분량은 제한이 없습니다. 하루에 1페이지여도 괜찮아요. 다만 그 내용을 꼭 적어보고, 책과 관련된 글쓰기를 꼭 해보세요. 아이가 책에 대해 이야기하고 싶어 하면 질문하기를 통해 책 내용을 좀 더 깊이 있게 이해하도록 지도할 수도 있습니다. 이 부분은 79쪽을 참고해 보시기 바랍니다.

> ⑨ 오늘 엄마의 읽기 기록
>
> 페이지   한 줄 쓰기

⑨ 엄마도 아이와 함께 책을 읽어보세요. 그리고 엄마의 기록도 남겨보세요. 엄마의 작은 참여가 아이가 스터디에 계속 도전할 수 있는 동기를 만듭니다.

이 스터디북이 아이의 글쓰기로 손때가 묻을수록 아이의 문해력은 몰라보게 향상됩니다. 그리고 66일 동안의 좋은 습관은 다른 '학습 습관'도 만들 수 있다는 자신감의 원천이 되지요.

그러니 지금 바로 시작하세요!

다음 QR코드를 통해 1166 양식을 다운로드 받으시면 됩니다. 66일뿐만 아니라 66일 이후에도 습관을 이어나갈 수 있도록 빈 양식도 포함되어 있어요. 아이는 도전하는 과정에서 그리고 성취 이후에 한 뼘 더 성장할 것입니다. 아이에게 성공의 경험을 만들어주세요. 우리 아이는, 그리고 학부모님은 하실 수 있습니다.

1차 복습

① 〈맞춤법 퀴즈 복습하기〉에서는 1일 차부터 7일 차까지 학습했던 맞춤법 퀴즈가 랜덤으로 출제됩니다.

정답은 319~321쪽에서 확인하시고요. 틀린 문제는 다시 한번 새로운 활용 예문을 만들어 복습하도록 지도하세요. 2차 복습은 33일 차에 진행됩니다.

② 1일 차에서 7일 차까지 작성했던 오늘의 어휘들을 국어(한글), 영어, 수학으로 분류해서 적어봅니다.

그리고 뜻이 잘 기억나지 않는 어휘는 〈국어/영어 단어장〉, 〈수학 개념 카드〉로 만들어보세요. 〈수학 개념 카드〉 만드는 방법은 183쪽을 참고하면 됩니다.

③ 1일 차에서 7일 차까지 작성했던 '오늘의 세 문장 쓰기'를 다시 한번 읽어봅니다.

그리고 어떤 의도로 그 문장들을 썼었는지 상황도 떠올려 보세요. 읽었던 내용에 대한 정리, 감상이 있다면 다시 적어보아도 좋습니다.

④ 아이와 엄마는 1일 차에서 7일 차까지 각각 책을 읽었습니다. 읽었던 기록을 확인하고, 앞으로 독서 계획을 하는데 참고하세요.

읽고 싶은 책을 미리 골라 두는 것도 독서 동기와 의욕을 돋우는데 도움이 됩니다.

① 〈맞춤법 퀴즈 복습하기〉에서는 1일 차부터 32일 차까지 학습했던 맞춤법 퀴즈가 랜덤으로 출제됩니다.

정답은 319~321쪽에서 확인하시고요. 틀린 문제는 다시 한번 새로운 활용 예문을 만들어 복습하도록 지도하세요.

② 1일 차에서 32일 차까지 작성했던 오늘의 어휘들을 국어(한글), 영어, 수학으로 분류해서 적어봅니다.

그리고 뜻이 잘 기억나지 않는 어휘는 〈국어/영어 단어장〉, 〈수학 개념 카드〉로 만들어보세요. 〈수학 개념 카드〉 만드는 방법은 183쪽을 참고하면 됩니다.

③ 1일 차에서 32일 차까지 작성했던 '오늘의 세 문장 쓰기'를 다시 한번 읽어봅니다.

그리고 어떤 의도로 그 문장들을 썼었는지 상황도 떠올려보세요. 읽었던 내용에 대한 정리, 감상이 있다면 다시 적어보아도 좋습니다.

④ 아이와 엄마는 1일 차에서 32일 차까지 각각 책을 읽었습니다. 읽었던 기록을 확인하고, 앞으로 독서 계획을 하는데 참고하세요.

읽고 싶은 책을 미리 골라 두는 것도 독서 동기와 의욕을 돋우는데 도움이 됩니다.

〈활용 예시〉

② / ⑬

오늘의 맞춤법 퀴즈　　　　　　　　　　(답은 319~321쪽에 있어요)

| 머칠 | 몇일 |

활용 예문을 써보세요

오	늘	이		몇		월		며	칠	이	야
?											

오늘의 어휘 3개 쓰기

어휘도우미
accident
across
⓪able

국/⑲/수　　예금　　　은행에 돈을 맡기는 일

국/⑲/수　　able　　　할 수 있는

국/영/㉠　　사다리꼴　　마주보는 한쌍의 변이 평행한 사각형

오늘의 세 문장 쓰기

국/⑲/수　　I am able to swim.

국/⑲/수　　평행 : 기차처럼 두 직선이 만나지 않는 것

㉠/영/수　　엄마와 은행에 가서 예금을 했다.

오늘의 읽기 기록　　라면을 먹으면 숲이 사라져

| 페이지 | 한 줄 쓰기 |
| 7~12쪽 | 내 겨울 점퍼가 거위털인지 보게 됐다. |

오늘 엄마의 읽기 기록　　초중등 국영수 문해력

| 페이지 | 한 줄 쓰기 |
| 128~131p | 영단어 공부의 주의점에 대해서 알게 되었음 |

〈활용 예시〉

맞춤법 퀴즈 복습하기
(답은 319~321쪽에 있어요)

얼마큼	얼만큼
챙피	창피
쉽상	십상
바래요	바라요
봬요	뵈요
며칠	몇일
폭발	폭팔

점수   **4** / 7

초등 국영수 문해력

초판 1쇄 발행 2022년 2월 3일
개정판 1쇄 발행 2024년 11월 30일

지은이   권태형, 주단
펴낸이   김혜영
펴낸곳   북북북

출판등록   제2021-000064호
주소   서울특별시 송파구 중대로 197, 305
전화   (02) 855-2788
이메일   vukvukvuk@naver.com

ISBN   979-11-977485-6-1 (13590)

책 값은 뒤표지에 있습니다.
잘못된 책은 구입하신 구입처에서 바꾸어 드립니다.

이 책의 저작권은 권태형, 주단과 북북북에 있습니다.
또한 저작권법에 의해 보호를 받는 저작물이므로 무단 복제 및 전재를 금합니다.